张其成全解六祖坛经

张其成 著

华夏出版社
HUAXIA PUBLISHING HOUSE

图书在版编目（CIP）数据

张其成全解六祖坛经 / 张其成著. -- 北京：华夏出版社，2017.8（2024.10 重印）
（张其成国学经典全解丛书）
ISBN 978-7-5080-9172-3

Ⅰ. ①张… Ⅱ. ①张… Ⅲ. ①禅宗－佛经－中国－唐代②《六祖坛经》－研究 Ⅳ. ① B946.5

中国版本图书馆 CIP 数据核字 (2017) 第 077262 号

张其成全解六祖坛经

作　　者	张其成
责任编辑	裘挹红
出版发行	华夏出版社有限公司
经　　销	新华书店
印　　刷	三河市少明印务有限公司
装　　订	三河市少明印务有限公司
版　　次	2017 年 8 月北京第 1 版 2024 年 10 月北京第 10 次印刷
开　　本	787mm×1092mm　1/16
印　　张	17.75
字　　数	330 千字
定　　价	45.00 元

华夏出版社有限公司　地址：北京市东直门外香河园北里 4 号　邮编：100028
网址：www.hxph.com.cn　电话：（010）64618981
若发现本版图书有印装质量问题，请与我社联系调换。

目　录

导　读 　　　　　　　　　　　　　　　　　　001
　　什么是"禅"？　　　　　　　　　　　　　001
　　《六祖坛经》的文化影响　　　　　　　　005
　　《六祖坛经》的版本流传　　　　　　　　007
　　禅宗第一公案：拈花微笑　　　　　　　　009
　　达摩东来及传法：顿悟禅法初入中土　　　010
　　六祖其人及革命：佛教的彻底中国化　　　012
　　禅门的五家宗派：一花开五叶，结果自然成　014

引　言　　　　　　　　　　　　　　　　　　024
行由品第一　　　　　　　　　　　　　　　　030
般若品第二　　　　　　　　　　　　　　　　073
疑问品第三　　　　　　　　　　　　　　　　102
定慧品第四　　　　　　　　　　　　　　　　118
坐禅品第五　　　　　　　　　　　　　　　　128
忏悔品第六　　　　　　　　　　　　　　　　133
机缘品第七　　　　　　　　　　　　　　　　157
顿渐品第八　　　　　　　　　　　　　　　　207
护法品第九　　　　　　　　　　　　　　　　234
付嘱品第十　　　　　　　　　　　　　　　　243

导　　读

什么是"禅"？

在我们当前的文化生活中，"禅"有着广泛的接受度，"禅宗""禅学""禅文化"……甚至还有"苹果禅""健康禅"。那么，"禅"究竟是什么？该是正本清源，还禅本色的时候了。

"禅宗"是"禅"的源头

在古印度灵山法会上，释迦牟尼佛将教外别传的正法眼藏授予大迦叶尊者，即著名的"拈花微笑"公案：世尊拈花，摩诃迦叶（shè）微笑。这是禅宗的法脉之源，也就是说，禅宗的传承直承佛陀，"禅"是从佛而来的。这一传承在印度经过二十八祖的传付，后由达摩祖师带入中国，建立了影响深远的禅宗。在中国经历二祖到五祖的传法，唐代时传到六祖慧能大师，慧能大师之后开出"一花五叶"的五个宗派：沩仰宗、临济宗、曹洞宗、云门宗、法眼宗。此后，禅门的五家宗派传承不绝，法脉始终没有间断，直到今天。

在汉传佛教中，最有活力和影响力的宗派始终都是禅宗，无论经历怎样的磨难，最先恢复生命力的也是禅宗。太虚大师说："中华佛法，实以禅宗为骨子，禅衰而趋于净，虽若有江河就下之概，但中华之佛教如能复兴也，必不在于真言密咒与法相唯识，而仍在乎禅，禅兴则元气复而骨力充，中华各宗教之佛法，皆借之焕发精彩而提高格度矣。"从达摩祖师将这样一个超脱法门带入中国开始，无数众生便在"不立文字""直指心性"的风范中领略本性光明的境地。

"禅宗"与"禅学""禅文化"不同

在传统文化热烈回归，"禅"受到火热关注的当下，无论东西方，人们都喜欢谈"禅",把什么都和"禅"挂钩,但多喜欢在"禅"后面加上"文化"二字或者"学"字。那么,"禅"的意义是否等同于或者说受限于"文化"或"学术"呢?这是需要分清的,否则,将直接矮化"禅"的内涵,丧失"禅"的本意。

从"拈花微笑"流传下来的这一心地法门,一直由禅宗全面传承并往下延续。六祖大师秉承达摩祖师的精髓,将这一风范举扬到历史性的高度,其"不立文字""直指心性"的手眼,本身的性质是超离议论和思想的,而"文化"和"学术"恰恰落在议论和思想的范畴。因此,无论是"禅学"还是"禅文化",都远不如"禅"本身的意涵全面而真实,不具备"禅宗"脱缠去缚的解脱功能。

钱穆先生说:"自佛教传入中国,到唐代已历四百多年,在此四百多年中,求法翻经,派别纷歧。积存多了,须有如慧能其人者出来完成一番极大的消的工作。他主张不立文字,以心印心,直截了当的当下直指。这一号召令人见性成佛,把过去学佛人对于文字书本那一重担子全部放下。如此的简易方法,使此下全体佛教徒,几乎全向禅宗一门,整个社会几乎全接受了禅宗的思想方法,和求学路径,把过去吃得太多太腻的全消化了。也可说,从慧能大师以下,乃能将外来佛教融入于中国文化中而正式成为中国的佛教。也可说,慧能以前,四百多年间的佛教,犯了'实'病,经慧能把它根治了。"

"禅"对于中国文化的贡献,正在于打破繁复无尽的思议和概念,粉碎中国人思维系统中已堆积得层层无尽、负担累累的阶级和框架,让中国的读书人彻底放下沉重的心理包袱。所谓"不立文字",是六祖开出的一剂针对中华文明落入文字窠臼而导致满盘僵滞局面的特效药!

朱熹在晚年的省思中,多次反思早年落入文字窠臼而使学问、功夫皆不得力的歧路。他说:"今一向耽着文字,令此心全体都奔在册子上,更不知有己,便是个无知觉不识痛痒之人,虽读得书,亦何益于吾事邪?""近觉向来为学,实有向外浮泛之弊,不惟自误,而误人亦不少。方别寻得一头绪,似差简约端的,始知文字言语之外真别有用心处。""至于文字之间,亦觉向来病痛不少。盖平日解经最为守章句者,然亦多是推衍义,自做一片文字,非惟屋下架屋,说得意味淡薄,且是使人看者,将注与经作两项工夫做了,下梢看得支离,至于本旨全不相照。"

这里所说的"文字言语之外真别有用心处",便是禅宗一直强调和直接指示的真心本性。它与文字语言不相关,甚至常常被文字语言所阻碍。而当前"禅学""禅文化"的视角和落脚点,几乎全部着力于文字语言,这当然不是"禅"的本色,甚至已经直接偏离"禅"的路线。"禅"不可能只是落脚在"文化"和"学术"上,而是立于"不立文字"的低处,提振"文化"和"学术"的一切文字到高处。这是六祖慧能大师在唐代就做的事。如果今天我们又以文化和学术路线为"禅"定义,只是徒增议论和思想的缠缚。只剩学术概念和思维议论的"禅学""禅文化",终将成为满盘皆滞的僵化学术体系中的一部分,不可能再具备禅宗"消化"和"促活"的功能。

对于"禅",我们需要"禅学""禅文化"的丰富多姿,这是我们的生活;对于"禅",我们更需要原汁原味、直指人心的"禅宗",这是我们的生命。以"禅宗"为灵魂,当灵魂深处的光明本性尽绽无余,"禅学""禅文化"的浪漫情怀,必将自然回归!

"禅宗"与"禅法"不同

"禅法"的"禅",是梵语"禅那"的简称,"禅那"的词根是由思维或静虑而来。静虑,换一种翻译方法,就是"禅定"。禅定的"禅"到了中国后有很多意义,最早传到中国来的"禅"字是代表"安那般那"。在道安法师及以前,安那般那的主要修为以数息观、循身观为主,是对于"四念住"的修习,与现在南传佛教内观禅的结构基本一致。在初转法轮(佛陀共有三次转法轮:初转法轮传授四圣谛法要,二转法轮弘扬中观正见,三转法轮阐释如来藏光明)的法要中,有一个很重要的概念叫作"四念处"(也叫"四念住")。"四念处"的方法随同《阿含经》传入中国,在魏晋时期就已经普遍地开始流行和使用,今天在南传佛教国家以及西方的一些国家很是流行。

"四念处"中有一个部分叫作"循身观"。比如在这里打坐,先确认我在这里打坐,然后从头顶到脚底一一地检验身体上的各个部位,还有哪里没有放松。一边检验,一边不断地调整自己,使它真正地做到放松。古印度的瑜伽技巧,多半把类似的循身解读为放松,循身观从原理上来说有类似性,但是循身观所重视的是观察,相比较而言更具备渗透能力。这样,身与心逐渐得到同步后,心地就逐渐变得简单,能够与道相应。最开始的修行就是从这些简单的"禅法"入手。

禅宗的"禅",与安那般那所使用的"禅"不一样。禅宗形成后,直接将最高指标拿到待人接物的细节上,将开悟与明心见性变成首要的事,不像过去安那般那念那样慢慢培养禅定,一步一步修习四禅八定(四禅是色界的四种禅定,八定是色界的四禅与无色界的四无色定)。宗门的禅,并非修定的"禅那"。六祖说:"吾宗以直指人心,见性成佛,不论禅定解脱。"而其所说的"外离相为禅,内不乱为定",是对"无住""无相""无念"的阐释。"直指人心"与"见性成佛"才是禅宗的精髓,它超离四禅八定,直取佛果,是"灵山拈花"的真精神。

把"禅"当成修行方法理解的人认为,禅宗只是"禅"的一部分,禅宗的修行只是禅修方法中的一种,这是对禅宗的直接矮化。禅定只是内、外道("内道"指佛法之道;"外道"并不是贬义,而是说其教义核心不在心的范畴内,是心外之道,因此称为"外道")共同使用的一种修行方法而已,是诸多方法中的一种,并非禅宗或者佛教才使用,印度的许多修行教派及中国的道家都在使用。禅宗之"禅",是佛法的全部,能涵摄具体的"禅法"。禅宗设定的第一步修行目标是明心见性,不提倡止、观的分裂修持,一再提倡"十地顿超无难事",直接与释迦牟尼佛等同。禅宗的修行可以说是直截了当的承担,与中国文化的特质一样,"简化"是禅门五家七宗的共同特点。

"禅"传到西方后,也发生了一些异化。近年来,在互联网上,"佛教"一词的搜索频率有所降低,取而代之的是"禅修"一词。由于西方人物化思维的根深蒂固,他们对任何事物的认识都脱离不了这个大格调,"禅"也不例外。西方的各个学科领域,包括心理学、医学、精神分析学等等,全都是以西方科学和实验的眼光来解析禅,汲取"禅法"的精华为其发展临床实践和理论突破所用,比如利用禅修来治疗抑郁症、提高军人的体质从而增强作战力等。这一取向把"禅"进行了工具化解析和抽取,使"禅"成为物性文明下"丛林法则"中的新型武器,早已远非佛陀"灵山拈花"的真精神,甚至背离了佛陀传付禅法的本怀:化世间而非世间化。

总而言之,"禅宗"是一切"禅法"的根源,因为一切"禅法"的最终目的都是引导人们回归本心,觉悟本性。谈"禅",若离开了"禅宗",一切都将成为无源之水、无本之木。所有的外围"禅法",只有在"明心见性"的大纲领下,才能发挥"法"的真实效用,才能不辜负"禅"降临人间的一片悲心。

《六祖坛经》的文化影响

在佛教中,记录佛陀教化众生的真理语录,被称为"契经"(上契诸佛之理,下契众生根机)。除了释迦牟尼佛金口亲宣的典籍之外,佛教中唯一被世人尊称为"经"的,就是传诵千年的《六祖法宝坛经》,简称《法宝坛经》或《坛经》。这是由六祖的门人法海集记的慧能大师的言行录。

《坛经》为什么称为"坛"?这源于刘宋时代,求那跋陀罗三藏法师在广州法性寺创立戒坛,立碑预言"将来当有一位肉身菩萨到此坛受戒";后在梁天监元年时,智药三藏法师在此坛畔种了一株菩提树,也预言"将来有一位肉身菩萨在此树下开演上乘,度无量众"。唐高宗仪凤元年(公元676年)二月八日,六祖慧能大师即在此坛受具足戒,并在这棵菩提树下开始传佛心印,因此弟子们将六祖前后语录的汇集统称为"坛经"。

历朝以来,禅宗的典籍浩如烟海,而《六祖法宝坛经》正是这汗牛充栋的法宝中的无上宝典。元代德异法师说:"大师始于五羊,终至曹溪,说法三十七年。沾甘露味,入圣超凡者,莫记其数。……五家纲要,尽出《坛经》。"又说:"夫《坛经》者,言简义丰,理明事备,具足诸佛无量法门。"北宋明教契嵩禅师说:"伟乎《坛经》之作也!其本正,其迹效,其因真,其果不谬。前圣也,后圣也,如此起之,如此示之,如此复之,浩然沛乎!"《坛经》这部流传久远的佛学圣典,堪与富丽广阔的《华严经》、圆通畅达的《法华经》媲美,是当之无愧的禅宗典籍之王。

六祖大师以"不立文字""直指人心"的方式,使来源于印度的佛法彻底中国化,令佛陀的智慧与中国本土三玄(易、老、庄)的智慧水乳交融,形成了别具一格的中国化佛教——禅宗,促成了佛教在中华文明土壤下的辉煌发展。可以说佛教发源于印度,但光大于中国,这一辉煌灿烂局面的开拓者正是六祖慧能大师。太虚大师说"中国汉传佛教的特质在禅",这正是《六祖坛经》的最佳注脚。

六祖大师化阶级、除思议的手眼,不仅将达摩祖师开创的这一高超法门发挥得淋漓尽致,同时也令中华文明从僵滞的思维讨论和概念包袱中解脱出来,焕发出无尽的人文光彩。《坛经》不但在佛教界居于极其重要的地位,是佛门的革命性创举,堪称中国佛学思想上一部开创性的经典,而且对唐以后的整个中国文化都产生重要影响。宋明两代理学家的语录中就有清晰的《坛经》思想痕迹,事实上禅宗思想是宋以后儒家理学思想的源头。近代国学大师钱穆先生将之与《论语》《孟子》《大学》《中庸》《老子》《庄子》《近思录》《传习录》共列为中国人必读的九本书,其在中国学术史上的思想价值是毋庸置疑的。

《坛经》及其指导思想引领下的禅宗,影响并不仅限于中国,而是世界范围的。

当今,在很多西方国家,禅宗已经落地生根,禅文化已深入其社会生活的各个层面。在硅谷,禅修已经成为一种风尚,许多公司都设有专供员工禅坐的禅修中心。西方人瓦茨氏称誉《坛经》为"东方精神文学的最大杰作"。禅宗影响了这些国家政治生活、社会生活、文化生活、艺术生活在内的方方面面,几乎每一个领域都有禅的痕迹。

在亚洲,以与中国毗邻的日本为典型。日本奈良时期,天台僧人将《六祖坛经》介绍到了日本,这是日本佛教与禅门最早的接触。到了镰仓时代(南宋时期),禅宗在日本正式立宗。荣西法师在天台山虚庵怀敞禅师座下得传临济法脉,而后开启了临济宗在日本的传承,日本禅宗由此逐渐兴盛。日本曹洞一脉的开山祖师是道元禅师,他来华求法,最后在天童如净禅师座下参学数年,受曹洞法脉。日本禅宗的禅风超越寺院山门,深深地走入民间生活,走入文学、艺术、武术等各个领域,成为社会生活的重要组成要素,可以说,禅成了日本的灵魂。禅宗本身也受到日本本土文化的影响,呈现出独具特色的日本禅文化:武士道、茶道、花道……日本茶道受禅宗影响,以"和、敬、清、寂"为基本精神,主张通过在茶室中举行茶会的方式了悟禅法,参透本心;禅宗推崇深远的美学意境,追求简洁质朴的

设计理念，擅长精致细腻的处理手法，深深地影响了日本的传统建筑；禅宗的真实质朴，影响日本形成了独有的典雅、简约的审美意趣和生活风格……

《六祖坛经》是一部阐述人人真心本性的经典，这一部充满生命智慧的宝典，给人类带来的文化价值是无法估量的。《六祖坛经》的传播、禅宗的弘传和禅文化的流行，打破了海峡与国家的界限，使不同民族间的文化有了交流与融通，"禅"的简约、质朴已经深刻融入多国民众的思维习惯之中，成为人们生活形态不可隔离的部分。

《六祖坛经》的版本流传

《坛经》在千百年来流传的过程中出现了很多版本。目前学界和教界的考证情况大体如下：

日本学者柳田圣山在《六祖坛经诸本集成》中列举了 11 个版本：敦煌本、兴圣寺本、金山天宁寺本、大乘寺本、高丽传本、明版南藏本、明版正统本、清代真朴重梓本、曹溪原本、流布本、金陵刻经处本。日本学者田中良昭则认为，《坛经》的版本系统约可分为 5 种：(1) 敦煌本；(2) 惠昕本；(3) 契嵩本；(4) 承继敦煌本系古本与契嵩本而再编的德异本；(5) 主要承接契嵩本而再编的宗宝本。台湾的印顺法师著《中国禅宗史》和郭朋著《坛经对勘》均认为，这十余种不同名目的《坛经》版本基本上就是四种：法海本、惠昕本、契嵩本、宗宝本。其他本子大体是这四种版本的翻刻本或传抄本。

此处，我们依照比较公认的观点，选取四个最主要的版本（法海本、惠昕本、契嵩本、宗宝本）为大家略做介绍。

1. 法海本

又称"敦煌本"，是现存最早的《坛经》版本，由于下署"兼受无相戒弘法弟子法海集记"，故世人称"法海本"。

现存的敦煌本有 5 种抄本，主要根据其中 2 种进行研究，这 2 个写本被认为大致成于唐五代时期：一是英国人斯坦因从敦煌遗书中发现，现收藏于大英图书馆，由日本学者矢吹庆辉 1923 年从大英博物馆翻拍成照片公布于世。二是敦煌名士任子宜 1935 年在敦煌千佛山的上寺发现的几种敦煌禅宗文献合抄本中的一部分。20 世纪 80 年代，周绍良先生等在敦煌市博物馆发现这个抄本。

2. 惠昕本

因署"宋依真小师邕州罗秀山惠进禅院沙门惠昕",故世人称"惠昕本"。因由日本学者在日本京都兴盛寺发现,故又有"兴盛寺本"之称。现存的敦煌本为一万二千余字,而惠昕本则有一万四千余字。

据惠昕序后所附晁子健的刊记,惠昕本问世后,先以抄本流行,后于南宋高宗绍兴二十三年(1153年)由晁子健在湖北蕲春"镂版刊行"。这就是今日所见的在日本发现的兴盛寺本。这种版本还在日本真福寺发现了大中祥符五年(1012年)于泷西刊印的本子。

3. 契嵩本

宋吏部侍郎郎简所撰《六祖法宝记叙》一文称:"然六祖之说,余素敬之,患其为俗所增损,而文字鄙俚繁杂,殆不可考。会沙门契嵩作《坛经赞》,因谓嵩师曰:'若能正之,吾为出财,模印以广其传。'更二载,嵩果得曹溪古本校之,勒成三卷,灿然皆六祖之言,不复谬妄,乃命工镂板,以集其盛事。"因而此版称"契嵩本",又称"曹溪原本"。

之后在元朝至元二十七年(1290年),僧人德异在"吴中休休禅庵"刊印了一种本子,史称"德异本",学者研究认为德异本很可能就是契嵩本,但经文已不是三卷,而是一卷十门。

4. 宗宝本

又称"流布本",是明朝以来流传最广的版本。为元朝僧人宗宝的改编本,此本经文后附有宗宝作于公元1291年的跋文("至元辛卯夏南海释宗宝跋")。

宗宝本自称"得《坛经》之大全",集诸本之大成。这个本子较敦煌本文字几乎增加了一倍,有两万余字,因此遭到的非议也最大。明成化七年(1471年)所刊《曹溪原本》的校对者王起隆指责宗宝本"窜易颠倒,增减删改,大背谬于原本"。其实这并不公正,从目前流行的四种不同版本的内容来看,可以说基本是一致的。

通过上面对四个主要版本的介绍,可以看到《坛经》版本流传的一个主要脉络。每一版本的形成都有其特定的历史因缘,我们应秉持客观严谨的态度,取长补短,以期真正深入了解六祖的本意。正如明代高僧憨山大师在《重刻六祖坛经序》中所说:

"……经本数刻,多有改窜不一。夫水流风动,皆演圆音,又何文之有?"

因文解义，这才是读经的真正目的，也正是《六祖法宝坛经》所提出的"不立文字"这一振聋发聩的主张的苦心和真意。任何对版本流传的研究和探讨，最终都须落归经义，即六祖本心、诸佛本义。否则，一切精致的文字游戏，都将没有真实的意义！千源万流，落归经义——这是我们探讨《坛经》版本流传最终的依归处。

禅宗第一公案：拈花微笑

世尊在圆寂前不久，于灵山法会付嘱正法眼藏。那一天，在灵鹫山顶，世尊和大众都静默地坐着，此时娑婆世界之主的大梵天王，以千叶妙法莲金光明大婆罗花，双手捧着举过头顶奉献佛陀，然后退后顶礼请佛说法。此时大梵天王将自己的身体化作庄严宝座，请大智如来坐。

世尊受此莲花，坐上宝座，无言无说，但向法会大众，拈起莲花。此时与会的百万人天及比丘众都面面相觑，不知如来的动作是在表示什么。唯有长老摩诃迦叶，知道世尊所示即是无上法门，所以破颜微笑，从座而起，合掌正立，默然无语。

世尊便向大众宣示："我有正法眼藏，涅槃妙心，实相无相，微妙法门，不立文字，教外别传，总持任持，凡夫成佛，第一义谛，今方付嘱摩诃迦叶。"又说，"一切众生都具足真如法性，但不修行便不能证得，法性亦不显现。诸佛应世就是要让人人都能证悟。今日拈花授记，付正法眼于摩诃迦叶，是诸佛应世密意付嘱的大事，以心传心的究竟法，非思量分别所能理解。一切经者，以此正法眼藏而为佛法正印，一切诸法，以此涅槃妙心而为实相印。"

摩诃迦叶与佛心相印，传承了"正法眼藏，涅槃妙心"的无上心法，这便是禅宗第一公案：拈花微笑。迦叶尊者在佛陀涅槃后承担起佛法流传的责任，此后化缘将近，他将正法印传给阿难尊者，然后来到鸡足山示现入灭，进入久远的禅定中。教外别传的这一正法眼藏，就这样开始在娑婆世界代代相传。

直至菩提达摩禅师，禅宗法脉在印度传承的祖师共经历了二十八位，被尊为"西天二十八祖"：第一祖摩诃迦叶尊者、第二祖阿难尊者、第三祖商那和修尊者、第四祖优波毱多尊者、第五祖提多迦尊者、第六祖弥遮迦尊者、第七祖婆须蜜尊者、第八祖佛陀难提尊者、第九祖伏陀蜜多尊者、第十祖胁尊者、第十一祖富那夜奢尊者、第十二祖马鸣大士、第十三祖迦毗摩罗尊者、第十四祖龙树尊者、第十五祖迦那提婆尊者、第十六祖罗睺罗多尊者、第十七祖僧迦难提尊者、第十八祖迦耶舍多尊者、第十九祖鸠摩罗多尊者、第二十祖阇夜多尊者、第廿一祖婆修盘头尊者、第廿二祖摩奴挐罗尊者、第廿三祖鹤勒那尊者、第廿四祖师子尊者、第廿五祖婆舍斯多尊者、第廿六祖不如蜜多尊者、第廿七祖般若多罗尊者、第廿八祖菩提达摩尊者。

法脉传到达摩祖师,祖师遵循第廿七祖般若多罗尊者的教言,将此正法眼藏带入中土,因此成为东土初祖,在东土传到六祖,衣钵便不再传。"东土六祖"为:初祖达摩祖师、二祖慧可大师、三祖僧璨大师、四祖道信大师、五祖弘忍大师、六祖慧能大师。以心传心的法门在中国落地生根,至六祖慧能大师后,一花开出五叶,直至今天,依旧灯灯相传,绵延不绝。

达摩东来及传法:顿悟禅法初入中土

初祖菩提达摩大师,是南印度国香至王的第三个儿子。当时二十七祖般若多罗来到此国,将法传给这位王子,并为他取法名"达摩",意味"博通",即已经通达一切佛法,并告知他往后会前往震旦(中国)弘法利生,但暂不可远游,否则会令东土的佛法不能光大。《佛祖统记》中记载了这段历史:"(达摩祖师)自出家后,遇二十七祖般若多罗,付以大法。谓曰:'吾灭后六十年,当往震旦行化。'多罗既亡,师演道国中,久之,思震旦缘熟,即至海滨,寄载商舟,以梁大通元年达南海。"般若多罗尊者还对达摩祖师授记了很多未来将会发生的事,预言了佛教发展和教派的兴衰。达摩大师遵循师父的教诲,恭承教义,在师父身边承侍四十年无所懈怠,等到师父圆寂之后便在本国演说佛法,教化人民,直到其师灭度六十七年后,方才前往中国,广设教法。

达摩祖师用了三年时间,历尽艰难曲折来到中国。到达中国后,梁武帝热情接待,为其接风洗尘,以宾客相待。武帝是一位虔诚的佛教徒,广造塔庙、供僧设斋,见到达摩祖师后问:"朕即位以来,造寺、写经、度僧不可胜数,有何功德?"尊者答道:"并无功德。"武帝惊问道:"何以并无功德?"尊者答:"这只是人天小果有漏之因,如影随形,虽有非实。"武帝又问:"如何是真实功德?"尊者道:"净智妙圆,体自空寂,如是功德,不于世求。"武帝问:"如何是圣人所求的第一义谛呢?"尊者答:"廓然浩荡,本无圣贤。"武帝问:"对朕者谁?"尊者道:"我不认识。"由于话不投机,大师告辞武帝,北上而去。

路过南京,在法会上见神光法师讲经,有天花乱坠、地涌金莲的境界,祖师因之提问:"你在这里做什么?"神光说:"正在讲经。"祖师说:"你说法无用,白的是纸,黑的是字,你教不了别人了生死。"神光用铁念珠朝达摩祖师的脸上打去,祖师门牙被打掉两颗。圣人的牙齿如果掉落在地上,当地便会大旱三年,达摩祖师慈悲众生,将这两颗门牙吞到肚中,留下"打落门牙和血吞"之说。此后祖师一言不发,转身走出道场,渡江来到河南嵩山少林寺,在此面壁。

当晚神光法师便遭无常鬼来索命,黑白无常对他说:"我们奉阎罗王的命令,请你去喝茶,谈谈你讲了多少经,念了多少经,还有多少经没有讲没有念。"神光一听,吓得魂飞九霄云外。他知道寿命将终,便问道:"谁能了生死,不受阎王所管?"无常鬼说:"就是刚才那个满脸大胡子、被你打掉两颗牙齿的黑和尚。"神光一听,后悔不已,于是向无常鬼请求:"能否给我一些时间?等我学到了生死之法,便跟你们走!"无常鬼同情地说:"可以,不过速去速回!"神光日夜赶路,急追祖师,追到嵩山,远见祖师面壁而坐,急忙来到达摩祖师面前,恭恭敬敬地顶礼忏悔:"请和尚慈悲,宽恕弟子,赐弟子了生死之法吧!"达摩祖师连头都没有回,继续打坐。神光就这样长跪不起,这一跪就是九年。

达摩面壁图

到了某一年的十二月九日夜,天下大雪,神光依旧坚立不动,黎明时积雪甚深。达摩祖师怜悯地问道:"你久久立在雪中,要求什么呢?"神光流着泪悲伤地说:"唯愿和尚慈悲,开甘露门,广度众生。"祖师说:"诸佛无上妙道,旷劫精勤,难行能行,难忍能忍,怎么是以小德小智、轻心慢心能够获得的呢?除非天降红雪,我传法给你。"神光听到这样的诲勉,立即取出利刃,自断左臂,瞬间血染白雪。天未降红雪,断臂染红之。达摩祖师知道他是法器,说道:"诸佛最初求道,为法忘却身躯,你现在在我面前断臂,求法之心尚可。"神光于是说:"我心不安,请祖师为我安心。"达摩祖师说:"你把心拿来,我为你安。"神光听闻此言,困顿无比,说:"我找心找不到啊!"祖师说:"我已将你的心安好了。"神光听了达摩的回答,豁然大悟。于是达摩祖师为其改名慧可,传付禅宗法脉。后来慧可成为东土第二祖。这是禅宗史上最为著名、最重要的传法公案。

达摩祖师圆寂后两年,东魏使臣宋云从西域返回洛京。在途经葱岭时,迎见祖师一手拄着锡杖,一手掂着一只鞋子,身穿僧衣,赤着双脚,由东往西而来。二人相遇后,宋云急忙停步问道:"师父您往哪里去?"祖师回答说:"西天去。"这便是"只履西归"的公案,在后世传为佳话。

自古以来,禅宗学人求法,都要参问一句:"如何是祖师西来意?"西来传法的高僧里,达摩祖师是禅宗的开山祖师,禅门五家七宗几乎占据了汉传佛教的半壁江山,直到今天依旧如此。禅宗不断内化为中华文化的鲜活血液,也深刻影响了世界多地的社会与文化。

六祖其人及革命:佛教的彻底中国化

慧能大师(638—713年),唐朝人,是中国禅宗的第六祖。俗姓卢,先世河北范阳(今涿州市)人,后父亲被贬官到岭南新州(今广东新兴)。大师幼年丧父,家境贫困,靠卖柴供养母亲。有一天,送柴至客店,听见有人持诵《金刚经》,颇有领会,便问此经从何处得来,客人告以从黄梅弘忍禅师处受持此经。大师遂生寻师访道之志,回到家把母亲安顿好后即北行寻师。

到黄梅东山后,弘忍大师问:"你从哪里来,想求什么呢?"慧能说:"弟子是岭南人,只求做佛!"弘忍大师说:"你是岭南人,又是獦獠,怎么能做佛?"慧能说:"人有南北,佛性哪里有南北?"弘忍大师遂命他随众劳动,在碓房舂米。有一天,弘忍大师准备传付衣法,命弟子们作偈呈验。神秀作了一偈:"身是菩提树,心如明镜台,时时勤拂拭,勿使惹尘埃。"慧能在碓房听见一位童子诵读这首偈颂,知道还未见本性,于是另作一偈,请人写在墙壁上。偈语说道:"菩提本无树,明镜亦非台,本来无一物,何处惹尘埃!"众人见此偈语,都惊异万分。弘忍大师见了,于夜间召慧能入室,传与衣钵,并立即送他去往九江渡口,叮嘱他暂时往南方去,待时行化。

慧能在四会、怀集二县隐遁了十多年,一日心想:"应当是出来弘法的时候了,不能永远隐遁下去。"于是来到广州法性寺，值印宗法师讲《涅槃经》。有二僧辩论风幡义理，一个说风动，一个说幡动，争论不已，慧能便进言："不是风动，也不是幡动，是仁者的心动！"大家听了颇为诧异。印宗法师便延请他至上席，请问深义，慧能回答言简理当。印宗法师便问："久闻黄梅衣法南来，莫非就是行者您吗？"印宗法师作礼请慧能将衣钵出示大众，慧能果然拿出来，大众都赞叹不已。印宗法师于是集众在树下为慧能剃发，又请名德智光律师等为他授具足戒。两个月后，慧能大师即于寺中为大众开示禅法。不久，他辞别众人回到曹溪宝林寺，此后在曹溪宝林寺说法三十余年，后圆寂于新州国恩寺，并留下金刚不坏肉身舍利。

慧能大师的禅法，舍离文字义解，直彻心源，去来自由，心体无滞。他说自心既不可攀缘善恶，也不可沉空守寂，须识自本心，达诸佛理。他并不以静坐敛心才算是禅，而是于一切时、一切行住坐卧中，体会禅的境界，教人只从无念着手，并不限于静坐一途。达摩祖师这位天竺高僧当年不远万里东来震旦，开创了一个令汉传佛教乃至中国文化满盘皆活的禅宗，六祖慧能正是这一格局的全面开拓者。他提出的"不立文字""直指人心"，以近乎革命的方式完成了佛教的彻底中国化，严格遵循《般若经》的宗旨，不允许行者将明心见性预设成遥远的事，让人时刻谨记：一切善恶本性都是般若，大众本性都是佛。这种风范，使中华文明在盛唐时期化解了积滞的问题，规避了教条化的误区。

钱穆先生说："在后代中国学术思想史上有两大伟人，对中国文化有其极大之影响，一为唐代禅宗六祖慧能，一为南宋儒家朱熹。……自佛教传入中国，到唐代已历四百多年，在此四百多年中，求法翻经，派别纷歧。积存多了，须有如慧能其人者出来完成一番极大的消的工作。他主张不立文字，以心印心，直截了当的当下直指。这一号召令人见性成佛,把过去学佛人对于文字书本那一重担子全部放下。如此的简易方法,使此下全体佛教徒,几乎全向禅宗一门,整个社会几乎全接受了禅宗的思想方法,和求学路径,把过去吃得太多太腻的全消化了。也可说,从慧能以下,乃能将外来佛教融入于中国文化中而正式成为中国的佛教。也可说,慧能以前,四百多年间的佛教,犯了'实'病,经慧能把它根治了。"

又说:"但唐代知识分子,在中国历史文化上的更大贡献,还不在政治,而转更在宗教上。……尤其自六祖慧能以下的禅宗,在精神上,在意态上,实可算得是一番显明的宗教革命。'我若遇如来,一棒打死,与狗子吃。'那是何等话!在后代被目为'狂禅',在当时非有绝大理解,绝大胆量,不敢出此语。……唐代第一流豪杰,全走进禅寺中去了。……我们若细籀禅门诸祖师的言论风采,讲堂故事,我们可以说他们实在当得起'豪杰'二字。……盛世豪杰难认,而隐藏在深山和尚寺里的豪杰更难认。慧能、马祖之类,真都是不世豪杰。没有他们,下半部中国史必然走样。"

正如钱穆先生所说,六祖大师实在当得起"豪杰"二字,在他之后开出的禅门五宗,秉承灵山拈花的遗风,惠泽了无数后人!

禅门的五家宗派:一花开五叶,结果自然成

五家七宗的形成

禅宗自五祖弘忍大师门下分为北宗神秀与南宗慧能二派,北宗主渐悟,行于北地,并无分派,南宗主顿悟,行于南方,自慧能大师之后逐渐演化为五个宗派。所谓"一花",即指由达摩祖师传入东土的禅法;"五叶"指六祖慧能大师之后南宗开出的五个宗派。六祖慧能大师把正法眼藏付与南岳怀让禅师和青原行思禅师两位高足后,禅宗的法派就从这两支发展起来,以后共形成了临济、曹洞、沩仰、云门、法眼五个宗派,印证了达摩祖师授记的"一花开五叶,结果自然成"的偈语。太虚大师曾说:"所谓宗门,实到慧能南宗始巍然卓立,六祖南宗下始波澜壮阔。"

沩仰宗:六祖慧能大师—南岳怀让禅师—百丈怀海禅师—沩山灵祐禅师—仰山慧寂禅师。沩山灵祐禅师和仰山慧寂禅师开创了"沩仰宗"。

因开创者灵祐禅师及其弟子慧寂禅师先后在潭州的沩山(今湖南省宁乡市西)、袁州的仰山(今江西省宜春市南)举扬一家宗风,后世便称其为"沩仰宗"。

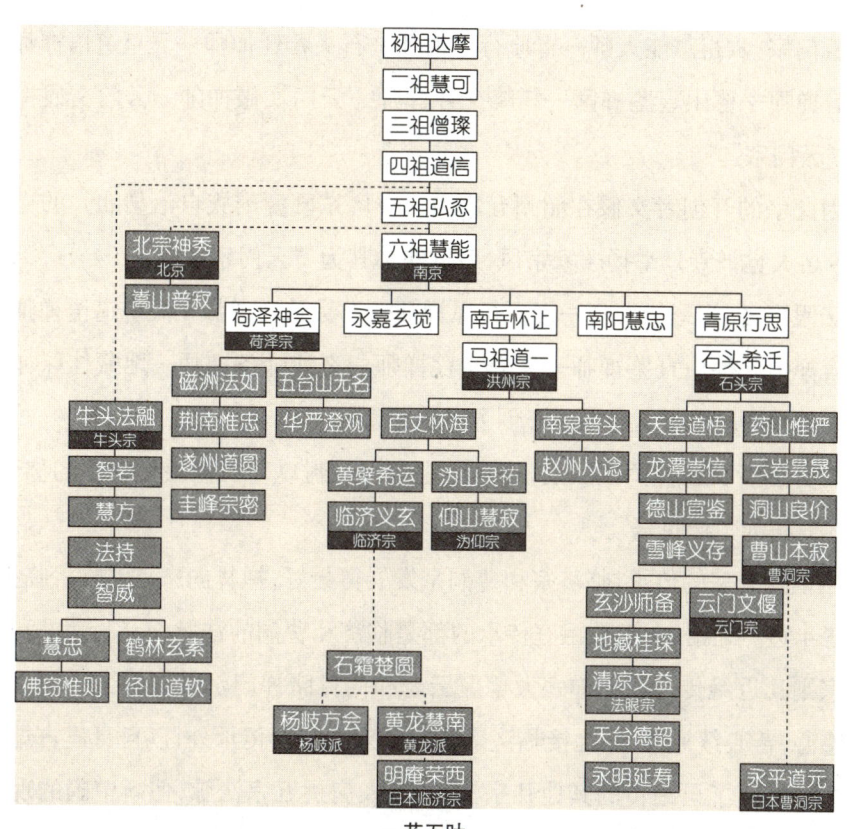

```
                    初祖达摩
                    二祖慧可
                    三祖僧璨
                    四祖道信
                    五祖弘忍
        北宗神秀      六祖慧能
          北京         南京
        嵩山普寂
            荷泽神会  永嘉玄觉  南岳怀让  南阳慧忠  青原行思
                荷泽宗              马祖道一          石头希迁
                                    洪州宗            石头宗
            磁洲法如 五台山无名
  牛头法融  荆南惟忠  华严澄观  百丈怀海  南泉普愿  天皇道悟  药山惟俨
    牛头宗  遂州道圆          黄檗希运  赵州从谂  龙潭崇信  云岩昙晟
    智岩    圭峰宗密          临济义玄  仰山慧寂  德山宣鉴  洞山良价
    慧方                      临济宗    沩仰宗    雪峰义存  曹山本寂
    法持                                                    曹洞宗
    智威
                                        玄沙师备  云门文偃
  慧忠    鹤林玄素                        地藏桂琛  云门宗
  佛窟惟则 径山道钦          石霜楚圆      清凉文益
                                          法眼宗
                        杨岐方会 黄龙慧南  天台德韶
                        杨岐派   黄龙派    永明延寿
                        明庵荣西                    永平道元
                        日本临济宗                   日本曹洞宗
```

一花五叶

在禅宗五家中，沩仰宗最早兴起，但衰落也较早，其法脉流传约一百五十年，近代由虚云老和尚重新接续。

临济宗：六祖慧能大师—南岳怀让禅师—马祖道一禅师—百丈怀海禅师—黄檗希运禅师—临济义玄禅师。黄檗希运禅师和临济义玄禅师开创了"临济宗"。

临济宗是五家中继沩仰宗之后成立的一个宗派，由于开创此宗的义玄禅师在河北镇州（今河北省正定县）的临济院举扬家风，后世便称其为"临济宗"。

临济宗在后来又传出两个法系：一是南昌黄龙山的慧南禅师，后世称为"黄龙派"；一是宜春杨岐山的方会禅师，后世称"杨岐派"。这二位大师都是禅门宗匠，大弘法化，力阐宗风，盛极一时。加上这两宗，禅门便有"五家七宗"之说。

曹洞宗：六祖慧能大师—青原行思禅师—石头希迁禅师—药山惟俨禅师—云岩昙晟禅师—洞山良价禅师—曹山本寂禅师。洞山良价禅师和曹山本寂禅师开创了"曹洞宗"。

因开创人良价禅师及弟子本寂禅师先后在江西高安县洞山、吉水县曹山弘扬一家宗风，后人为语音之便，不称"洞曹"而称为"曹洞"。

云门宗：六祖慧能大师—青原行思禅师—石头希迁禅师—天皇道悟禅师—龙潭崇信禅师—德山宣鉴禅师—雪峰义存禅师—云门文偃禅师。云门文偃禅师开创了"云门宗"。

因此宗的开创者文偃在韶州云家山（今广东乳源瑶族自治县北）的光泰禅院（今名大觉禅寺）举扬一家宗风，后世便称其为"云门宗"。

法眼宗：六祖慧能大师—青原行思禅师—石头希迁禅师—天皇道悟禅师—龙潭崇信禅师—德山宣鉴禅师—雪峰义存禅师—玄沙师备禅师—地藏桂琛禅师—清凉文益禅师。法眼文益禅师开创了"法眼宗"。

因开创者文益禅师圆寂后，南唐中主李璟敕封以"大法眼禅师"的称号，后世遂称此宗为"法眼宗"。

当前这五宗的传承，临济宗和曹洞宗发展得最好，禅林向来有"临济临天下，曹洞曹半边"之语，大多数祖庭传承的都是临济和曹洞的法脉，云门、沩仰和法眼这三宗则几近绝传。近代禅宗大德虚云老和尚目睹禅门法脉凋敝、正法将堕，遂发大愿心，苦心续禅灯，除上接临济宗和曹洞宗的法卷传承外，以自身震古烁今的证德悟境恢复了已绝传的其他几宗法脉，一人肩挑五宗法脉，使新中国的现代佛教恢复了"一花开五叶"的盛大局面。

现今活跃在中国佛教界的龙象大德、法门中流砥柱，几乎都出自虚云老和尚门下。如佛协前会长一诚老和尚（接沩仰宗法脉）、韶关云门寺佛源老和尚（接云门宗法脉）、深圳弘法寺本焕老和尚（接临济宗法脉）、江西云居山真如禅寺首座海音长老（接曹洞宗法脉）、当代高僧灵意老和尚（接法眼宗法脉）……这些高僧大德秉承虚云老和尚的禅风，苦心孤诣培养后学，禅门的五宗法脉在新时代薪火相传，灯灯无尽。

各有特色的宗风

禅门的"一花五叶"，五宗祖师并非悟有所别，各家的禅理和思想内容也并无争议，而是因为祖师所使用的接引后学的教学方法有宽、猛、缓、急的差异，修行方便上各有特点，从而各自形成别具一格的禅风。众生的根基是多元的，因此，禅门的接引手段也注定是多元的。这就好比世尊开出八万四千法门来度脱不同的众生，禅门内部又有更细致的教育方法。

因为五家的特质不同，五个宗派的钟板就各有特色。五家的禅堂里都悬有钟板，"钟"为寺院报时、集众所敲打之法器，有两种，大钟悬挂在钟楼，小钟（即报钟）悬挂在佛堂、禅堂。禅堂是寺院的核心，报钟每天最早敲响，然后钟楼的大钟才接上。每天坐禅时敲板和钟，作为行止的信号。报钟下面挂着一块厚木板，板的形状随五家各异：云门宗为圆形，沩仰宗为下半圆形，法眼宗为正三角形，曹洞宗为竖长方形，临济宗为横长方形。

在禅林的语录中，多处都记载着五家宗风的特色和见地手段的不同。如用"云门天子，临济将军，曹洞士民"的说法，来譬喻云门、临济和曹洞三家宗风的差别。

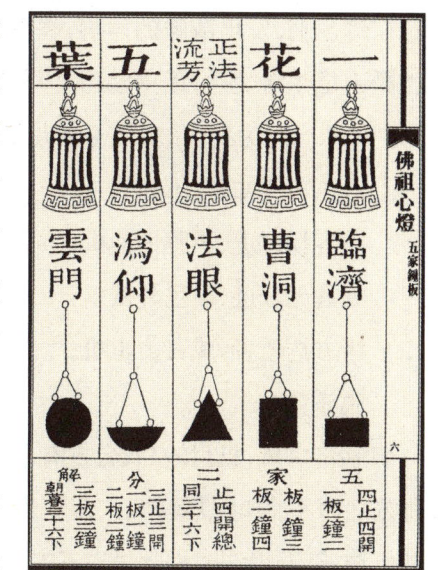

沩仰宗

沩仰宗风，春风化雨、温雅宜人，温柔慈和是最大的特色。沩仰宗的师资唱和，体用语似争而默契。《人天眼目》说："沩仰宗者，父慈子孝，上令下从；你欲吃饭，我便捧羹；你欲渡江，我便撑船；隔山见烟，便知是火；隔墙见角，便知是牛。"《万法归心录》说："沩仰家风，机用圆融，室中验人，句能陷虎。"《五家宗旨纂要》说："沩仰宗风，父子一家，师资唱和。语默不露，明暗交驰，体用双彰，无舌人为宗，圆相明之。"

沩仰公案

香严禅师先在百丈禅师门下参学，但一直未见本性，后来百丈寂灭，他转依于沩山。沩山对他说："我听说你在百丈先师处时，能问一答十、问十答百，但我不问你平生的学识和见解，也不问你经卷上的言词语句，我只问父母没生你时，你的本来面目是什么？你说一句试试。"香严顿时茫然无语，苦苦哀求沩山为他说破。沩山说："我要是今天告诉了你，以后你就会骂死我。我说的只是我是，到底与你无关。"

香严沮丧至极，回去就将从前所看的经书全部烧掉，发誓说："今生今世，我再也不学佛法了！就做个四处漂泊吃饭的僧人吧！"然后他向沩山辞别，开始云游四方。走到南阳时，看到慧忠国师的道场香严寺已经荒废无人，于是他就独自住下来，打算在此久居。

一天，在整理荒园时，他随手向身后抛出一块瓦片，身后是一片竹林，瓦片击打在竹子上,发出清脆的声响,香严禅师闻声忽然大悟,顿时清净自性显现无余。香严于是沐浴焚香,遥望沩山礼拜,感谢地说:"和尚大慈大悲,恩重如山,过于父母。如果当时为我说破,怎还会有今日之事!"禅师随即说了一首偈颂:

一击忘所知,更不假修持;

动容扬古道,不堕悄然机;

处处无踪迹,声色外威仪;

诸方达道者,咸言上上机。

临济宗

临济宗风,机用峻烈,自古有"临济将军"之称,意思是说临济宗似指挥百万师旅之将军,如以铁锤击石,现火光闪闪之机用。《五家参详要路门》说:"临济宗战机锋。"五祖法演禅师说:"五逆五雷之喝,一喝之下,头脑破裂,如五逆罪人,为五雷所裂。其禅之峻烈可知。凡僧有问,即喝破,或擒住,拓开等。其接化之热烈辛辣,五家中罕见其比。"《归心录》说:"临济家风,白拈手段,势如山崩,机似电卷。"《五家宗旨纂要》说:"临济家风,全机大用,棒喝齐施,虎骤龙奔,星驰电掣。负冲天意气,用格外提持。卷舒纵擒,杀活自在。扫除情见,迥脱廉纤。以无位真人为宗,或棒或喝,或竖拂明之。"《人天眼目》说:"临济宗者,大机大用,脱罗笼,出窠臼。虎骤龙奔,星驰电激。转天关,斡地轴,负冲天意气,用格外提持。卷舒纵擒,杀活自在。"

由临济门下分出的黄龙派和杨岐派,黄龙派承袭临济严峻的宗风,杨岐派的禅风则比黄龙派温和许多,但仍旧延续"卷舒纵擒,杀活自在"的禅风。

临济公案

临济义玄禅师,俗家姓邢,是曹州(今山东菏泽)南华人,幼年便聪明灵慧,长大后以孝心闻名于众,出家受具足戒之后,博研经论,精进修学。后来仰慕禅宗,就投在黄檗禅师会下参学。临济禅师不惮辛苦,志行纯一,深为同门师兄弟所敬重。当时,睦州陈尊宿也在黄檗禅师座下,任职首座和尚。

一天,睦州陈尊宿问临济禅师:"上座在此多少时?"

临济禅师答道:"三年。"

睦州又问:"曾参问否?"

临济禅师答道:"不曾参问,不知问个什么。"

睦州说道:"何不问堂头和尚,如何是佛法的大意?"

在睦州的鼓动下,临济禅师就去请教黄檗禅师:"如何是佛法的大意?"

结果话还没有问完,黄檗禅师早已一拄杖打过来,临济禅师就莫名其妙地败下阵来。

睦州见临济禅师垂头丧气的样子,就问:"问话作么生?"

临济禅师答道:"某甲问声未绝,和尚便打,某甲不会。"

睦州又鼓动道:"但更去问。"

于是临济禅师再次去问,黄檗禅师举杖又打。结果,临济禅师三度发问,三度遭打,实在绝望到顶,于是告诉睦州:"早承激劝问法,累蒙和尚赐棒,自恨障缘,不领深旨,今且辞去。"

睦州觉得他辞去挺可惜,就说:"汝若去,须辞和尚了去。"

于是临济禅师礼拜睦州而退,准备第二天辞别黄檗禅师。

睦州事先来到黄檗禅师那里,说道:"问话上座虽是后生,却甚奇特。若来辞,方便接伊。已后为一株大树,覆荫天下人去在。"

第二天临济禅师来辞别黄檗禅师,黄檗禅师指点他说:"不须他去,只往高安(今江西境内)滩头参大愚(归宗智常禅师法嗣),必为汝说。"

于是临济禅师来到大愚禅师座下。

大愚禅师问道:"甚处来?"

临济禅师答道:"黄檗来。"

大愚禅师又问:"黄檗有何言句?"

临济禅师答道:"某甲三度问佛法的大意,三度被打。不知某甲有过无过?"

大愚禅师道:"黄檗与么老婆心切,为汝得彻困(诚恳慈悲至极),更来这里问有过无过?"

临济禅师一听,言下大悟,又惊又喜,说道:"元来黄檗佛法无多子!"

大愚禅师一把揪住他,问道:"这尿床鬼子,适来道有过无过,如今却道黄檗佛法无多子。你见个什么道理?速道!速道!"

临济禅师便向大愚禅师肋下打了三拳,大愚禅师推开临济禅师,说道:"汝师黄檗,非干我事。"

临济禅师于是辞别大愚禅师,再一次回到黄檗禅师身边。

黄檗禅师一见就问:"这汉来来去去,有甚了期!"

临济禅师答道:"只为老婆心切。"

临济禅师将趁便代办的事务交代完毕后，又重新侍立在黄檗禅师身边。

黄檗禅师问道："甚么去来？"

临济禅师答道："昨蒙和尚慈旨，令参大愚去来。"

黄檗禅师问道："大愚有何言句？"

临济禅师就把自己参大愚禅师的经过告诉黄檗禅师。

黄檗禅师说道："大愚老汉饶舌，待来，痛与一顿。"

临济禅师则说："说甚待来，即今便打。"说完就用巴掌去打黄檗禅师。

黄檗禅师道："这风颠汉，来这里捋虎须！"

临济禅师大喝一声，黄檗禅师就唤侍者，说道："引这风颠汉参堂去。"

曹洞宗

曹洞宗风绵密亲切，"曹洞士民"，就是指曹洞宗接化学人，像是精耕细作田土的农夫，强调以亲切方便来度化众生。《五家参详要路门》说"究心地"，即丁宁绵密。《宗门十规论》说"敲唱为用"，即师徒常相交接，以回互不回互之妙用使弟子悟本性真面目。《人天眼目》说："曹洞宗者，家风细密，言行相应，随机利物，就语接人。"

曹洞公案

洞山良价禅师幼年跟从村中寺院的出家师父诵读《般若心经》，到"无眼耳鼻舌身意"时，忽然以手扪面，问道："我有眼耳鼻舌等，为什么经上说没有呢？"他的师父非常惊异，知道这个孩子禀赋不同寻常，于是指示他前往五泄山巡礼灵默禅师处披剃。二十一岁时，洞山禅师在嵩山受具足戒，后参礼南泉普愿禅师有所领悟，又访沩山灵祐禅师，参"无情说法"的公案，但不能契合。便依照灵祐禅师的指示，前往云岩昙晟处，问无情说法的含义，颇有所省思，却仍有些疑滞的地方。于是更历参鲁祖宝云、南源道明等人。后来在过河时，弯身看见自己的影子，顿然开悟，留下偈颂说：

切忌从他觅，迢迢与我疏；

我今独自往，处处得逢渠。

渠今正是我，我今不是渠；

应须怎么会，方得契如如。

云门宗

云门宗的特色是以出奇言句来截断学人的妄想执着。每用一语一字，蓦地截断葛藤,使问者转机,无所用心,即刻了悟。此宗的家风简洁明快而孤危险峻,接化学人不用很多言语而饶舌,只在只言片语间超脱情见。《人天眼目》说:"云门宗旨,截断众流,不容拟议,凡圣无路,情解不通。……云门宗风,孤危耸峻,人难凑泊。"

云门公案

云门文偃初次参谒睦州禅师时,睦州禅师一看见文偃来了,就关上门。

文偃敲门,睦州问:"谁?"

答:"文偃。"

问:"干什么?"

答:"我还没有悟见自性,请老师指示。"

睦州打开门,看了他一眼,又马上把门关上了。文偃就这样连敲了三天门。到了第三天,睦州才打开门,文偃赶紧挤了进去。

睦州一把揪住他说:"道!道!"

文偃一迟疑,睦州便一把将他推了出去,狠狠地关上门。门夹住了文偃的一条腿,在疼痛难忍的一刹那,文偃禅师开悟了。

法眼宗

法眼宗的宗风非常平实,主要特色就是当年文益在桂琛处得悟的那句话:"(若论佛法)一切现成",采取的践行路线是"禅教合一"。此宗是辨识佛法的眼目,针砭时弊、对症下药。此外,法眼宗偏重于文学,比较注重文字。《五家参详要路门》说:"法眼宗先利济。"《人天眼目》说:"法眼宗者,箭锋相拄,句意合机。始则行行如也,终则激发。渐服人心,削除情解,调机顺物,斥滞磨昏。"《归心录》说:"法眼宗风,对症施药,垂机顺利,扫除情解。"

法眼宗是禅门五家七宗里最后产生的一个宗派,在历史上担当着禅门僧值的角色——在军队,它相当于纠察队;在寺院,它相当于僧值师。法眼文益禅师针对当时佛教出现的弊端,提出了十条原则性的著述,即《宗门十规论》:一、自己心地未明妄为人师;二、党护门风不通议论;三、举令提纲不知血脉;四、对答不观时节兼无宗眼;五、理事相违不分触净;六、不经淘汰臆断古今言句;七、记持露布临时不解妙用;八、不通教典乱有引证;九、不关声律不达理道好作歌颂;十、护己之短好争胜负。《宗门十规论》是法眼宗的代表作,是针砭时弊的救命药,一清混乱的宗教现状,影响巨大。

法眼公案

南唐中主李璟很尊重法眼禅师,是法眼禅师的皈依弟子。有一天,李璟请法眼禅师同赏牡丹,同时也请教佛法问题。牡丹代表富贵,赏完花后,李璟请禅师作一首偈子,文益禅师写了一首诗:

拥毳对芳丛,由来趣不同;

发从今日白,花是去年红。

艳冶随朝露,馨香逐晚风;

何须待零落,然后始知空。

晚风渐起,天气凉了,他们披着披风对着牡丹花丛,花正盛开。文益禅师对李璟说道:"何须待零落,然后始知空?你赶快去修道,时代已经结束,不是你的了。何必等到花掉下来,你才知道是空的呢?"

以上禅门五家宗派的特质,磐山天隐修祖将其概括为:临济怒雷掩耳,沩仰光含秋月,曹洞万派朝宗,云门乾坤坐断,法眼千山独露。南宗的天日山高峰禅师认为:临济痛快,沩山谨严,曹洞细密,云门高古,法眼详明。法演禅师则有一个比喻:临济如五逆闻雷,显其惊绝;云门如红旗闪烁,显其微露;沩仰如断碑横古路,显其深奥;曹洞如驰书不到家,显其回互;法眼如巡人犯夜,显其隐微。

虽然五家七宗在度生方便、随机接物的风格上,因着所化众生根基的差别而略有不同,但归根结底皆不出南宗顿悟法门的宗旨,更从未脱离"诸佛世尊,唯以一大事因缘,出现于世"的觉悟众生的本怀。未来,随着业力的迁流、众生根基的变化,禅宗也必定会进一步发展出更为贴切和有力的接引当下学人的禅风。这是佛法"与时偕行"的人间性,也是禅门光照人天的大乘风范!

为何叫"棒喝门庭"

讲到禅宗,往往使人联想到棒喝。在我们日常生活中,也常常说到一个词叫"当头棒喝"。禅宗被称为"棒喝门庭",源于"德山棒、临济喝"的公案。禅宗祖师对初学者,常不问情由,当头给以一棒,或大声呵斥以令回答。

唐代德山宣鉴禅师平常遇学僧前来参学,多举拄杖打去,以为接引。他说:"道得也三十棒,道不得也三十棒。"临济义玄禅师曾令侍者参问德山禅师"道得为什么也三十棒",并告诉侍者:"德山若打汝,但接取拄杖,当胸一拄。"侍者礼拜德山禅师,如是问,师便打。侍者接得拄杖,当胸一拄,德山禅师便归方丈(住持

的住所）。临济禅师听闻侍者汇报后说："我从来疑着这汉，虽然如是，汝还见德山么？"侍者拟议，临济禅师又打。临济义玄禅师曾参黄檗希运禅师，问："如何是佛法大意？"黄檗禅师便打。临济禅师如是三问，三度被打。后参高安大愚禅师，得悟黄檗宗旨。等到再回黄檗禅师处，黄檗禅师又打，临济禅师便大喝。此后宗门接人，常棒喝交驰，世俗大众便将禅门接引后学的精神提炼为"棒喝"。

一般人称禅宗为棒喝门庭，很多时候只知棒喝的警醒威力，却不知道棒喝的必要。禅宗认为："欲求去情识之学，先求吃棒喝之道。"棒喝，是离情之法、绝识之方，是成就圣道的宝刀利剑和无上良药。为什么棒喝可以扫荡情识呢？来果禅师说："须知情关嗔爱，识锁悟迷，尽世间人，易爱易嗔者，皆为情所覆，能迷能悟者，亦由识所羁。如是痛棒一巡，情飞空外，嗔爱何存？猛喝一声，识影全销，悟迷何有？……不然，直使禅堂之弊，循情应对。礼节欢呼，情也，问答语言，神会见解，识也。许有破空之能，不若禅堂一棒，一棒能破此情；任有沉地之力，不如禅堂一喝，一喝能离此识。故云：七尺棒头开正眼，一声喝下歇狂心。又云：香板头上出祖师，大声喝内出菩萨。能有佛法知识者，求善知识打，请善知识喝，一棒打除多生情垢，一喝震了历劫识昏。"

可见，棒喝是禅宗令学人了生死的利器，能令人直接开悟，如临济义玄禅师就是因为挨打三次而得悟。不过禅师打人，还是要看对象，不得度者不能轻易施棒，对堪受威厉的当机者才敢用此猛药。棒喝既是醍醐，也是毒药。这是一种极难运用的教学法，如果不是真正具备高才大德的宗师，实在无法施展。

引　言

中国佛教有八大宗派，这八个宗派所信奉或依据的佛经不同，就形成不同的流派。

第一个宗派天台宗，是隋代智者和尚创立的，在浙江天台（tāi）山。天台宗依据的主要经论是《法华经》。

第二个是唯识宗，也叫"法相宗"，是玄奘法师创立的，依据的佛经是《解深密经》《成唯识论》和《瑜伽师地论》。唯识宗是知识分子最喜欢的。我曾经跟随韩镜清老先生学习唯识宗，当时听很难听懂。玄奘大师当时在西安的慈恩寺，所以这一派也叫"慈恩宗"。

第三个是华严宗，依据的经典是《华严经》，武则天十分推崇这部经典，并且为它作了四句开经偈，就是我们现在最常念诵的："无上甚深微妙法，百千万劫难遭遇，我今见闻得受持，愿解如来真实义。"

第四个是三论宗，属于中观派，跟《易经》最为接近，由龙树菩萨创立，依据的论典是《中观论颂》《百论》和《十二门论》这三部论，解释"般若""真如"的"八不"：不生不灭，不常不断，不一不异，不来不去。

第五个是净土宗，口诵"阿弥陀佛"，就可以往生西方极乐世界。净土宗非常方便，人人可学，在老百姓中非常盛行。净土宗依据的主要经典是《无量寿经》，"阿弥陀佛"是西方极乐世界的教主，意思是"无量寿、无量光"。

第六个是禅宗，一开始所遵奉的是《楞伽经》，到五祖变为《金刚经》，到六祖慧能之后，便信奉《六祖坛经》（以下简称《坛经》）。

第七个是律宗，信奉的是《四分律》，民国时期弘一大师弘扬了律宗。

第八个是密宗，有东密和藏密，本来是汉密和藏密，后来汉密东传到日韩（主要是日本），他们称东密，中国的汉密反而不再兴。而藏密是非常鼎盛的，分为红教（宁玛派）、白教（噶举派）、黄教（格鲁派）、花教（萨迦派）。

大家简单了解一下这八个宗派，我个人倾向于禅宗多一些，也学过一点唯识宗。《坛经》后面有一品就专门讲到唯识宗的"转识成智"，将八识转为四智，而密宗是转为五智，我到后面再具体说。

关于禅宗的历史缘由，准确地说，禅宗是从古印度传来的。这要先讲一讲禅宗史上第一公案。

"公案"是什么意思？就是相当于典故，我们现代人称作案例。这个公案是大家都比较熟悉的：释迦牟尼在灵山法会上拈花微笑。灵山是古印度的一座山，释迦牟尼佛有一天在法会上，下面有很多弟子，他一句话都没有说，拈了一朵花，然后看着大家，这时大家都莫名其妙，只有一个人破颜微笑（不是哈哈大笑）。"破颜"两个字大家要注意，"颜"就是脸，也就是说他的脸面本来是绷的，突然间绽放开，这就是顿悟。这个时候，释迦牟尼当然也心中大喜，于是说了这样一段话："吾有正法眼藏（zàng），涅槃妙心，付嘱摩诃迦叶。"这就是禅宗第一宗公案。传到中国之后，我们中国人又加了几句，叫"实相无相，微妙法门，不立文字，教外别传，付诸于汝，相续不断"。把这几句讲清楚，你就知道什么是禅宗。

"正法眼藏"是什么？"正法"就是释迦牟尼佛所讲的，不是旁门左道；"眼藏"，"眼"是指普照宇宙，"藏"是包含万有的意思。佛家的"正法眼藏"，在《易经》里就是"大易""太易"，按照老子的说法就是"道"。

关于眼，佛家说的眼有五种：肉眼、天眼、慧眼、法眼和佛眼。这五眼实际上就是佛法的五种层次。肉眼，就是我们一般凡夫的眼，只能看近处而看不到远方，只能看明的而看不到暗的，中间有隔断。到了天眼，既能看远也能看近，既能看明也能看暗，中间没有隔断，这是天的层次。慧眼，是缘觉乘和声闻乘的境界，这两个叫作"中佛"。缘觉，是在无佛之世，看见水流花谢体悟无常的道理，便自己开悟，而不是通过听闻佛法开悟的。到了法眼，就是菩萨，不仅自觉而且能觉他。最高的就是佛眼。能够非常清晰地观照宇宙的，这就是法眼。

"涅槃"，就是达到一种不生不灭的、永恒的、寂静的、清净的境地。现在人们一般认为"涅槃"就是指人去世了，这是不对的。这个"涅槃"是《易经》讲的不易，即不变的、永远的，是老子说的道。"妙心"，"妙"这个字要注意，是最微妙的，下面还会提到，叫"实相无相，微妙法门"。这里的"妙"是什么？老子《道德经》里有一段是这么说的："视之不见名曰夷，听之不闻名曰希，博之不得名曰

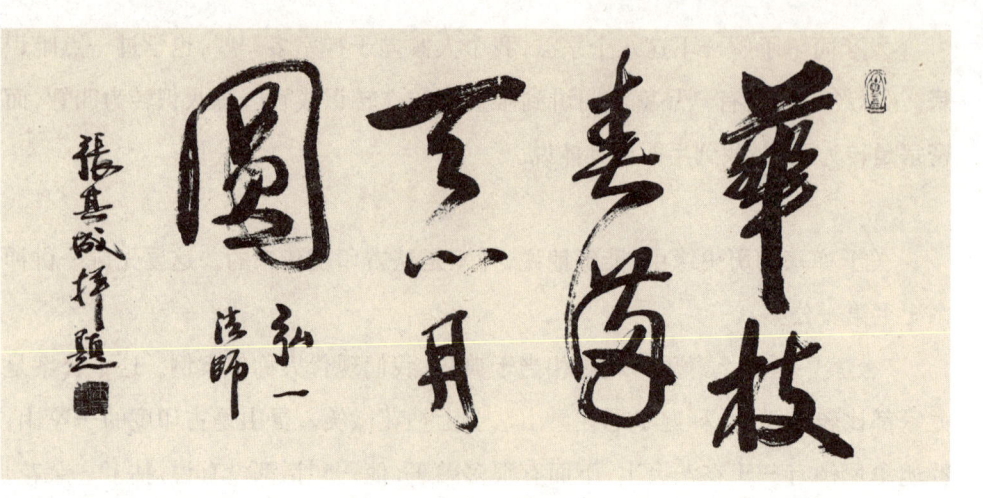

微。""微妙",就是玄妙的、神妙的,你看它却看不见,听它却听不到,抓它却抓不住,但这个东西是实实在在存在的。老子《道德经》中还特地指出"众妙之门"。

再来看"涅槃妙心"的"心"字,禅宗讲的就是心法,心跟性又是什么关系?儒道佛三家都在讲这个问题,这个我们后面再说。

这个微妙的法门,是"实相无相","实相"也叫真如、真相,是确实存在的。但它又是"无相"的,无什么相?无我相,无人相,无众生相,无寿者相。要注意这个层次,从小到大。所以我们注意六祖慧能说的心法,从自己开始,慢慢虚掉、空掉,最后达到"尽虚空,遍法界"。《金刚经》也说:"一切诸相,即是非相。"这里说的就是"无相",但这个"无相"是实实在在的,是真如。这个"微妙法门",释迦牟尼没有说,他只是拈了一朵花,摩诃迦叶就破颜微笑,这叫以心传心,心心相印。所以武则天为《华严经》作的开经偈说:"无上甚深微妙法,百千万劫难遭遇,我今见闻得受持,愿解如来真实义。"这里的"愿"是立志、发愿的意思,而不是愿意。立志解的是微妙法门,但是说不出来。

所以说,禅宗要给根器最利的人教。然后,"不立文字",不必要写文字。"教外别传",这个"教",就是释迦牟尼所立的教,是在佛陀所立的教以外传,要用心传,以心传心。六祖慧能就是"文盲",并不识字。

摩诃迦叶是禅宗的第一代祖师。"摩诃"是"大"的意思,大迦叶。我们在大雄宝殿里看到正中坐着释迦牟尼佛,佛的左边就是迦叶,右边是阿难。老迦叶和小阿难是释迦牟尼的两大弟子。阿难,他的记忆力第一,所以经文基本上都是阿难背下来的。因此,佛经一开始都有四个字"如是我闻":我是这样听释迦牟尼佛祖说话的。而迦叶是"头陀第一",也就是修行第一、实践第一,他是西天禅宗的第一祖,后来到了我们中国云南的鸡足山。

到达摩大师,禅宗在印度传了28代。达摩大师后来到了东土,也就是我们中国。那是南北朝时期,分为南朝和北朝,南朝又分为宋齐梁陈这四个朝代。梁武帝大家都知道,在历史上很有名,他是信佛的,《断酒肉文》就是梁武帝写的,不许僧人吃肉就是从梁武帝开始的,他对佛教的信仰非常虔诚。

我们会在《坛经》第三品中讲到达摩祖师和梁武帝的那段交往。那个时候首都在南京,就是金陵、建业、建康,在长江的南边。达摩和梁武帝不投缘,所以大师就往北走,要渡过长江。走到长江边上的时候,江水滔滔,没有船只,这时他看到旁边有芦苇,就折了一根芦苇在水中一放,然后坐上去,骑着芦苇就"嗖"地到了江北,这就是"一苇渡江"。

之后达摩继续往北,到了嵩山少林寺,那里有一个山洞,他就在洞里"面壁九年"。一开始打坐的时候,有东西在干扰他,他一看是睫毛,于是就把睫毛拔下来往外边一撒,睫毛就长成了茶树。所以我们要喝茶,吃茶可以参禅。

一苇渡江

原本这位头陀是剃度的,后来他的头发就长啊长,直到后来鸟都在他的头发里做窝,但是他不为所动。这就是中国禅宗的第一祖——达摩大师。他九年面壁之后,就担心,我的这一套佛法恐怕没有人能传承,以心传心、直了成佛、不立文字,这个太难了,看来东土没有能传承下去的人。

这时候有一个人,也是个出家人,原本叫神光,来向达摩大师求法。达摩大师一开始不理他,当时外面下着大雪,神光就站在门口。大雪埋没了他的双膝,他全身都披上了厚厚一层雪。达摩大师见了,顿生怜悯。这时,神光拿出一把刀,"啪"地把自己的手臂砍下来了。这就是"断臂求法"。血一下子流了出来,把雪都染红了。这时达摩大师问他:"你来干什么?"神光就说:"我来安心。"这时达摩就说了一句："好,你把心拿来,我为你安。"就这一句话,神光顿然开悟,所以他就成为第二祖,名字改为慧可。

"把心拿来,我为你安",达摩大师这句话,大家慢慢去体会。

后来就是第三祖僧璨,僧璨又传给第四祖道信。在道信以前,禅宗一直用的是《楞伽经》来传心,这部经典非常高明,后来的很多佛教宗派依据的都是《楞伽经》,比如说唯识宗。可是到五祖的时候,弘忍大师不用《楞伽经》了,开始用《金刚经》,这一点是非常了不起的。然后到六祖这里达到高峰,衣钵就不再传了。

《坛经》是慧能的弟子法海为他汇集和整理出来的,经过后世几传弟子增加而成。根据一些学者的研究成果,《坛经》的版本达三十多种,但是最早、最有名的就是法海版,即敦煌本。然后还有惠昕本、契嵩本、宗宝本。我们这里选的有两个版本,一个是最古老的法海版,法海编纂的这个版本实际上是后来才发现的,在敦煌的遗书里,是敦煌本子。上一次我带来一份唐人写的经,字体跟原作有一点像,看起来很震撼。这个版本也是唐代的敦煌本,成书大约在公元780年,有一万两千多字,而且不分节,是近代才发现的。但这个版本错误比较多,所以后世有很多人对它做了一些注释和校对。我们用的是最通行的版本,叫宗宝本,是一位叫宗宝的僧人所汇集的。宗宝本是明代之后唯一流行的版本,一共两万四千字,分了十个章节。《论语》有一万六千字,《道德经》有五千多个字,《易经》的经文也就五六千字(因为版本略有不同),这些传世经典都是非常短的。

为什么叫《坛经》?基本的意思就是设一个坛,设坛讲经。"坛"就是土砌起来的台子。我们都知道,孔夫子设教讲学的地方叫"杏坛",就是在"坛"的周围栽了银杏树,所以后世用"杏坛"比喻讲坛、讲台。

但是实际上《坛经》还有一个更深刻的意思:"坛"就是"坛场",梵文是mandala,译为"曼荼罗"。佛教徒在诵经或修法时,须先选择清静的地方安置佛像和菩萨像,这就是坛场。曼荼罗可以是圆的,也可以是方的。这就是《坛经》的深刻含义。诵读这本经典的时候,就好比跟诸佛菩萨聚集在一起。

坛场的第一个意思,是指宇宙万物的一种结构、一种模型,宇宙的万事万物都在坛场里面。

坛场的第二个意思,也是我们《坛经》所表达的意思,那就是道场。道场在哪里?坛场在哪里?就在直心,直心就是道场,直心就是净土,就在我们心里。所以《坛经》不能只是理解为设一个坛来讲经,这是表象的意思,它更深刻的意思就是所有的道场。

《坛经》主要分三个部分。第一部分讲六祖慧能的生平事迹,这就是第一品。然后讲六祖慧能传的法,这是第二部分。第三部分讲慧能大师和弟子的机锋问答,以及弟子对佛法的进一步发挥和发展。我们先来看第一品。

行由品第一

"行由","行"是指人一生的修行;"由"是指来由、因缘。开篇的《行由品》,介绍了慧能大师在曹溪宝林寺为众人讲述自己的身世,以及求法、得法乃至弘法的种种历程,也是本经的序分。

时,大师至宝林,韶州韦刺史与官僚入山,请师出。于城中大梵寺讲堂,为众开缘说法。

师升座次,刺史官僚三十余人、儒宗学士三十余人、僧尼道俗一千余人,同时作礼,愿闻法要。

【语译】

一时,大师来到宝林寺,韶州刺史韦璩和他的部下入山礼请六祖,请师到城里的大梵寺讲堂为大众广开佛法因缘,演说法要。

六祖登坛升座时,闻法的人有韦刺史及其部属三十多人,当时的文化学者三十多人,及僧、尼、道、俗一千余人,同时向六祖大师礼请,希望听闻佛法要义。

【解读】

讲这一段的时候,就会想起《金刚经》。《金刚经》也是用这种格式,开篇说得非常琐碎平常。《金刚经》:"如是我闻,一时,佛在舍卫国祇树给孤独园。"这是交代了一个背景。《金刚经》上写佛祖"与大比丘众千二百五十人",相比较之下,慧能在这里升座讲法的时候也有一千多人。《金刚经》还讲到佛祖"入舍卫大城乞食,于其城中,次第乞已",一个一个去乞讨,然后"还至本处",回到了自己的住所,然后"饭食讫",吃完饭,再去做什么呢?"收衣钵,洗足已,敷座而坐",把饭碗洗一洗,把脚洗一洗,然后把座位铺开坐下来。为什么要写得这么烦琐?这实际上是告诉人们，佛法是非常平常的，就是日常生活，所以我们禅宗实际上是"佛法在世间，不离世间觉，离世觅菩提，恰如求兔角"，就是平平常常，所以日常生活就是在修行。

同样，《坛经》一开始也是说"时，大师至宝林"，"时"，没有说具体是什么时候，《金刚经》里是"一时"。这是因为古印度人不重视时间。这一点很有意思。你看西方人，他们要把时间确定得非常清楚，但是我们东方人尤其是印度人，时和空的概念就是"尽虚空，遍法界"，把时间和空间都看成是无穷无尽的，没有必要计较一地一时，所以不必讲清楚。过去、现在、未来三时，这个"时"的概念也表达了古印度佛陀在世时那种广大的、虚空的、不拘泥于一时一地的大胸怀、大器量。

这里还要顺便交代一下，除了释迦牟尼佛本人所宣讲的法要被称作"经"，后世佛弟子的书通常是不能叫作"经"的，只有一部能称作"经"，这就是《坛经》。所以可想而知，《坛经》的地位有多么的高！也就是说，慧能就好比是中国的释迦牟尼，所以《坛经》的格式完全就是佛经的那种格式，只是开始没有说"如是我闻"。但实际上，"门人法海录"，也就相当于"如是我闻"，我是这样听我的佛祖说话的。

慧能大师讲法的这个时候，"时"是唐朝，六祖慧能生于638年，卒于713年，活了75岁，距今1378年。"至宝林"，宝林这所寺庙在广东韶关。"韶州韦刺史与官僚入山，请师出"，"刺史"是一个官名，后来叫作"太守"，相当于现在地级市的市长。这个刺史姓韦名璩，"与官僚入山"，同他的同僚一同到这山林中。"请师出"，这个"师"就是六祖慧能大师，请大师出山到"城中大梵寺讲堂"讲法。这个大梵寺在韶州城里，而当时的慧能是住在韶州宝林山。"为众开缘说法"，"缘"这个词是佛教非常重要的一个术语。"因缘"二字，"因"就是原因，"缘"就是条件。"开缘"就是结缘。

"师升座次"，"升"就是登上，六祖大师登上了法座。"刺史官僚三十余人"，官员有三十多人，"儒宗学士三十余人"，这是儒家的学者。有当官的，有儒家的学者，还有"僧尼道俗一千余人"，"僧尼"是佛家的，就是出家的男众和女众，也叫作"比丘""比

丘尼";"道"是道家的,指道士,道士的称呼是不分男女的;"俗"是在家人,没有出家为僧,也没有成为道士的普通百姓。这说明慧能的影响力很大,能吸引各门各派人士共一千多人。这些人"同时作礼",这个"礼",我认为是大礼。

大师告众曰:善知识！菩提自性,本来清净,但用此心,直了成佛。

【语译】

六祖对大众说:善知识！每个人的菩提自性本来清净,只要用此清净心,当下就能了悟成佛。

【解读】

大师提的是"善知识",而我们都知道,在佛经里面,一般都是称"善男子、善女人",指有德的、有知识的、正在成道成佛的人和已经成道成佛的人。六祖的这种说法,应该说是受到了当时儒家的影响,提倡有知识,实际上也就是"善男子、善女人",就是"各位大众"。

"菩提自性,本来清净,但用此心,直了成佛",这四句话,已经把《坛经》的所有法要都概括了。这是什么意思呢？坛下这一千余人,都是来求菩提的,都是想当菩萨想成佛的。菩提是什么意思呢？大家都知道菩萨,菩萨全称叫"菩提萨埵","菩提"是什么？"萨埵"又是什么？"菩提"就是觉悟,"萨埵"就是有情。情是什么呢？情是众生（芸芸众生）,当然包括了人,所以菩萨就是觉悟众生,使众生觉悟。"菩提自性,本来清净,但用此心,直了成佛",这就是禅宗最重要的思想。"自性"是清净的,是在我们每一个人心中的。"自性",是禅宗最重要的一个词,也叫"本性",也叫"真如",是万事万物的本性,当然也指人的本性,就是万事万物最高的真理。

佛家称"自性""佛性";道家是"元性""元神"（"元"就是第一位的）;儒家叫"本性""本心";《周易》是"太易"（在易家中,"太易"是第一位的,然后是"太初""太始""太素","太极"在第五位）。各家都是在寻求这个"自性",这叫万法归一,"殊途而同归,一致而百虑"（《周易·系辞下》）。六祖将"自性"又称为"本来面目",见到它,就离苦得乐了。"本来清净",这个"本来面目"原本是清净的,《道德经》里讲"涤除玄览"。可是我们现在不清净了,有"尘"了,那怎么办呢？菩提自性,去求那个觉悟了的自性,那个最高的真理,那个终极的本体,它本来就是清净的,本来就是空,本来就是无。它存在于我们所有万事万物众生有情当中,所以对于一个人来说,你要"但用此心",这个"但"是"只",只用此心,用自己的心。

"心"和"性"什么关系呢?"性"就是我们前面讲的"本心"。《坛经》里打了一个比方,我觉得非常好:"心"好比是国土,"性"好比掌管这个国土的王。《大学》里讲到:"大学之道,在明明德,在亲民,在止于至善。知止而后有定,定而后能静,静而后能安,安而后能虑,虑而后能得。"想达到这一点,要先"格物",之后可以"致知",然后"诚意、正心",然后"修身、齐家、治国、平天下"。《中庸》开篇讲到:"天命之谓性,率性之谓道。""性"是"心"再加"生"组成的,"生"下面一横是大地,上面是牛,是牛在大地上吃草吗?错!上面不是一头牛,是一棵草,草出地上谓之生。

生命,佛家讲众生,众生包括有情和无情。现在我们来了解一下佛教世界观基础下的两种生命的形态——有情和无情。

无情物包括两种情况:一种情况是物件,由世间的事物加工出来,比如一只杯子,一部手机,一条毛毯。它们有没有生命呢?按佛教的基础来讲,即便说它们有生命,也是人赋予的,所以它的生命归属在无情物这一类,不可能对于人的行为产生判断,所以基本上是没有生命的。另一种情况是植物,是属于有生命的,但属于无情生命。

无情生命和有情生命,这又是两个层次:六道众生,都属于既有生命,还有情感和感知能力。其中人道众生,不仅有生命,还是感知能力层次最高的生命,跟其他的动物还不一样。动物不懂得调整行为,人通过思维选择或者接受教化以后,可以调整行为,所以人是有情里面的最高级。其他的几道,比如说三恶道的众生,属于有情里面的低层次生命。但是这些生命相互之间可以轮回。无情生命就是指没有情识活动的矿物、植物,它跟有情生命的情况不一样。

所以有情和无情在佛教中的界限是特别明确的。

情字也是有心的,所以"心"和"性"有时通用,"明心见性",不过这是有层次的。用刚才举的国王和国土的例子来说,这两者是互相作用的:要把国家治理好,王要做明君;反过来,国家治理好了、清净了,国王也就清净了。这两者是相需相依的关系。所以我们自己要用心。怎么用心?这一品的后面会讲到,尤其后面的《般若品》——开智慧那一品里,更进一步讲到这个方法。

这样之后,就可以"直了成佛",就可以找到自己的本性,就成佛了。"了"就是觉悟,你自己觉悟了就是佛。迷失就是人,开悟就是佛,所以不要离开众生有情,到另外一个地方求一个佛,那是没有的。这就是《坛经》的一个总纲。正所谓"天下事了犹未了,何妨以不了了之;世间人法无定法,然后知非法法也"。

接下来,慧能就请各位善知识听自己说一说他是如何得法的,可以说都是对这四句话的解释了。

善知识!且听慧能行由得法事意。

慧能严父,本贯范阳,左降流于岭南,作新州百姓。此身不幸,父又早亡,老母孤遗,移来南海,艰辛贫乏,于市卖柴。

时有一客买柴,使令送至客店,客收去,慧能得钱,却出门外,见一客诵经,慧能一闻经语,心即开悟。

【语译】

善知识!先请听慧能求法、得法的经历事略:

慧能的父亲原先籍贯在范阳,后来被降职流放到岭南,于是便做了新州的百姓。慧能这一生很不幸,父亲早逝,遗下年老的母亲和他相依为命。后来迁居南海,日子穷困,靠卖柴来维持生计。

有一天,有位客人买柴,嘱咐慧能把柴送到客店。客人把柴收下后,慧能得了钱正要退出门外时,看见有人正在诵读佛经。慧能一听到那位客人所诵的经文,心里便豁然开悟。

【解读】

这一段是慧能叙述自己的身世。"严父慈母","严"本义是"严厉"的意思,一般父亲比较严厉,所以称"严父"。慧能的父亲籍贯在范阳,也就是今天的北京大兴一带,原来是北方人。"左降",为什么不是"右"?《道德经》里说得很清楚,吉时以左为尊、以右为卑,但凶时以左为卑、以右为尊。所以被降职流放这一件不好的事用的是"左"。岭南就是现在的广东一带。他父亲被流放后成为新州的一个普通百姓,新州就是现在广东的新兴县。而且慧能很不幸,3岁的时候父亲就去世了。

"孤遗",慧能的老母亲一个人抚养着他,后来就迁移到了南海。南海县也在广东,很多名人比如康有为也是南海人。生活非常艰辛,所以慧能只能以卖柴来维持生活。有一天,一位客人买他的柴,慧能就挑着柴到这位客人住的店里,卖完柴以后慧能准备离开。"却"就是退,"却出门外",慧能退到了门外的时候,很巧合地听见一个客人在诵经,他一听到那个经语,心里就开悟了。

遂问客诵何经,客曰《金刚经》。复问从何所来,持此经典。客云,我从蕲州黄梅县东禅寺来。其寺是五祖忍大师在彼主化,门人一千有余。我到彼中礼拜,听受此经。大师常劝僧俗,但持《金刚经》,即自见性,直了成佛。慧能闻说,宿昔有缘,乃蒙一客,取银十两与慧能,令充老母衣粮,教便往黄梅,参礼五祖。

慧能安置母毕,即便辞违,不经三十余日,便至黄梅,礼拜五祖。

六祖斫竹图

【语译】

于是问那位客人说:"请问您诵念的是什么经?"

客人答说:"《金刚经》。"

再问他:"您从哪里来?如何得以持诵这部经典?"

客人答说:"我从蕲州黄梅县东禅寺来,那是弘忍大师住持教化的道场,跟随他参学的门人有一千余人,我是去东禅寺礼拜五祖而听受此经的。大师经常劝导出家和在家的弟子说,只要持诵《金刚经》,自然就能够见到自心本性,当下就能了悟成佛。"

听了客人的这一番话,慧能也很想去参拜五祖。由于过去结下的善缘,一位客人给慧能十两银子,让他备足母亲的生活所需,便前往黄梅县参拜五祖。慧能将母亲安顿好以后便辞别,经过三十多天的跋涉就到了黄梅礼拜五祖。

【解读】

慧能从这位诵经的客人那里得知,这部佛经是《金刚经》,全称是《金刚般若波罗蜜经》或《能断金刚般若波罗蜜多经》,是大乘佛教的代表性经典,是一部很重要的佛经,主要讲般若,讲佛家的慧和空,我们都应该去读一读。

这位客人还告诉慧能，这本《金刚经》是从蕲州黄梅县东禅寺得来的。蕲州就是现在的湖北蕲春一带，现在的蕲春只是从前蕲州下属的一个县。明代有名的医药学家李时珍，《本草纲目》的作者，就是那里人。蕲州那里有个黄梅县，禅宗的四祖和五祖在那里都有道场，在那里传法。四祖寺在西边，五祖寺在东边，也叫作东禅寺。

五祖弟子所传的法门很有名，叫作"东山法门"。"东山"指的是什么？就是指五祖弘忍禅师所在的蕲州黄梅县的黄梅山，因为这座山在黄梅县的东部，所以又称"东山"。"东山法门"就是指五祖所传的禅法。

"大师常劝僧俗"，"僧"就是出家人，"俗"就是未出家的在家人。"但持《金刚经》，即自见性，直了成佛"，这也是弘忍大师传给慧能的。"但"就是"只"，只要拿着《金刚经》，就可以见到自性、佛性，明了成佛。慧能听到后说："肯定是有缘啊，不然大字不识，怎么一听这个经就开悟了呢！"这原来是每生每世结下的善缘、佛缘。

后来，慧能又承蒙一位客人取了十两银子给他老母亲做养老费，买衣服、买粮食用。慧能就去黄梅参拜五祖。这是讲了慧能去拜师的缘由。

祖问曰："汝何方人？欲求何物？"

慧能对曰："弟子是岭南新州百姓，远来礼师，惟求作佛，不求余物。"

祖言："汝是岭南人，又是獦獠，若为堪作佛？"

慧能曰："人虽有南北，佛性本无南北，獦獠身与和尚不同，佛性有何差别？"

【语译】

五祖问："你是什么地方的人？来这里想求什么？"

慧能回答说："弟子是岭南新州的百姓，远道而来礼拜师父，只求做佛，不求别的。"

五祖说："你是岭南人，又是獦獠，如何能做佛呢？"

慧能说："人虽然有南北的分别，佛性却没有南北之别，獦獠身与和尚身虽然不同，但是本自具有的佛性又有什么差别呢？"

【解读】

这是慧能到了五祖寺，与五祖初次相见时两人的一段对话，很有意思。

五祖就问他："你是什么地方人？要求什么东西？"一般情况下，我们到寺庙里，都是要求一些物、一些事。慧能就说："我不是来求东西的，我是岭南新州的一个普通百姓，从远方来礼拜师父，只求做佛，不求别的东西。"从这个回答中能看出慧能的根器很利，很有成佛的慧根。

五祖说："你是岭南人，是一个獦獠。"什么是"獦獠"？你看这两个字都是"犭"旁，就表示动物，是凶猛的野兽。"獠"，"青面獠牙"，是牙齿露出来的一种野兽；"獦"，是一种像豺狼一样的野兽。这是古人对南方人的一种称呼，是骂人的话。古人认为南方人都是不开化的、愚昧的、野蛮的人。"岭南"——广东那一带，之前是流放犯人的地方，不毛之地，非常荒凉，不像现在一说广东人、听到广东话，大家都是礼敬三分。"你怎么能够成佛呢？""堪"就是"可以"的意思。

慧能的回答了不得："人虽有南北，佛性本无南北。"其实是说人人皆有佛性，这是大乘佛教所讲的，在广泛使用。这个"佛性"有两层意思，一个就是我之前说的"本来面目"，一个是成佛的可能性。只要回到了我们人自身的本来面目，都可以成佛。人当然有南边的人、北边的人，但是佛性怎么能分南北呢？佛性本来是普世的，怎么会有南北之分呢？我虽然是一个獦獠，是一个野蛮地方来的人，但是与和尚你有什么差别呢？我生活的地方和身体跟你是不同的，但是我这个獦獠的佛性和大和尚你的佛性是没有差别的。这就是一个平等的心。所以说什么是佛？我们最后会总结，其中有一个就是平常的心、平等的心。众生皆有佛性，没有差别，没有地域的差别，也没有地位的差别。

"和尚"这个词要注意，"尚"通"上"，就是最高的意思。五经里的《尚书》，就是上古的书，上古是指夏商周。"和尚"是对出家人的称呼，"大和尚""老和尚"，是对得道之人的最高尊称，不像现在称"和尚"，好像是对出家人比较随意的称呼。

五祖更欲与语，且见徒众总在左右，乃令随众作务。

慧能曰："慧能启和尚，弟子自心常生智慧，不离自性，即是福田。未审和尚教作何务？"

【语译】

五祖还想多说些话，但碍于徒众一直随侍在左右，于是命令慧能跟随大众去做工。慧能说:"慧能禀白和尚!弟子自心常常涌现智慧,不离自性,这就是福田,不知和尚还要教我做些什么事务?"

【解读】

五祖这个时候本来还想再跟慧能说话,但是看见很多徒弟总在他的周围,就没有再说什么,只是让慧能跟随众人做杂务。这个时候五祖想说的是什么?应该是认可、赞同慧能的话,但是不能说,有太多旁人在身边了。后面的故事也有类似情节,好像都是偷偷摸摸,像做秘密工作一样,这其实表示周围环境的凶险。为什么会凶险?到后面慧能得法之后就体现出来了,我们慢慢看。弘忍大师其实很郁闷,周围一千多人,但没有一个人能真正让他传法。这也表明想要见性,说容易也不容易,其实是太不容易了。

"慧能启和尚",这个"启"和《金刚经》里的"白"一样,"告白"的意思,并且是由下向上报告。慧能虽然开始入门了,但还是比较骄傲,不懂人情世故。和我们一样,刚出道的时候都是想要表现自己。慧能说:"启禀大和尚,我的心中就像一片活土一样,常常有智和慧产生。"注意,"智"和"慧"还是有一些分别的:"智"是明白事相,也就是事物的现象;"慧"是明白事理,也就是事物蕴含的道理。我们现在合在一起称"智慧"。

慧能说:"我现在不离自性,心中就是福田。还不知道和尚你叫我去做什么事情呢?"我们都说学佛是为了求福,大家到寺庙里捐一些功德钱是为了有福,比如说求孩子考上大学等等。其实这不叫求福,这叫绑架。如果孩子真的考上大学了,又来寺庙里还愿,再多给钱,这叫作"做买卖"。而慧能已经说了,真正的福田在于"直了自性",求佛不如求己。

有一个公案,或者叫故事。有一天,一个僧人看见观音菩萨在那里拜自己的塑像。结果这个人很不明白,就问观音菩萨:"观音菩萨,你已经是观音菩萨,还拜什么呢?"观音菩萨说:"没办法,我求别人不如求自己呀!"所以说求人不如求己。

观音大士像

祖云："这獦獠根性大利，汝更勿言，著槽厂去。"

慧能退至后院，有一行者，差慧能破柴踏碓。

经八月余，祖一日忽见慧能，曰："吾思汝之见可用，恐有恶人害汝，遂不与汝言，汝知之否？"

慧能曰："弟子亦知师意，不敢行至堂前，令人不觉。"

【语译】

五祖说："你这獦獠根性太利，不必再多说，到槽厂做工去吧！"

慧能退出后来到后院，有一位行者叫慧能劈柴、舂米，就这样工作了八个多月的时间。

有一天，五祖忽然来到后院对慧能说："你的见解很好，我恐怕有恶人对你不利，所以不和你多说话，你知道吗？"

慧能回答说："弟子也知道师父的心意，所以一直不敢走到法堂前，以避人耳目。"

【解读】

"根性"是什么意思？就是一个人的素质、素养、本性、本质。"根性大利"，这个人太厉害了，太敏锐、太有智慧了。"槽厂"是马棚，养马的地方。五祖心想，这个小南蛮底子太好了，就是有点骄傲，哪有说自己"常生智慧，不离自性"的？既然这样，你还来干吗呢？所以就需要打掉这个傲性。于是五祖说："你不要再说了，到马棚喂马去。"

慧能退到后院，有一个行者——还没有剃度的修行人，指使慧能去"破柴"，就是劈柴。"踏碓"，"碓"就是舂米的器具，踩另一头，前面一头就翘起来，然后放开，前面一头就落下去舂米了，这样就把稻谷外面的壳去掉。还有一种是用手来舂米，这里是用脚踩的。

时间过了八个多月，在这段时间五祖可能都没见到慧能。这时，五祖见到慧能，就说："我知道你的见解确实是高明，但是恐怕有恶人来害你，所以我不再跟你多说了，你明白我的用意吗？"慧能回答："我知道老师的用意，所以我也不敢到堂前去，这样别人就察觉不到。"你看，这说明当时的环境多么险恶。

祖一日唤诸门人总来："吾向汝说，世人生死事大，汝等终日只求福田，不求出

离生死苦海,自性若迷,福何可救?汝等各去,自看智慧,取自本心般若之性,各作一偈,来呈吾看,若悟大意,付汝衣法,为第六代祖。火急速去,不得迟滞。思量即不中用,见性之人,言下须见。若如此者,轮刀上阵,亦得见之。"

【语译】

有一天,五祖召集门下的所有弟子:"我向你们说:世间的众生在生死苦海里沉沦,如何了生脱死是亟待解决的一件大事。你们整天只知道修福,而不知道要求出离生死苦海,真心本性如果迷而不觉,只知道修福报,如何能解决生死大事呢?你们各自回去观照自己的智慧,看取本心的般若自性,然后各作一首偈颂来呈给我看。如果有人能够悟得佛法大意,我就把衣法传付给他,他就成为禅宗的第六代祖师。赶快去,不得迟滞,佛法一经思量便不中用。如果是觉悟自性的人,一言之下便见分晓。这样的人,即使在挥刀作战的紧急关头也能见性。"

【解读】

又有一天,五祖让各位门人都来集会,然后对大家说了一段话:"我跟你们说,人来到这个世上最大的事叫作'了生死',也就是出离苦海、解脱。而你们这些人终日只是在想如何求福这件事,而不求出离生死苦海,所以虽然有福但还是苦的。""生死苦海"就是三界六道,就是轮回之苦。

我们说"跳出三界外,不在五行中"。"三界",第一界叫"欲界",还是有欲望的。"欲界"就是"六道","六道"中最高的天其实还是有欲(眼、耳、鼻、舌、身)的天。第二界是"色界","色"就是有形的物质,是远离欲望的,有"十八重天"。最高一界是"无色界",只有受、想、行、识四心,没有色,离开了物质,但还有一些精神的东西在,有"四重天"。色、受、想、行、识,是"五蕴"。《心经》开篇讲:"观自在菩萨,行深般若波罗蜜多时,照见五蕴皆空,度一切苦厄。"三界加起来共"二十八重天",我们之后会详细来解释。

我们讲的生死苦海,在"欲界",我们每个人都在求出离苦海,所以至少要出离欲界。那么如何出离呢?禅宗其实不讲这么复杂,大根器的人就像慧能,听到五祖为他诵读《金刚经》到"应无所住,而生其心"这一句时,马上就悟道见自性了。

弘忍大师又说:"你们如果不明自性,还求什么福呢?怎么可能救助你们出离苦海呢?你们都回去吧,看一看自己心中的智慧,能不能见到自己明心见性的般若大智慧,然后每人作一个偈子(这个偈子就相当于一首诗)给我看。如果能悟得大意,就传给你衣和法,也就是袈裟和'正法眼藏,涅槃妙心',就可以当第六代祖师。你们赶快去吧,不要再停留了。如果想来想去,那是没用的,见性的人一开口马上就能知道。如果见性,匆忙之间也是可以得道的。""轮刀上阵",以前人打仗的时候,拿着刀像飞转的车轮一样挥舞,形容急促之间、危急当中。"见性",就像释迦牟尼灵山拈花,迦叶看到破颜微笑,当下开悟。

众得处分,退而递相谓曰:"我等众人,不须澄心用意作偈,将呈和尚,有何所益?神秀上座,现为教授师,必是他得。我辈谩作偈颂,枉用心力。"余人闻语,总皆息心,咸言:"我等已后依止秀师,何烦作偈。"

【语译】

大众领受五祖的吩咐后便退下,彼此互相商量着说:"其实我们大家也不必静心思虑,费尽心力地作偈子,因为即使呈了偈子给和尚看,又有什么用呢?神秀上座现在是我们的教授师,一定是他得付衣法。我们轻率冒昧地作一个偈子,也只是枉费心力罢了。"其他人听到这些话以后,也都止息了作偈子的念头,说:"我们以后就依止神秀上座,何必多此一举去作偈子呢?"

【解读】

"处分"就是吩咐,众人得到了这个吩咐,退下来以后,相互谈论说:"我们这些人,不需要把心洗净了、让心思平静了,用我们自己的心意来作偈子呈给和尚,这有什么用呢?上座大弟子神秀,现在是给我们教授佛法的老师,他肯定可以得到大师的衣和法。"

我们知道,历史上有"南能北秀"之称,南边是慧能在说法,北边是神秀在说法。神秀当时说法的寺庙就在湖北江陵。"教授师"就是专门教授受具足戒的僧人的老师,相当于弘忍大师的助教、助手,因为弘忍大师不可能所有事都亲力亲为,所以有些教学事务就交给神秀来做。众人接着说,我们就不要作偈了,白费心思,白费力气。所以大家都不作偈子了。"已"通"以",以后的意思。大家都说:"我们以后就依靠神秀老师,何必麻烦做这个偈子。"

神秀思惟:"诸人不呈偈者,为我与他为教授师,我须作偈,将呈和尚。若不呈偈,和尚如何知我心中见解深浅。我呈偈意,求法即善,觅祖即恶,却同凡心夺其

圣位奚别？若不呈偈，终不得法。大难大难。"

【语译】

神秀暗自思忖："其他人不呈偈的原因，是因为我是他们的教授师，所以我必须作偈呈给和尚。如果不呈偈子，和尚如何能知道我心中见解的深浅呢？呈偈的用意，若为求法便是善的，若为觅求祖位便是恶行，这和一般处心积虑贪图圣位的凡夫心又有什么差别？如果不呈偈请和尚印证，终究不能得法。实在是教人为难！"

【解读】

这时神秀就想，大家都不愿意作这个偈子，是因为我是他们的教授师，所以我必须要作一个偈子呈给大和尚。如果我不呈这个偈子，和尚怎么知道我心中的见解是深还是浅呢？呈上这个偈子的目的（"意"就是目的），如果是为了求佛法，这是很好的，是善事；如果是为了谋求一个祖位的话，那我这就是一种恶念了，和普通人一心争夺圣位、王位有什么不同呢？"奚"就是"哪里"，哪里有区别呢？但是如果不呈这个偈子的话，我终究得不到这个法。哎，真是进退两难呀！你看，神秀现在是又想作偈子又不想作偈子，想作这个偈子交给老师，又怕大家说他是为了谋求位子、谋求法衣。但如果神秀不交这个偈子，又不能知道他自己是不是得法了。怎么办呢？

我们好多人都对神秀颇有微词，说神秀不如慧能，因为神秀是"渐悟"，一点一点开悟，而慧能是"顿悟"，当下开悟，也称作"南顿北渐"。实际上，像我们这些普通人，"渐悟"也是很难悟得的。神秀大师一开始也不是为了争这个六祖的位子而作的偈。但在这种情况下，神秀肯定不能见性，因为弘忍大师已经讲过"思量便不中用"，想来想去、犹犹豫豫的，这样是没用的，要的是当下的开悟。

五祖堂前，有步廊三间，拟请供奉卢珍画《楞伽经变相》及《五祖血脉图》，流传供养。

【语译】

五祖法堂前有三间走廊，原本准备延请供奉卢珍居士来绘画《楞伽经》的"变相"及五祖的血脉图，以便后世有所流传和供养。

【解读】

五祖寺就在黄梅,离县城二十多公里,很近的。那个地方我去看过,当然大部分建筑都是后来重建的。但是其中有一个建筑,是在原址祖堂的基础上修复的,上面的三间走廊,还基本上保留着。"拟"就是准备。这三间走廊的廊壁本来是想用来做什么呢?"供奉"是一种官职的名称,是掌管技艺的官,本身在艺术方面也要很有成就。这里提到的这个人的名字叫"卢珍",所以称他卢供奉。本来是请这位卢供奉把《楞伽经》的"变相"(就是"图像",专指佛教图画,用绘画或雕刻所表现的佛经故事),还有五祖的血脉图(一祖一祖地传到了五祖弘忍),画在廊壁上,以方便传承下去,让众人供奉。

神秀作偈成已,数度欲呈,行至堂前,心中恍惚,遍身汗流,拟呈不得。前后经四日,一十三度,呈偈不得。

秀乃思惟,不如向廊下书著,从他和尚看见,忽若道好,即出礼拜,云是秀作。若道不堪,枉向山中数年,受人礼拜,更修何道?

是夜三更,不使人知,自执灯,书偈于南廊壁间,呈心所见。

【语译】

神秀作好偈颂以后,数度想呈送给五祖,但走到法堂前总是心中恍惚,遍身汗流,想要呈上去却又犹豫不决。就这样前后经过了四天,共有十三次呈偈不得。

神秀于是想:"不如把偈颂写在法堂前的走廊下,由和尚自行看到,如果和尚看了以后说好,我就出来礼拜,说是神秀所作;如果说不行,只怪自己枉在山中修行数年,空受众人恭敬礼拜,还修什么道呢?"

于是,就在当天夜里三更时分,神秀不使人察觉,自己掌着灯火,把偈颂写在南边的廊壁上,表露心中的见解。

【解读】

神秀作成偈子之后,几次想呈交给师父,都已经走到了堂前,总是心中恍惚,紧张得流了很多汗,想呈上去却又没能呈上去。前后折腾了四天,反反复复,共去了十三次,想呈上去又不敢敲门。这是很折磨人的,说明神秀对自己是否见性还是没有底。

神秀就想,走廊的墙上本来要画两幅画,不如我就写在这个墙上,能让大和尚看见。如果他说好，那我就出来礼拜，说这是我作的；如果他说不好，那我就太惭愧了，白白在山中修道这么多年，还承担着这个教授师的名声受大家的礼拜，我还修什么道呢？说明我没修好。

"是"就是"这"的意思。"三更"是什么时候呢？就是半夜，就是子时，晚上十一点到一点。这一天半夜，神秀没有让人知道，自己拿了一盏灯，在南边的廊壁上写上他心中对佛法的认识。

偈曰：
身是菩提树，心如明镜台；
时时勤拂拭，勿使惹尘埃。

【语译】

偈颂说：
身是菩提树，心如明镜台；
时时勤拂拭，勿使惹尘埃。

【解读】

这个偈子大家应该非常熟悉。现在，一到五祖寺就能看到两个偈子，一个是神秀的这个偈子，还有一个是我们之后要讲的慧能的偈子，写在五祖寺两侧的柱子上。

这个偈子其实已经相当了不得了。

"身是菩提树"，本来面目是"无相"，所以"身"不再是肉身，不再有五官四肢形态，就是一棵菩提树。

"菩提树"最早叫"毕钵罗树"，一片树叶有七个小叶子，所以也叫"七叶菩提"。当年释迦牟尼还是乔达摩·悉达多王子，坐在这个树下七天，在农历十二月初八这天顿然开悟，于是这树就叫"菩提树"，"菩提"就是觉悟。

"心如明镜台"，我的心就像一个明镜台，不染一丝尘埃，非常清净，没有受到六境（就是色、声、香、味、触、法，又叫六尘，是六根作用时不可少的境界）的干扰。"时时勤拂拭，勿使惹尘埃。"每时每刻都在那里擦洗它，不让它惹上一点点尘埃。它表明永远都在精进，而不是一下开悟以后，明天或后天遇到外境就又受到污染。这个境界已经相当高了。

我认为，我们学慧能，很难；学神秀，还是有可能的。所以，不要觉得神秀不高明。当然,这是慧能的弟子汇集的内容,前后相对比,后面慧能那首偈子的水平就更高些。因为这个偈子里还是有物的,这叫作"色",还没有到达三界里的无色界。就像《金刚经》结尾处提到的那个偈子:

一切有为法,如梦幻泡影,

如露亦如电,应作如是观。

这可以说是《金刚经》全篇的法眼,它还是拿物作比,提到了梦、幻、泡、影、露、电等六种物,还是有"色"的。当然,这也是我们必须要经过的一关。我们作为凡人,确实没有慧能那样的大根性,他是当下就可以开悟。所以,我们还是要"时时勤拂拭,勿使惹尘埃",这就叫作"渐悟"。

秀书偈了,便却归房,人总不知。秀复思惟:"五祖明日见偈欢喜,即我与法有缘;若言不堪,自是我迷,宿业障重,不合得法,圣意难测。"房中思想,坐卧不安,直至五更。

【语译】

神秀写好偈颂以后,便回到自己的寮房,大众都不知道这件事。神秀又想:"明天五祖看见这首偈语,如果欢喜,就是我与佛法有缘;如果说不行,那便是我自心迷误,宿昔业障深重,不能得法。五祖的圣意实在是难以揣测啊!"神秀在房中左思右想,坐卧不安,一直到五更时分。

【解读】

"秀书偈了"的"了",是结束的意思。神秀写完这个偈子,就退回到自己的书房里,人们都不知道是谁写的。"堪"是可以,"不堪"在这里就是不行、不中。神秀就在想,如果明天五祖见到这个偈子很满意,感觉不错,就说明我和佛法有缘了,他就可以向我传法了;如果他看了之后认为不行,那我就是还在迷惑阶段,本性还没觉悟。

"宿"就是过去。"业"是佛教中非常重要的一个词,就是这之前,或者前世,或者前几世所种下的行为,可以简单地理解为行为。"业"分为两种,一种是善业,一种是恶业。如果种下善业,就有善报;种下恶业,就有恶报。这里讲"业障",当然就是一种恶业了。所以神秀的意思是,如果种种恶业很深重,阻碍我成佛,阻碍我明心见性,不能开悟,那我就不适合得到正法。"圣意难测","圣"就是五祖,大和尚的用意,我实在是难以揣测呀!神秀就这样在屋里苦思冥想,坐卧不安,一直到五更。我们前面讲过三更,一更是两个小时,所以五更就是寅时,早上的三点到五点。神秀就这样一直折腾到天亮。

祖已知神秀入门未得,不见自性。天明,祖唤卢供奉来,向南廊壁间绘画图相,忽见其偈。报言:"供奉却不用画,劳尔远来。经云:凡所有相,皆是虚妄。但留此偈,与人诵持。依此偈修,免堕恶道。依此偈修,有大利益。"令门人炷香礼敬,尽诵此偈,即得见性。门人诵偈,皆叹善哉。

【语译】

其实,五祖早已知道神秀尚未入门,不曾得见自性。天明后,五祖请卢供奉来,打算在南边的廊壁上绘画图相。这时忽然看到神秀的偈颂,于是对卢供奉说:"不用画了,劳驾您远道而来。经上说'凡所有相,皆是虚妄',留下这首偈颂让大众诵念受持吧。如果能够依照这首偈颂修行,可免堕入三恶道;依照这首偈颂修行,也能获得很大的利益。"于是告诉弟子们对此偈颂焚香礼敬,大家都诵持这首偈颂,就可以见到自性。弟子们诵读此偈,都赞叹说很好。

【解读】

其实五祖早就知道神秀还没有开悟,还没有进入佛法的大门,要先入门然后才能见性。现在这一千多门人中,神秀根基最深,但他还没有见性,所以五祖也不抱希望。

第二天天亮后,五祖请来卢珍,准备在墙上画《楞伽经》的图像,突然看到神秀写的偈子,就说:"卢供奉你先不用作画了,就把这个偈子留下吧,劳烦你大老远过来。"

"经云",经上说;"凡所有相,皆是虚妄",这是《金刚经》上的话。"一切诸相,即是非相"。"无我相,无人相,无众生相,无寿者相"。这四句如果经常诵读的话,你就会发现,"无众生相"是偏向空间的,"无寿者相"是偏向时间的。所有的相,宇宙当中，万法皆空。所以现在这两幅画也没必要画了，都是一种外相。墙上就只留下这个偈子，让大家诵读，并且行持。按照这个偈来修行，可以避免堕入三恶道，对大家很有利。于是，五祖让他的弟子们焚香礼拜，都诵读这个偈子，这样也可以渐渐地见性。这说明这个偈子也还是不错的。门人诵读这个偈之后，都在感叹"了不得，太好了"。

祖三更唤秀入堂，问曰："偈是汝作否？"

秀言："实是秀作，不敢妄求祖位，望和尚慈悲，看弟子有少智慧否？"

祖曰："汝作此偈，未见本性，只到门外，未入门内。如此见解，觅无上菩提，了不可得。无上菩提，须得言下识自本心，见自本性，不生不灭，于一切时中，念念自见，万法无滞，一真一切真，万境自如如，如如之心，即是真实。若如是见，即是无上菩萨之自性也。汝且去一两日思惟，更作一偈，将来吾看汝偈，若入得门，付汝衣法。"

神秀作礼而出。又经数日，作偈不成，心中恍惚，神思不安，犹如梦中，行坐不乐。

【语译】

夜半三更，五祖把神秀叫进法堂，问道："那首偈颂是你写的吗？"

神秀答道："确实是弟子所作，弟子不敢妄求祖位，只望和尚慈悲，看弟子是否开了一点智慧？"

五祖说："你作的这首偈子还没有见到自性，只在门外，尚未进门入室。这样的见解，要想用它来觅求无上菩提，终究不可得。无上菩提必须言下就能认识自己的本心，见到自己的本性是不生不灭的。在一切时中，念念都能照见自己的真心本性，万法无滞无碍。若是能认得真如自性，自然一切法皆真，一切境界自然如如不动而无生无灭。这如如不动的心，就是真如实性。若是有这样的见解，便是无上菩提的自性了。你暂且回去思考一两天，再作一首偈颂送来给我看，如果能入得门来，我就把衣法传付于你。"

神秀行礼退出。又经过几天，神秀仍然作偈不成，心中恍惚，神思不安，好像在梦中一般，行走坐卧都闷闷不乐。

【解读】

其实五祖已经知道这首偈子是谁作的了,他在半夜的时候召唤神秀到自己的屋里,问他:"这个偈是你作的吧?"神秀说:"的确是我作的。"而且向五祖表明作这个偈子不是为了谋求祖位,希望大和尚慈悲,看看他到底有没有开悟。

什么是"慈悲"?"慈"和"悲"有不同:"慈",予乐为慈,"悲",拔苦为悲。给别人快乐叫"慈",要注意"慈"下面也有一个"心",即爱心,给别人爱。拔苦,把别人的痛苦解除叫"悲"。

"悲"也是分境界的:

第一类是初级阶段的大悲心,叫作"缘生悲"。缘生的大悲心,也叫作"生缘悲",是面对着生活中的一些普通事件所产生的慈悲心,比如看到一个乞丐很可怜而生起的悲心。

第二类叫作"缘法悲"。这种悲心往往伴随着一个人对于二乘空性的证悟。具备缘法悲的人对于世间的一切事物都不会很执着,在他的感受中,世间的一切都如梦如幻,都是无常的。

第三类叫作"无缘大悲"。无缘大悲比缘法悲还要再进一步,具备无缘大悲的人对于空性的证悟更深入。他不会执着于二乘人世界中四大种性的显现,在他的世界里,只有清净的佛国土。这是无缘大悲人具备的大悲心。

"同体大悲",就是我的心和对众生的心是"同体",同一个,你的苦就是我的苦,感同身受。然后想办法解除你的苦,就是解除我的苦,这叫"同体"。还有一个叫"无盖大悲","盖"就是"盖子"的"盖",就是没有阻碍、无边无际的大悲,不仅对众生大悲,对任何事物——有情的和无情的都完全一样。"无盖大悲"是在"同体大悲"的基础上,心量更广大。最大的"悲",就是观音菩萨。这就是"慈悲"。

然后五祖对神秀说了一段话,这个时候要注意,五祖是在保护神秀,他不是当着众人的面,而是在夜深人静的时候,把神秀一个人叫到屋子里来说的。五祖说:"你这个偈子,我一看就知道你还没有得道,还没有见到你自己的本性,只是在门

外,还没有到门内。这样的见解,想要寻求无上菩提,是不可能做到的。"

"须得言下识自本心,见自本性","言下"就是当下,马上就开悟。这个"本性""本心"是什么呢?是"不生不灭,于一切时中,念念自见,万法无滞,一真一切真,万境自如如,如如之心,即是真实"。

"如如"两个字在一起是什么意思?这个我们要多讲一下,这个搞懂了才能得法。

法有"五法",是《楞伽经》上讲的,最后的那个法才是"如如"。第一法是"相",第二是"名",第三是"妄想",第四是"正智",第五是"如如"。

"相"就是看到的各种事相、各种物相。然后把这种"相"取一个"名",比如说看到一个人在那里坐禅,其实是取了一个假名。其实这些都是"妄想",也叫"分别",这是"分别心",也叫"识","六识"就是眼、耳、鼻、舌、身、意。误以为这个相就是坐禅,这是不对的。所以要"正智",就是"觉悟",既要明白事相,也要明白事理。那什么是真正的"坐禅"?心念不起为"坐",自性不乱为"禅",这才是"坐禅"。所以不要在外面求法,法就在日常生活当中。

举一则娱乐新闻为例,某男和某女又好了,十指相扣悄悄地去约会,这是一种"相",我们给它起了一个名字,叫"爱""爱情"。"妄想",就是误把这种场景当作"爱"。所以这前三法还在迷的境地,人在这个阶段很迷惑。得法,就是开悟,就是把这个迷信破除掉,然后转识成智,你就明白这个"误以为"是错误的。真正的"爱"是什么呢?是"如如",任何事物背后的真相,都是"如如"。这就是得法了。如果还想再找什么,那就是"兔子的角、乌龟的毛",是没有的。所以,任何事物我们找到了它的本来面目,就是那个真如,那个自性。

再举一个例子:六世达赖喇嘛仓央嘉措的诗《见与不见》。当然也有人说这首诗的作者另有其人,我们暂且不去管它,先来看这首诗:

你见或者不见,我都在那里,不悲不喜;

你念或者不念,情都在那里,不真不假;

你爱或者不爱,爱都在那里,不来不去;

你握或者不握,我的手都在你的手里,不离不弃。

在这里,见或者不见,爱或者不爱,都是一种举动,表达了分分合合,这都叫作"相",并且我们给它们起了名字。然后又误以为卿卿我我就是爱,这叫误以为,是"妄想",是"分别心",是用眼、耳、鼻、舌、身、意感受到的"识"。这些其实都不叫爱，所以这首诗后面还有两句：

> 投入我的怀里，
>
> 或者让我住进你的心里；
>
> 默然相爱，
>
> 寂静欢喜。

"投入我的怀里，或者让我住进你的心里"，这是"不二"。是不是相爱，只有到"默然"才知道。"寂静"，就是涅槃妙心，实相无相，才能真正欢喜，是大欢喜。

我现在有个毛病，看任何事物都是这样：一看谁相爱了，就心里一紧——他们又要分别了。分分合合，有生必有灭。那么这叫作"爱"吗？真正的爱是使人欢喜，离苦得乐。这个乐只有到"如如不动"的时候才能得到，这叫作"真相"。

这就是法，没有别的，如果还有，那叫作"名相"。所以要破除这些迷，真正得悟，达到寂静涅槃。

佛家讲"空"，是"性空"，是本性，是自性，本来面目就是"空"。但是你说这个水怎么是空的呢？我把它喝下去了，它是存在的呀！但是这个水本身是由各种因缘而生。比方说这个水是今天早晨从河里打上来的，假设这条河原来是干的，是因为之前下了雨才有的水。那么我取水的时候，一不小心洒掉了，那还是没有了。然后还需要倒到壶里烧，如果一不小心烧过了，都蒸发了，那就没有了。所以说，它是因缘汇聚而成，万事万物都是这样的。所以说最后的本相就是"如如"，寂静涅槃。而我们所有的事物，只不过是刹那生灭。《心经》上用六个"不"来说这个自性，就是"不生不灭，不垢不净，不增不减"。

再讲一讲"无上菩提"。"无上"，就是《心经》里面讲的："三世诸佛，依般若波罗蜜多故，得阿耨多罗三藐三菩提。"这里的"阿耨多罗"就是"无上"，就是最高的；"三藐三菩提"就是正，叫正等正觉。这样的菩提，须是"言下识自本心，见自本性"，这个"本心""本性"是不生不灭的。

"于一切时中"，这里又提到了"时"，过去时、现在时、未来时。"念念"，就是刹那，手指一弹就是六十个刹那，一刹那间有九百次生灭。

其实佛法所讲的这些与《易经》的"三易"是完全一致的。"变易"，一切都在变，就是这里讲的刹那，但是背后的东西是"不易"，是不变的，这就是自性，就是"如如"。所以万法是无滞碍的，"一真一切真，万境自如如，如如之心，即是真实"。

最后,五祖告诉神秀:你如果有我刚才讲的那样的见解,那才是真正得到了无上菩提。你回去吧,再作一个偈子拿来给我看看,如果那个偈子得到了这个法门的话,我就传给你衣钵。

可是又过了好几天,神秀的偈子还是作不出来,他恍恍惚惚、神思不安,就好像在梦中一样,行动坐卧也不快乐。

复两日,有一童子,于碓坊过,唱诵其偈。慧能一闻,便知此偈未见本性。虽未蒙教授,早识大意。遂问童子曰:"诵者何偈?"

童子曰:"尔这獦獠不知。大师言:'世人生死事大。'欲得传付衣法,令门人作偈来看。若悟大意,即付衣法为第六祖。神秀上座,于南廊壁上,书无相偈,大师令人皆诵,依此偈修,免堕恶道,依此偈修,有大利益。"

慧能曰:"我亦要诵此,结来生缘。上人,我此踏碓,八个余月,未曾行到堂前,望上人引至偈前礼拜。"

童子引至偈前礼拜。慧能曰:"慧能不识字,请上人为读。"时有江州别驾,姓张,名日用,便高声读。

慧能闻已,遂言:"亦有一偈,望别驾为书。"

别驾言:"汝亦作偈,其事希有。"

【语译】

又过了两天,有一个童子从碓坊经过,口中诵念着神秀的偈子,慧能一听便知这首偈颂还没有见到自性。虽然慧能不曾蒙受教导,但是早已识得佛法大意,就问童子:"你诵的是什么偈呢?"

童子说:"你这獦獠不知道,五祖大师说,人生最重要的是生死大事,大师要传付衣钵佛法,所以命门人作偈来看。如能悟得大意,就传付衣法,让他做第六代祖师。神秀上座在南边的廊壁上写了这首无相偈,大师教众人都诵念,说依这首偈修持,可以不堕恶道,并得大利益。"

慧能说:"上人!我在这里舂米已经八个多月了,未曾走到法堂前,请上人引我到偈前礼拜吧!"

童子引慧能到偈颂前,慧能说:"慧能不认识字,请上人替我读一遍。"这时有位江州别驾,姓张名日用,便高声朗诵起来。

慧能听了以后,对张别驾说:"我也有一首偈子,希望别驾代为书写。"

张别驾说:"你也会作偈?真是稀奇!"

【解读】

又过了两天,有一个小孩子从碓坊路过。这个时候慧能在干吗?他在舂米呢。这个碓坊就是舂米的房子。这个小孩唱诵着神秀的那个偈子,慧能一听,就知道这个偈子不行,没有见到本性。然后他问,你诵的是什么偈子?小孩就跟慧能讲了经过。慧能说:"不错不错,这个偈子的确不错,我也要诵这个偈子,为后世结上佛缘。"

"上人",慧能称这个小孩子为"上人",因为这个童子也称他是獦獠,很看不起他,慧能自己也很谦虚,说:"上人呀,我来这里已经八个多月了,还没到堂前去过,请你带我去偈子前面礼拜它。"

童子把慧能带到偈前,慧能说我不识字,请你读一下。当时,有一个江州的别驾,"别驾"是一个官职名,相当于副市长,之前我们讲"刺史"是市长,副市长不能和市长同乘一辆车,所以是"别驾",要乘另外一辆车。这个江州副市长名叫张日用,他就高声诵读这个偈子。慧能接着说:"我也有一个偈子,希望你为我写下来。"别驾说,你也要作偈?这太稀奇了。你不是个文盲吗?他也很轻视慧能。

慧能向别驾言:"欲学无上菩提,不得轻于初学。下下人有上上智,上上人有没意智。若轻人,即有无量无边罪。"

别驾言:"汝但诵偈,吾为汝书。汝若得法,先须度吾,勿忘此言。"

【语译】

慧能对张别驾说:"要学无上正觉,不可轻视初学之人。下下等的人也会有上上等的智慧,上上等的人也会有没心智的时候。如果随意轻视他人,便会有无量无边的罪过。"

张别驾说:"那你把偈诵念出来吧!我为你写上,将来如果得法,务必先度我,请不要忘记。"

【解读】

慧能对别驾说的这两句话非常有名,尤其是后两句"下下人有上上智,上上人有没意智"。慧能说:"你要是想求得无上菩提,不能轻视初学佛法的人,我是下下人,但是下下人有上上智,也有大智慧,而上上人,你这个最上等的人也有不能思量的地方,会把智慧埋没了。你千万不要轻视别人,轻视别人是无边无量的罪过。"这位别驾一听,哪敢再小看他,就说:"好吧好吧,你只管诵,我给你写下来,如果你得了法,一定要先度化我,千万不要忘了我这话。"

慧能偈曰:

菩提本无树,明镜亦非台;

本来无一物,何处惹尘埃。

书此偈已,徒众总惊,无不嗟讶,各相谓言:"奇哉,不得以貌取人,何得多时使他肉身菩萨。"

祖见众人惊怪,恐人损害,遂将鞋擦了偈,曰:"亦未见性。"众以为然。

【语译】

慧能的偈颂是这样说的:

菩提本无树,明镜亦非台;

本来无一物,何处惹尘埃。

这首偈颂写出来以后,门下弟子无不赞叹惊讶,相互议论说:"真是奇异啊!确实不能凭相貌来评判一个人啊!这才没多久时间,他竟然成就了肉身菩萨!"

五祖看到大众这般惊奇怪异,恐怕有人对慧能不利,于是就用鞋子擦掉了偈语,说:"这也并未见性!"大家以为真是这样。

【解读】

慧能的这首偈子,完全是针对神秀的那首偈子来作的,所以我们对比着来看这首偈。

神秀说"身是菩提树",自己的身子就是一棵菩提树,而慧能说"菩提本无树",菩提本来就不是一棵树,它不是一个有形的东西。神秀说有形,他肯定还没有完全悟道。道家老子也是这样说的,拘泥于"有"的时候肯定是有限的,一个有形的东西必定有限,一个无形的东西必定无限。

神秀说"心如明镜台",心就像明镜之台,清净无染;慧能说"明镜亦非台",明镜本来就不是一个台,就是说心也是不局限于有形的。

这个偈子的关键是第三句:"本来无一物",这就是本来面目,就是真如,所有的物都是心念而起的。那究竟有没有这个物呢?还是回到我们刚才讲的得法,放在这里的花,我们看到的是它的相,这是存在的;然后我们给它起了名字,叫作"花";然后就误以为看到的就是花,这就叫"妄想";可是"本来无一物",叫作"诸法无我"。花没有一个真实的存在,它同样是各种因缘而生,叫作"性空缘起"。花需要种在土里,假设没有土,就长不出这朵花;假设没有雨露的滋养,也不会有花;假设环境不适宜,寒风凛冽,也不会有花;假设已经放了十天,那么这花也已经凋谢了。

佛像轴

所以,一切都是因缘而生,还有必要执着于这朵花吗?执着于它,就是苦,所以需要破除这个执着,需要正智。回归到如如本性,就不会再执着,就见性了。用一个字来说就是"空",性空。当然,更为广大的空是连这个"空"也空掉,这就更进一步了。所以"何处惹尘埃",没有再让凡尘俗事停留干扰的地方,也就没有必要去"时时勤拂拭,勿使惹尘埃"了。

慧能这首偈子写出来之后,大家一看都很吃惊,一对比就知道这首偈子要比之前的偈子高明多了,所以无不惊叹,无不惊讶:哎呀!不能以貌取人呀,看上去是个獦獠,长得不是很好看。我见过图片,慧能长得的确不是很高,样子也不是很好看,所以不能以貌取人。"何得多时使他肉身菩萨",大家都赞叹,不知道什么时候,慧能竟然成为一位肉身菩萨。

这时五祖也听到大家惊奇的声音,走过来一看,就明白这是真正的见性。但是五祖恐怕有人会伤害慧能,于是用鞋底把偈擦了,还故意说:"这是什么偈子,也没有见性！"师父既然说没有见性，那么众人也就都认为没有见性。

次日，祖潜至碓坊，见能腰石舂米，语曰："求道之人，为法忘躯，当如是乎！"

乃问曰："米熟也未？"

慧能曰："米熟久矣，犹欠筛在。"

祖以杖击碓三下而去。慧能即会祖意，三鼓入室。

祖以袈裟遮围，不令人见。为说《金刚经》，至"应无所住，而生其心"，慧能言下大悟"一切万法不离自性"。遂启祖言："何期自性，本自清净；何期自性，本不生灭；何期自性，本自具足；何期自性，本无动摇；何期自性，能生万法。"

【语译】

第二天，五祖悄悄地来到碓坊，看见慧能腰上绑着石头正在舂米，说："求道之人，为了正法而忘却身躯，正是应当像你这样！"

于是问慧能说："米熟了没有？"

慧能回答："早就熟了！只是欠人筛过。"

五祖于是用锡杖在碓上敲了三下便离开。慧能当下已领会内意，于是在入夜三更时分来到丈室。五祖用袈裟遮围，不令别人看到，亲自为慧能讲说《金刚经》，当讲到"应无所住，而生其心"时，慧能于此句言下大悟"一切万法不离自性"的道理。于是向五祖呈白："原来自性本来就是如此清净的呀！原来自性本来就是没有生灭的呀！原来自性本来就是圆满具足的呀！原来自性本来就是没有动摇的呀！原来自性本来就能生出万法的呀！"

【解读】

第二天，五祖悄悄地来到慧能干活的碓坊，看见慧能正在舂米，并且腰上绑着块大石头，要增加自己的重量好舂米。五祖就说："求道之人为了求法，忘记自己的身体，应当是这样的！"他问慧能："你这米熟了吗？米舂好了吗？"慧能就说："我的米早就熟了。"就是说这个稻谷的外壳已经剥开了，"犹欠筛在"，就差一个筛子把米和壳分开。这句话其实是一语双关，慧能其实也是在向五祖表示，我已经见性，就差师父您来指导我。

五祖是怎样回复的呢？五祖在碓上敲了三下，然后就走了。慧能马上就领会到：哦，这是要我三更去找五祖。后来明代小说家吴承恩写的《西游记》第二回里就套用了这一段。到了三更，慧能来到五祖的房间，五祖就用袈裟围住门窗，遮挡住屋里的灯光，不让别人看到。然后五祖正式传法，将《金刚经》传授给慧能。

《金刚经》是大乘佛法的十六部佛学经典中流通最广的一部。我们要注意：在五祖以前，禅宗传的都是文字晦涩难懂的《楞伽经》，在五祖以后就转变为更通俗、更易于传播的《金刚经》。这也是禅宗传承过程中的一个重要变革。达摩祖师巧以《楞伽经》传心，这里有典型的如来藏与唯识智慧；而六祖慧能大师善用《金刚经》弘道，直接以空性见使一代时教广布天下。

五祖说到"应无所住，而生其心"，这是《金刚经》里非常有名的一句话。这句话前面是"不应住色生心，不应住声香味触法生心"两句，意思就是不要住在色、声、香、味、触、法六境上，要一无所住。这个内容我在后面会详细讲，会讲到三个"无"的关系：一个是"无住"，无住为本；一个是"无念"，无念为宗；一个是"无相"，无相为体。

这里先简单说一说"无住"，"住"就是停留，"无住"就是不要总停留在某个地方。比如说失恋，如果你住心，你停留在这上面，不能自拔，这就苦了。事物的真相就是无爱无不爱、无恋无不恋，是不动的、寂静涅槃的、如如的。所以《坛经》告诉我们这个真相，不要住心，来了就是来了，就让它来，也不可能当作它不来。比如，你在这里打坐，突然外面有鞭炮声，你不可能当作没听见，但是不要停在心里去想："哦，这鞭炮是哪里响的？是有什么喜事吗？"这叫作"住心"，就是心跟着这个鞭炮声跑了。要内心自性不乱，不作停留，这才可以。

真正成道的人，比如说弘一法师李叔同，他去世的时候只有62岁，当时是1942年，他的弟子们都非常不舍，说："师父啊，您能不能不要走啊……"结果弘一法师最后说了一句："我，去去就来！"这一句话就能看出，弘一法师他确实得道了，不会停留在生和死上。

所以一切都离不开自性。慧能听

弘一法师书法

到这一句的时候就开悟了,于是向五祖禀报。这几句话非常有名,这里的"何期","何"就是怎么,"期"就是期望,"何期"就是"没想到"的意思。没想到这自性本来就是清净的,没想到这自性本来就是不生不灭的,没想到这自性本来就一切都具备足了,没想到这自性本来就是无所动摇的。

龙树菩萨在《中观论》中解释说:"不生不灭,不常不断,不一不异,不去不来。"没想到这自性可以"生万法",但要注意,这里的"生"不是生出来,因为自性本来就是不生不灭的。这个"生"是显现,"一切万法不离自性",自性当中就显现了万法。所以说,求任何东西,都是假相。那你会不会想,我现在辛辛苦苦工作,都是求假相,本来就是什么都没有,那么我就不必工作了吗?确实是假相,但这是一个修行的过程。

禅宗的三个境界:第一重,见山是山,见水是水;第二重,见山不是山,见水不是水;第三重,见山还是山,见水还是水。有人就会问,那第一个境界不就是第三个境界吗?错,这中间必须要经过一个否定的过程。所以我们来到这个世界,做各自的事情,也是本来面目,只是做这些是你的一种责任、一种担当,但是不要执着于这些事情,也就是要无住。你做的事业、赚的钱,最终不是你的,眼睛一闭,这一辈子就没了。所以人死的时候,手是抓不住这个钱的,这叫撒手而归。

"万法",就是各种各样的人、各种各样的表现。我后面会讲到佛的"三身",有清净法身、圆满报身,还有千百亿化身,这都是必须要有的,不可能整齐划一。所以我们该干什么还干什么,但是最后要"无住"。

我再举一个例子:香港富商陈启宗,他的儿子在上海,有一次他到上海,就给他儿子打电话,说十分想念儿子,要儿子赶来跟他见面。可是他儿子说,老爸,我赶不过去呀,我骑车子没那么快的。结果这个富商就笑了,说:"儿子,你还有车骑呀,你还真富有呢!"这位富商不给他儿子留一分钱,却给哈佛大学捐了3.5亿美元,那是哈佛大学历史上收到的数额最大的一笔捐款。你看他这么有钱,却什么都不要,这就是"真相",叫作"实相无相"。所以你慢慢就会明白了,人生也就是一刹那,站在我们现代人的角度,一辈子也就三万多天。有一句话说:"天上才数日,地上已千年。"任何事物都是相对的,事物的外相也就是这么生生灭灭,背后那个东西是不生不灭的。

这也是《易经》讲的简易、不易。这就是"三法印",是释迦牟尼佛在菩提树下悟到的"诸行无常,诸法无我,涅槃寂静",任何事物都在变,寂静不变的才是本来面目,是如如。"诸法无我",各种法里面没有一个我,这是什么意思呢?这里的"我"有两个意思:一个指实体,一个指主宰。在万法里没有一个实体,没有一个外在的主宰,所以不要在外面求这个法。传说释迦牟尼佛刚生下来就会走路,走了七步,是七宝莲花;然后就会说话,说的第一句话就是"天上天下,唯我独尊"。这个"我"是指什么?这里的"我"是佛法,就是简易,就是空。

祖知悟本性,谓慧能曰:"不识本心,学法无益。若识自本心,见自本性,即名丈夫、天人师、佛。"

三更受法,人尽不知,便传顿教及衣钵。云:"汝为第六代祖,善自护念,广度有情,流布将来,无令断绝。听吾偈。曰:

有情来下种,因地果还生。

无情亦无种,无性亦无生。"

【语译】

五祖听了,知道慧能已悟得自性,便对慧能说:"如果不能认识自己的本心,即使多闻佛法也没有益处。如果能认识自己的本心,见到自己的本来自性,便可被称作调御丈夫、天人师、佛。"

慧能于三更时分受法,全寺大众都不知道,五祖把顿教心法和衣钵传授给慧能,嘱咐说:"你是禅门的第六祖,要好好自行护念,广度众生,将此心法流传后世,千万不要使它断绝。听我说偈:

有情来下种,因地果还生。

无情亦无种,无性亦无生。"

【解读】

五祖知道慧能见性了,就对他说:如果没有识见到本心的话,你学佛有什么用呀?只有识得本心、见得本性了,才是"丈夫",儒家是叫"大丈夫""天人师"。儒、道、佛崇尚的都是"天人师",不仅是人师,还是天人师(天人是六道众生中的一类众生,福报很大、寿命很长)。这里说的本心、本性是一回事,你只有识得本性才能成为"丈夫""天人师",成为"佛"。

五祖就在这时候,三更半夜时分,把法传给了慧能,别人都不知道。但是从慧能以后就不再这样秘密地传法了,容易引起纷争,所以六祖之后,就没有七祖、八祖等了。但是习惯上还是会称哪位是七祖，哪位是八祖。在后面的《机缘品》中会专门讲到慧能的弟子，有两个人，是我们佛教界包括出家人和在家人都公认的第七祖，一位是怀让，一位是行思。

"及衣钵"，慧能就拿到了这个"衣钵"，"衣"就是袈裟，"钵"就是乞讨用的饭碗。释迦牟尼当年就是拿着"钵"去乞讨。为什么要一个一个地向众人乞讨？是为了让所有的人都成佛！佛家讲"六度"的第一度就是布施。布施、持戒、忍辱、精进、禅定、智慧，这六度我们之后会讲到。所以你一定要给我饭吃，你给别人饭吃就布施了，布施之后就有机会成佛。所以这个"钵"的意义重大，就留下来了，从达摩祖师那里流传下来的。还有一件袈裟，相传是永世不坏的，传给了慧能，慧能就成了六祖。

五祖告诉慧能，你就是第六代祖师，你要好好地护持衣钵，要去普度有情。"有情"是什么？就是六道，简单理解为众生。要慧能广度有情，并将佛法一代代地流传下去，千万不要断绝了。

然后五祖给了慧能一个偈子，这个偈子非常有名，相当于把佛法所有的精华融汇成一个偈子传给他。这是一个因果律，铁的规律：

有情来下种，因地果还生。

无情亦无种，无性亦无生。

关于"有情"和"无情"，我们前面已经解释过了，它们在佛教中是有明确的界限的。

"因地果还生"，众生来到这个世上来种一颗种子，如果找到这个"因地"，即因缘的土壤，它就会长出果子来，也就是"因果"。我们现在坐在这里，是"果"，是很多"因"造成的，任何事物都是这样。"无情亦无种"，"无情"，比如说草木金石，它们没有在因地种下这颗种子，也就没有果。"无性亦无生"，就不可能生万法。所以我们大家都在种这颗种子，一直种在我们心里，然后慢慢发芽。

五祖就给慧能这个偈子，让他一直持修。果然，慧能后来广泛弘法，非常兴旺，一直传到我们今天。中国汉地佛教的八个宗派，应该说禅宗传播得最为广泛。

祖复曰："昔达摩大师，初来此土，人未之信，故传此衣，以为信体，代代相承。法则以心传心，皆令自悟自解。自古佛佛惟传本体，师师密付本心。衣为争端，止汝勿传，若传此衣，命如悬丝，汝须速去，恐人害汝。"

慧能启曰:"向甚处去?"

祖云:"逢怀则止,遇会则藏。"

【语译】

　　五祖又说:"过去达摩祖师来到东土,传法尚未为世人所深信,所以要传此衣钵作为凭证,因而代代相传。事实上佛法重在以心传心,是要使人自己开悟、自己得解。自古以来,诸佛所传只是自性本体,诸师密付只在自性本心。衣钵是引起争夺的祸端,止于你身,此后不可再传。如果继续传此衣钵,必将引起性命之危。而且你必须赶快离开这里,恐怕有人要伤害你。"

　　慧能问五祖:"那我该到什么地方弘法度众呢?"

　　五祖说:"你到广西怀集一带就可停留,到广东四会一带则要隐藏行迹。"

【解读】

　　五祖又说,当年达摩大师刚来到这里的时候,"人未之信"——就是"人未信之",这是古汉语常用的一种宾语前置的文法——因为人们都不相信他,所以就用这个衣钵当作信物,代代相传。但是所传的法,是以心传心,心心相印的。

　　这个法就是上面讲的《金刚经》的"应无所住,而生其心",还有就是五祖给慧能的偈子。自古以来,佛都是在传这个佛法,师承也是秘密地传付本心。但是有了这个衣钵大家就要争,所以"止汝勿传",就传到你这里不要再往下传了。再往下传这个衣钵就会有生命危险,就会像"悬丝"一样。一根丝悬在那里很容易断,形容有很大的危险。我现在传给你,你就危险了,你要马上离开,因为我担心有人要害你。

　　慧能就问:"我要到哪里去呀?"五祖说:"如果遇到'怀',你就要停止;如果遇到'会',你就要藏起来。""怀"是什么呢?到后面我们就会知道,"怀"是怀集,是广西的一个县;"会",也是一个地名,在广东,后来他果然到了这里,就藏起来了,因为那时候有人要害他。

慧能三更领得衣钵,云:"能本是南中人,素不知此山路,如何出得江口?"

五祖言:"汝不须忧。吾自送汝。"祖相送直至九江驿。祖令上船,五祖把橹自摇。

慧能言:"请和尚坐。弟子合摇橹。"

祖云:"合是吾渡汝。"

慧能云:"迷时师度,悟了自度,度名虽一,用处不同。慧能生在边方,语音不正,蒙师付法,今已得悟,只合自性自度。"

祖云:"如是如是。以后佛法,由汝大行,汝去三年,吾方逝世。汝今好去,努力向南,不宜速说,佛法难起。"

【语译】

慧能在三更时分领得衣钵,问五祖说:"弟子原是南方人,向来不熟悉这里的山路,如何才能走到江口呢?"

五祖说:"不必担忧,我亲自送你去。"五祖一直送到九江驿,让慧能上船,五祖便要把橹摇船。

慧能说:"和尚请坐,弟子应该摇橹。"

五祖说:"应该是我渡你。"

慧能说:"迷的时候由师父度,悟后就要自己度,度的名称虽然一样,但用处不同。我生长在偏远的地方,讲话语音不正,承蒙师父传授心法,现在已经开悟,应该自性自度。"

五祖说:"是的!是的!以后佛法要靠你弘传,三年以后我便示寂。你要珍重,一直向南去,不要急于说法,否则佛法很难兴盛。"

【解读】

慧能是南方人,本来就不熟悉这里的山路,就问五祖怎样才能走到江边,渡过长江。古代的"江"特指长江,"河"特指黄河,不包括别的江、河。五祖就说:"你不需要担忧,我自会送你去。"

他们到了九江,就是现在江西的九江,黄梅就在九江的北面。五祖让慧能上船,要摇橹帮他渡过长江去。慧能说了一句:"您坐下,弟子来摇橹。"这个"合"就是应该,应该我来摇橹。五祖就说:"应该是我来渡你。"慧能又说:"我迷失的时候需要您来度我,我现在已经开悟了,可以自度了,不需要您来度我了。"

这段对话也是一语双关的。"渡"和"度",虽然读音是一样的,但用处是不同的,"度"是指心中的开悟。本来我是边远地方的人,不会说北方话,承蒙老师看好我,传法给我,现在我已经开悟了,我应该自度。五祖听到慧能这样回答,就说:"是这样呀,以后佛法由你来传播,会大行于天下,你离开三年之后我就会逝世。现在你好好地去吧,努力地往南走。"

"不宜速说,佛法难起","说"就是说法,你不适宜马上就去说法,那样佛法是很难兴起的,你一定要避藏一段时间。实际上,慧能后来确实遇到了很多的困难。

慧能辞违祖已,发足南行。两月中间,至大庾岭,逐后数百人来,欲夺衣钵。

一僧俗姓陈,名惠明。先是四品将军,性行粗糙,极意参寻,为众人先,趁及慧能。慧能掷下衣钵于石上,云:"此衣表信,可力争耶?"

能隐草莽中,惠明至,提掇不动。乃唤云:"行者行者,我为法来,不为衣来。"慧能遂出,盘坐石上。

【语译】

慧能辞别五祖之后,便动身向南,大约经过两个月的时间,到达大庾岭。当时有数百人从后面追赶,想要夺取衣钵。

其中有一位僧人,俗姓陈,名叫惠明,在家时曾经做过四品将军,为人性情粗鲁,但是参禅求道的心却很迫切。他在追赶队伍的最前头,比其他人先一步追上。慧能把衣钵扔在石头上,说:"这衣钵是传法的信物,岂是暴力可以争夺的?"

说完他就隐避到草丛中。惠明赶到,想要提拿衣钵,却丝毫拿不动,于是大声喊道:"行者!行者!我是为求法而来,不是为抢夺衣钵而来。"慧能于是从草丛中走出来,盘坐在石头上。

【解读】

慧能辞别五祖之后,就赶紧往南走。两个月左右到了大庾岭——在江西的南边、广东的北边。这个时候,有几百人追着慧能,要夺衣钵。其中有一位叫惠明的和尚,他的俗姓是陈。这个人很厉害,以前是个四品官位的将军,相当于现在的少将,性格也很粗鲁、直率,立志一定要找到慧能。他赶在大家的前面追上了慧能。

慧能就把衣钵放到石头上,说:"这个衣钵是代表佛法的信物,怎么可以用蛮力夺取它呢?"这个"可"是"怎么"的意思。慧能就藏在旁边的草丛中,惠明到了以后,却怎么都提不起这衣钵。他的力气很大,但就是提不动。

这个时候惠明明白了,这衣钵可不是我能夺取的,于是就呼唤慧能"行者,行者"。什么是"行者"?就是修行者,还没有剃度的佛家人叫"行者"。慧能他当

八高僧故事

时还没有剃度,还是一个在家人。惠明说:"你不要躲了,我是来求法的,不是为衣钵而来的。"

这个时候慧能就出来了,盘坐在石头上,这是跏趺坐。跏趺坐,分单盘和双盘,不过真正学禅宗,这些都不重要。为什么这么说呢?这里有一个公案,是关于怀让的,就是我们说的七祖,又称为"南岳怀让",就在南岳衡山传法,他的弟子马祖道一是八祖。

当时在南岳衡山,马祖道一学法,就是整天盘腿坐在那里打坐,想要得道。有一天,怀让经过马祖道一身边,拿起一块石头就"嘎吱嘎吱"地磨了起来。马祖道一开始还能够保持住心,不理他。可是后来声音越来越大,马祖道一实在受不了,气得跳起来大喊:"师父,你在干吗?!"怀让这时候很平静地说:"我在磨一面镜子。"马祖说:"这石头怎么可能磨成镜子?"怀让就问他:"那你这样打坐,就能成佛吗?"这一句话让马祖道一顿然开悟。学佛修道,就在日常生活当中,在于开悟本性,而不要拘泥于种种外在的形式。

这就是"佛法在世间,不离世间觉。离世求菩提,恰似觅兔角",也是"佛在灵山莫远求,灵山就在汝心头;人人有个灵山塔,好向灵山塔下修"。佛法就在心中。

惠明作礼云:"望行者为我说法。" 慧能云:"汝既为法而来,可屏息诸缘,勿生一念,吾为汝说。"

明良久。 慧能云:"不思善,不思恶,正与么时,那个是明上座本来面目?"

惠明言下大悟。复问云:"上来密语密意外,还更有密意否?"

慧能云:"与汝说者,即非密也。汝若返照,密在汝边。"

**明曰:"惠明虽在黄梅,实未省自己面目。今蒙指示,如人饮水,冷暖自知。今行者即惠明师也。"

慧能曰："汝若如是,吾与汝同师黄梅。善自护持。"

明又问："惠明今后向甚处去？"

慧能曰："逢袁则止,遇蒙则居。"明礼辞。

【语译】

惠明作礼,说道："希望行者为我说法。"

慧能说："既然你是为法而来,先要屏除心中的一切外缘,不要使一念生起,我再为你说法。"

惠明默然。经过许久,慧能说："不思善,不思恶,就在这时,哪个是明上座的本来面目？"

惠明在此言下顿然契悟,再问道："除了已经说过的密语、密意外,还有其他的密意吗？"

慧能说："既然已经对你讲了,就不是秘密。如果能反观自照,秘密就在你身边。"

惠明说："弟子虽然在黄梅五祖座下参学,实在未曾省悟自己的本来面目,今承蒙指示,如人饮水,冷暖自知,现在行者您就是我的师父。"

慧能说："既然你这样说,我和你同以黄梅五祖为师。好好自行护念。"

惠明又问："弟子今后要向什么地方去呢？"

慧能说："你到江西袁州一带就可以停止,到蒙山一带就可以安住。"惠明作礼辞别而去。

【解读】

惠明就向慧能作礼,说："希望行者能够为我说法。"慧能说："可以的,你先屏息诸缘。""屏"和"息"都是排除的意思,"诸缘",就是指人们心中想要追求的、所迷恋的一些外在现象。"你去除心中的一切杂念、妄念之后,我就可以为你说法。"

惠明静默了好一阵子之后,慧能说："不思善,不思恶"——这六个字要记住,因为佛法本来是清净的,不要去想善的事,也不要去想恶的事,它是不善不恶的,要不落两边。就像明代的王阳明所说的："无善无恶心之体,有善有恶意之动,知善知恶是良知,为善去恶是格物。""正与么时",就在这个时候,叫作"当下之时","那个是明上座本来面目","明上座"就是指惠明,"上座"是慧能对他表示尊敬的称呼。"本来面目"就是佛性，就是自性、本来的样子。惠明一听，就大悟了。

然后惠明又问道，除了这密语密意，还有没有别的秘密的佛法传给我呀？"密语"，就是隐藏的旨意，也就是佛所传的特别的法门；而"密语"，就是传授"密意"所用的言语或心语。慧能回答他："能跟你说的，就不算是'密语'了。如果之后你自己能够反观你的本心自性，就得到'密法'了。"

这时候，惠明就感叹："自己虽然是在黄梅学佛法，却一直没有能够悟到自己的本来面目。现在有幸得到慧能的指导和开示，明白学习佛法就像喝水一样，只有自己才能知道这水是冷是热。从今以后，您就是我的师父了。"慧能却说："汝若如是，吾与汝同师黄梅"，如果真的像你说的那样，你也是在黄梅学习佛法的，那么我们就应该是同在五祖弘忍大师门下学习的弟子。"善自护持"，你从今以后就好好地修持佛法好了。

惠明听慧能这样说，就更佩服他的为人了。他又问道："我今后应该去哪里呀？还请您指点。"慧能就告诉他："逢袁则止，遇蒙则居。"就是说你到了地名中含有"袁"字的地方，就可以停留下来；遇到地名里包含"蒙"字的地方，就可以在那里长久地居住下去。其实，"袁"就是指袁州，"蒙"就是指袁州的蒙山，也就是现在的江西宜春。惠明得到慧能的指点后，就作礼拜谢离开了。

慧能后至曹溪，又被恶人寻逐。乃于四会，避难猎人队中，凡经一十五载。时与猎人随宜说法。猎人常令守网，每见生命，尽放之。每至饭时，以菜寄煮肉锅。或问，则对曰："但吃肉边菜。"

【语译】

后来慧能到了曹溪，又被恶人追赶，于是就在四会避难于猎人队中，这样过了十五年。在此期间，慧能时常随机为猎人说法。猎人常令他守网，而他每当看见禽兽落网被捕，便将它们统统放生。每到吃饭的时候，则以蔬菜寄煮在肉锅中，有人问起，就说："只吃肉边的蔬菜。"

【解读】

这段话很有名，就是说慧能后来到了曹溪这个地方。慧能传法后来被称为"曹溪一滴水"，便是由此而来。但是慧能又被恶人追寻，于是就躲到广东的四会。为了避难，他藏在四会的猎人队伍中，时间长达十五年之久。在这段时间，他就和百姓在一起，向猎人们说法。"猎人常令守网，每见生命，尽放之"，每次打猎的时候，慧能负责守网，他会把活着的动物全部放生。每次吃饭的时候，猎人们当然要吃肉，慧能没办法，他处在这个环境中不能太另类，于是慧能就把菜放在煮肉的锅里一起煮，只吃肉旁边的菜。"或问，则对曰：但吃肉边菜"，这就是"肉边菜"的来历，是后来非常有名的词。佛教中还提倡所谓的"三净肉"，就是：没有见到杀生（一我眼不见其杀者），没有听到杀生（二不闻为我杀者），不是为我而杀（三无为我而杀之疑者）。在南传佛教的戒律中，虽提倡不杀生，但一般允许食用三净肉。

一日思惟：时当弘法，不可终遁。遂出至广州法性寺，值印宗法师讲《涅槃经》。

时有风吹幡动，一僧曰风动，一僧曰幡动，议论不已。

慧能进曰："不是风动，不是幡动，仁者心动。"一众骇然。

印宗延至上席，征诘奥义。见慧能言简理当，不由文字。

宗云："行者定非常人。久闻黄梅衣法南来，莫是行者否？"

慧能曰："不敢。"

宗于是作礼，告请传来衣钵，出示大众。

【语译】

有一天，慧能暗自思忖："应当是出来弘法的时候了，不能永远隐遁下去。"于是便离开猎人队，来到广州法性寺，正遇上印宗法师在讲《涅槃经》。

当时有一阵风吹来，旗幡随风飘动，一个僧人说这是风动，另一个僧人则说是幡动，两人为此争论不休。

慧能走上前，说："不是风动，也不是幡动，是仁者的心在动。"大众听了都十分惊异。

印宗法师请慧能坐到上席，询问佛法奥义。他见慧能说法言辞简洁，说理透彻，并非从文言字句中来，于是说道："行者一定不是平常人！很早就听说黄梅五祖的衣法已经传到南方，莫非就是行者吗？"

慧能说："岂敢！"

于是印宗法师向慧能作礼，请他出示五祖传授的衣钵给大家看。

【解读】

有一天，慧能就在想，我是时候要出山了，我终究是应该弘扬佛法的，不能始终这么隐遁着不出世。他就离开四会到了当时的法性寺。法性寺在哪里？就是现在广州西北部的光孝寺。接下来这个小故事也是很有名的公案。

当时正赶上印宗法师在讲《涅槃经》，《涅槃经》是佛陀在世时讲的最后一部经，也是最高的一部。法性寺当时的住持就是印宗法师。"值"就是遇到、正逢。当时在那里立有一个"幡"，可以简单理解为旗子，原本是在军队中用来领导队伍、显示军威的，佛教中是用来显示佛菩萨降魔的威德。

突然来了一阵风，吹动了这个幡，这个时候就有两位僧人在议论。一位说这是风吹动了幡，一位说这是幡自己在动，两个人就这样一来一去地争论起来。这时，慧能进入寺院看到了这一幕，就说："不是风动，也不是幡动，是仁者心动。"这里的"仁者"就是指这两位僧人，是对他们很尊敬的称呼，也是"人人皆可成佛，人人皆具仁心"的体现。大家听了这句话，都很惊讶。

涅槃图

印宗法师也注意到了慧能，"延至上席"，"延"就是邀请，把慧能邀请到"上席"，就是座位当中排第一位的位置。"征"就是求，"诘"就是问。"征诘奥义"，印宗法师想要求证、询问佛法深奥的意旨。慧能解说的时候，言语非常简单，而且非常符合法理，他不是从经论上引用文字来说明，而是不拘于已有的佛经文字。

印宗这时候非常肯定地说："你肯定不是平常的人，我早就听说五祖弘忍大师传了衣钵，这个承接衣钵的人从黄梅往南方来了，这个人就是你吗？你是不是就是六祖慧能？"这个时候，机缘到了，慧能自然就承认了，但是很谦虚，说："不敢，不敢。"

接着，印宗就向大家宣告，这就是慧能，并且请他把传承的衣钵给大家看一看，这是为了能够让所有人都完全信服和接受慧能就是六祖这一事实。这时慧能第一次把衣钵拿出来当众展示，也就是说，慧能隐姓埋名了十五年之后，终于出道说法了。

宗复问曰："黄梅付嘱，如何指授？"

慧能曰："指授即无，惟论见性，不论禅定解脱。"

宗曰："何不论禅定解脱？"

能曰："为是二法，不是佛法，佛法是不二之法。"

宗又问："如何是佛法不二之法？"

慧能曰："法师讲《涅槃经》，明佛性是佛法不二之法。如高贵德王菩萨白佛言：犯四重禁，作五逆罪，及一阐提等，当断善根佛性否？佛言：善根有二：一者常、二者无常，佛性非常非无常，是故不断，名为不二；一者善、二者不善，佛性非善非不善，是名不二。蕴之与界，凡夫见二，智者了达其性无二，无二之性即是佛性。"

【语译】

印宗法师又问道："黄梅五祖传付衣法时，是如何指示的呢？"

慧能说："并没有什么指示，只论见性，不论禅定解脱。"

印宗法师问："为什么不论禅定解脱呢？"

慧能说："因为讲禅定解脱，就有能求、所求二法，这就不是佛法，佛法是没有能所对待的不二之法。"

印宗法师又问："什么是佛法的不二之法呢？"

慧能说："法师讲的《涅槃经》，阐明佛性就是佛法的不二之法。譬如高贵德王菩萨问佛陀说：犯四重禁，作五逆罪及不信佛法的一阐提，是否就永断善根佛性了呢？佛陀说：善根有二种，一是常，二是无常，佛性不是常也不是无常，因而说是不断，这就名为不二之法；一是善，二是不善，佛性是非善也非不善，因此名为不二之法。五蕴与十八界，凡夫见之为二，有智慧的人知其本性无二无别，无二无别的本性就是佛性。"

【解读】

印宗又问道："你在黄梅学法的时候，五祖是怎样指示你开悟、教授给你佛法的？是用的什么修行方法？"慧能就说："没有什么别的方法，只要见到本性，不论具体怎么禅定怎么解脱。"禅定是有具体方法的,叫作"四禅定",分为四个阶段:初禅、二禅、三禅、四禅,到四禅的时候才得道。我刚才讲的跏趺坐就是一种方法,讲怎么坐,第一法怎么坐,第二法怎么坐,都是有方法的。印宗觉得五祖也应该教了这些内容给六祖慧能。

慧能就说,那是二法,不是佛法,佛法是不二的法。我们知道,高和低,美和丑,这些都是二法。老子《道德经》第二章说:"天下皆知美之为美,斯恶已;皆知善之为善,斯不善已。"如果能分出哪些是善、哪些是不善,这就是恶了,也就是二法。而本来面目是无善无恶,非善非恶,没有分别的,所以佛法是不二法。那么《易经》讲的是阴阳,它是不是不二之法呢?只停留在阴阳的角度还是二法,而阴阳是由"易"来的,"易"就是不二法,就像《易经》原文所讲的:"无思也,无为也,寂然不动,感而遂通天下之故。"

印宗又接着问:"什么是佛法的不二之法?"慧能说:"法师你讲的《涅槃经》,经里所讲的佛性,这就是佛法的不二之法。"

"高贵德王",是"光明遍照高贵德王菩萨"的简称。

"白佛",这个"白"应该念"伯",是"告诉"的意思,就像京剧里面的"道白",老北京话说"伯",就是"告诉"。

"四重禁",就是"四重禁戒",也叫"四重罪""四波罗夷罪":第一个是杀生戒,第二个是偷盗戒,第三个是邪淫戒,第四个是妄语戒。

"五逆罪":杀父、杀母、杀阿罗汉、出佛身之血、破和合之僧。

"一阐提":不信因果业报,对佛法不生信心的人。《涅槃经》说:"一阐提者,不信因果,无有惭愧,不信业报,不见现及未来世,不亲善友,不随诸佛所说教戒。如是之人,名一阐提,诸佛世尊,所不能治。"

接下来慧能大师引用了释迦牟尼佛的回答,这是很有名的一段话。佛说,善根有两种,一种是常的,一种是无常的。这里的"常"要搞清楚。《道德经》一开篇就说"常":"道可道,非常道。"老子讲的道是"常道"。按照慧能进一步的解释,"常道"和"非常道"是一回事,是不二的。"常"就是永恒的。

所以这里讲善根有两种,永恒的和不永恒的。但究竟是不是两种呢？这两种其实就是一种,"佛性非常非无常,是故不断,名为不二"。这也是和《金刚经》中最有名的公式"佛说般若,即非般若,是名般若"一样的句型,这叫作"不二"。万事万物的本来面目就是清净的、不分的,只是后人弄了一些假名将它们区分开来,然后又去执着妄想了。

所以我们现在要转识成智,回归本性,就成佛了。成佛不是说你成为另外一个东西,而是开悟了。这里有个词"不断",中间是不隔断的,就像我们说的太极图,是你中有我、我中有你,阴中有阳、阳中有阴,不是中间一刀两断的。所以佛性非善非不善,这就是"不二"。

"蕴之与界","蕴"就是"五蕴":色、受、想、行、识。色是物质层面,受、想、行、识是精神层面。"界"有"十八界",分"六根""六境"和"六识"。"六根清净"的"六根"为:眼、耳、鼻、舌、身、意;它对应的六境,也叫"六尘",因为还是有杂染的,像灰尘一样,是六根感受到的:色、声、香、味、触、法;"六识"就是:眼识、耳识、鼻识、舌识、身识、意识。后面还会讲到"七识"和"八识",末那识和阿赖耶识。转识成智,即将识分别转成四种智,到藏密上师有五智,这个我们后面会讲到。

在凡夫,也就是平常人看来,这是不一样的,要把它区分开。但在开悟的人看来,这就是一个东西,它的本来面目就是清净的,不生不灭的。

印宗闻说,欢喜合掌,言:"某甲讲经,犹如瓦砾;仁者论义,犹如真金。"于是为慧能易发,愿事为师。慧能遂于菩提树下,开东山法门。

【语译】

印宗法师听了慧能所说的法,欢喜合掌恭敬地说:"我之讲经,犹如瓦片石砾;仁者您论述义理,犹如宝贵的真金。"于是为慧能剃发,并尊奉为师父。慧能于是就在智药三藏手植的菩提树下,开演东山顿悟法门。

【解读】

印宗听了非常高兴,于是合掌恭敬地说。合掌就是合十,表示很诚心。"某甲"就是"我",是对自己的谦辞。"某甲讲经,犹如瓦砾",我讲经就好比是瓦砾,像普通的瓦块一样没什么价值,而"仁者论义","仁者"就是指慧能,您说的这些佛法,"犹如真金",好比真正的黄金一般珍贵。

"易发",这里的"易"字又写作"剃","易发"是什么意思呢?就是剃头发。现在光孝寺那里还保留了一座"易发塔",慧能剃度的头发还供奉在那里。

从那个时候开始,慧能正式地由印宗法师剃度,成为一位出家僧人,并且印宗法师"愿事为师",印宗法师希望奉慧能为师。从这以后,慧能就在"菩提树下",就在法性寺,开讲"东山法门"。我们前面已经解释过了,"东山法门"是指五祖所传的佛法。

慧能于东山得法,辛苦受尽,命似悬丝。今日得与使君、官僚、僧尼、道俗同此一会,莫非累劫之缘,亦是过去生中供养诸佛,同种善根,方始得闻如上顿教得法之因。教是先圣所传,不是慧能自智。愿闻先圣教者,各令净心,闻了各自除疑,如先代圣人无别。

【语译】

慧能自从在东山得法之后,历尽千辛万苦,生命如悬丝般时刻处在危险之中。今天能够和刺史、官僚及僧尼道俗共赴法筵,如若不是多劫以来所结的法缘,也必定是过去多生多世供养诸佛,共同种下的善根,才能听闻这无上顿教得法的因缘。教法是过去的圣人所传下来的,并不是慧能一个人的聪明才智。愿意听闻这先圣教法的,请各自净心,听完之后各自去除心中的疑惑,便与过去的圣人没有差别了。

【解读】

慧能说,自己历尽千辛万苦,生命就像悬丝一样危险。"使君、官僚",就是韦刺史,还有其他的官僚,还有"僧尼、道俗",即各种阶层的人,无论儒、道、释的学者,还是在家的普通老百姓,都一同在这里聚会。

今天我们有缘聚在一起,是"累劫之缘"!一劫表示很长很长的时间。这也是因为我们过去生生世世中共同种下了佛缘,同种了善根,才有机会在这里听到这样至高无上的"顿教"法门。(我之前说过,慧能传的是"顿教",神秀传的是"渐教"。)

慧能接着说,这个教法是从先圣那里传下来的,不是我慧能自创的。所以你们要想听取先圣的教法，就需要先清净杂念，听了之后，解除自己心中的疑惑。能做到那样的话，你们就和先圣没有差别了，你们就成为圣人了，成佛了。

一众闻法欢喜，作礼而退。

【语译】

大众听完慧能大师的说法后，心生欢喜，作礼而去。

【解读】

大家听了慧能讲法之后，都非常欢喜，"作礼而退"，一同向慧能行礼拜谢后便退去。

般若品第二

从第二品《般若品》开始就是讲佛法。这一品是讲怎么用此心,也就是《行由品》一开篇讲的"菩提自性,本来清净,但用此心,直了成佛"中的"但用此心"。前两句说的是道,是本体;后两句说的是法,是方法。本体就是本自清净的本来面目。那么如何用心呢?其实就是我们前面讲的五法当中,第三法转成第四法,把妄想之心变成正智之心。这一品主要解释三个概念:摩诃、般若、波罗蜜,记述六祖应韦刺史的请益,为大众开演摩诃般若波罗蜜多的法义,谓"若识得自性般若,即是见性成佛"。这是《六祖坛经》最重要的一品,将禅的价值、意义发挥得极为透彻。

次日,韦使君请益,师升座,告大众曰:"总净心念摩诃般若波罗蜜多。"复云:"善知识!菩提般若之智,世人本自有之,只缘心迷,不能自悟,须假大善知识,示导见性。当知愚人智人,佛性本无差别,只缘迷悟不同,所以有愚有智。吾今为说摩诃般若波罗蜜法,使汝等各得智慧。志心谛听,吾为汝说。"

【语译】

第二天,韦刺史又来向六祖大师请求开示,大师登上法座,对大众说:"请大家净心念诵摩诃般若波罗蜜多。"然后说:"善知识!菩提般若的智慧,世间众生本来人人都有,只因一念心迷,不能自悟,必须借助大善知识的指导,才能见到自己的本性。要知道,不论愚人还是智人,佛性本来是没有差别的,只是因为迷悟不同,才有愚人和智人的差异。我现在为你们说摩诃般若波罗蜜大法,让你们各自获得智慧。请专心倾听,我为你们说法。"

【解读】

第二天,"韦使君"(就是前面提到的韦刺史)又来请慧能大师,这里的"师"

指的就是慧能大师。慧能大师告诉大家："总净心"，"总"就是大家，请大家心里清净，念"摩诃般若波罗蜜多"。这里面就有三个概念。慧能大师又进一步说，"菩提般若之智"是每个人本来就有的，只是因为心里迷惑，不能自悟，需要很有智慧的大善知识来指导人们见性。

佛性本来是没有差别的，也没有地域的区别，更没有人的等级高下的区别，那区别在哪里呢？"缘"就是因为的意思，只是因为迷和悟的不同，所以有愚有智。也就是说迷时就是愚人，悟时就是智人，愚人其实是处在迷的时候，智人就是开悟的人。所以慧能大师说："各位善知识，我来帮你们每个人得到智慧，请静下心来仔细地听，我这就为你们说法。"

善知识！世人终日口念般若，不识自性般若，犹如说食不饱。口但说空，万劫不得见性，终无有益。

六祖像

【语译】

善知识！世人一天到晚只知口念般若，却不能认识自心本性的般若光明，这就如同饥饿的人，说食终不能饱。如果整天只是口里说空，纵使经历万劫，也不能得见自性，终究无法获益。

【解读】

然后慧能大师就开始说法了，他还是称各位为"善知识"。如果这世上的人整天在口中念叨"般若、般若，智慧、智慧"，却不能识别自性般若，不能见到本心本性，那就好像只是说"食物、食物"，肯定还是饿着肚子。我们现在说"空"，也只是口中在说，那没有用，还要能够参悟这个"空"。"万劫不得见性，终无有益"，即便是经历万劫的时间，打坐也好，到深山老林里去剃度当和尚也好，但没有见性的话，终究没有用，对自己也没有益处。

善知识！"摩诃般若波罗蜜"是梵语，此言大智慧到彼岸。此须心行，不在口念。口念心不行，如幻如化如露如电。口念心行，则心口相应。本性是佛，离性无别佛。

何名摩诃？摩诃是大，心量广大，犹如虚空，无有边畔，亦无方圆大小，亦非青黄赤白，亦无上下长短，亦无嗔无喜，无是无非，无善无恶，无有头尾。诸佛刹土，尽同虚空。世人妙性本空，无有一法可得。自性真空，亦复如是。

【语译】

善知识！"摩诃般若波罗蜜"是梵语，翻译成中文就是"用大智慧度到彼岸"。这必须要从内心里真正去实行，而不是只在口头上称念。如果只是口说而心不行，那就如幻、如化、如露、如电，终究空无实益。如果口念且心行，那么便能心口相应。本具的清净菩提自性就是佛，离开自性之外并无别佛。

什么叫作"摩诃"呢？"摩诃"的意思是"大"，这是说菩提心量广大，像虚空一样，没有边际，也没有方圆大小、青黄赤白、上下长短、嗔怒喜乐、是非善恶、头尾等对待之相。一切诸佛国土，都如同虚空一样。世人的真如妙性本来是空，无有一法可得。诸法自性本来空寂，也是如此。

【解读】

"摩诃般若波罗蜜"，其实是从梵语音译过来的，"摩诃"也读作"马哈"。我们知道，《心经》一开始就是"观自在菩萨，行深般若波罗蜜多"。"摩诃"，就是大；"般若"，就是智慧；"波罗蜜"，就是到达彼岸，度过去，从此岸度到彼岸，是"波罗蜜多"的简称。所以佛家讲的"六度"又叫"六波罗蜜"。

这必须要从内心来体会，而不只是口里念它。如果只是口里念但心里不体会，就"如幻、如化、如露、如电"，是不真实的。如果口里念着，心里也奉行了，体会到了，心口就相应了。体会到自己的清净本性就是成佛了，离开本性去求法是成不了佛的。

"心量广大，犹如虚空"，这就是一个法，有多大呢？没有"边畔"，就是没有边际。下面是一番具体的形容。我们把它看成是至大无外、至小无内的,是虚空的,可以大到没有边界,又可以小到没有内容。

我们先说"小"。由现代科学知识可知,物质可以分成分子,分子又可以分成原子,再分成原子核和核外电子,任何原子核又都可以分成中子和质子,中子和质子又可以分为夸克,而且还可以分,无限可分。2014年8月份,南京大学公布了诺贝尔物理学奖获得者丁肇中的一项最新研究成果:暗物质、暗能量占到整个世界的95%,而这些东西我们是看不见的。它们有边际吗?它们有颜色吗?有形状吗?什么都没有。

再说"大",放大到整个地球,再到太阳系、银河系,然后整个宇宙,无边无涯,没有止境。

就我们人来说,拘泥于某一个东西,执着了就不能出离苦海,所以我们的心量要广大,广大到覆盖万事万物,大到整个宇宙,小到一粒微尘,哪还有什么东西会让我们过不去呢?

"犹如虚空",并不是什么东西都没有,是性本来是空的,都是因缘而起的,这之前讲过。还有就是我们刚才讲的一点,仔细来分析,最小的东西是无内的,最大的东西是无外的,所谓没有内外。

关于"心量广大",明代哲学家王阳明提出了三个概念:第一个是"心外无物",心以外没有任何东西,因为心已经覆盖了万物;第二个是"心外无理",心以外没有什么道理;第三个是"心外无事",心以外没有事情。一切都是用心。

王阳明还举了一个例子:比如说山里面有一朵花,当你没有看到这朵花的时候,它是没有的;当你走到山里面,看到这朵花,它才显示出来。一切都是心法,用心来感知。我们仔细想一想,也是有一定道理的。只有在内心极度清净的时候,才可以感受到这种逍遥自在。

这就是庄子《逍遥游》里的故事:"藐姑射之山,有神人居焉,肌肤若冰雪,绰约如处子,不食五谷,吸风饮露……"最重要的是"无待",没有任何依靠,才能绝对逍遥。这也就是道家说的"道",易家说的"易",都是一个道理。

善知识!莫闻吾说空,便即著空。第一莫著空。若空心静坐,即著无记空。

善知识!世界虚空,能含万物色像,日月星宿、山河大地、泉源溪涧、草木丛林、恶人善人、恶法善法、天堂地狱、一切大海、须弥诸山,总在空中。世人性空,亦复如是。

善知识!自性能含万法是大,万法在诸人性中。若见一切人恶之与善,尽皆不取不舍,亦不染著,心如虚空,名之为大,故曰"摩诃"。

善知识!迷人口说,智者心行。又有迷人,空心静坐,百无所思,自称为大。此一辈人,不可与语,为邪见故。

【语译】

善知识!不要听我说空,便又执着于空。第一不要执着于空!如果心里空无所有地静坐,这就是执着于"无记空"。

善知识!世界虚空,能含容万物的种种色像:日、月、星宿,山、河、大地,泉源、溪涧,草木、丛林,恶人、善人,恶法、善法,天堂、地狱,一切大海,须弥诸山,全都含藏在虚空之中。世人的妙性真空,也是如此般般具足。

善知识!自性能含藏万法,这就是大,万法就在个人的自性中一切现成。如果见到任何人的善恶之相,都能不取不舍,也不染着,心境朗照如同虚空,我们就称之为大,梵语叫作"摩诃"。

善知识!颠倒迷执的人只是口说,有智慧的人则能心行。又有一类迷人,死心静坐,什么也不思考,自以为这就是大。不值得和这样的人说摩诃般若之法,因为他们已经落入了邪见。

【解读】

但是慧能又强调,不要听到说"空",就马上去执着于"空"。首先你不要执着于这个"空"。如果只是这样静心坐在这里,还是执着。要"应无所住,而生其心",就是讲不要老是挂念着它。

这个世界是虚空的,所以它能包含万物,所有的东西都包括在内。这里的"溪"就是"大河"的意思,"涧"就是"小河"的意思。"须弥诸山","须弥山"也叫"妙高山",由金、银、琉璃、水晶四宝所成,所以称"妙";所有的山都不能与之相比,所以称"高"。须弥山高有八万四千由旬,阔有八万四千由旬,是诸山之王,因此得名"妙高"。它是一个小世界的中心,山形上下皆大,中央独小,四天王天居山腰四面,忉利天在山顶,山根有七重金山,七重香水海环绕,在金山之外有咸海,咸海之外有大铁围山,四大部洲就在咸海的四方。万事万物都在这个"空"里面。

我们人的自性也是"空"的,能包罗万事万物。"自性能含万法是大",这是解释"摩诃(大)"。心放空了,自然就大了,无所不包,无所不容。对人的恶与善,都能没有取舍之心,也不受其影响,也不执着,这个心就虚空了,能包含一切恶善,这就是"大",就是"摩诃"。

但是,一些执迷不悟的人只是空谈,说说罢了,有智慧、开悟了的人就不一样,他会用心来体会这个"空",这个"大"。还有一些迷而不悟的人整天在那里静坐,什么也不想,认为这就是"大",其实是妄自尊大。这些人持有不正的知见,不能够与他们谈论佛法。

真正的学佛修道,不是只在那里静坐,而是要在日常生活中时时处处体会"尽虚空,遍法界"。所有事物都是刹那生灭,无须执着。

善知识!心量广大,遍周法界。用即了了分明,应用便知一切。一切即一,一即一切,去来自由,心体无滞,即是般若。

【语译】

善知识!自性心量广大,周遍法界,一经动用便了了分明,了知一切。一切法即一法,一法即一切法,来去自由,心体没有滞碍,这就是般若。

【解读】

"法界",在这里是指一切事物,具体又分为十个法界,叫作"六凡四圣":六个凡人的法界、四个圣人的法界。"六凡",就是"六道",即地狱、饿鬼、畜生、阿修罗、人、天。

我们都是什么道呢?都是人道吗?这个其实是不一定的。比如说,有的人想要自杀,这个时候他就是地狱道;我们做生意的朋友有时会遇到一些事情,就可能生出把别人的钱抢过来的想法,这个时候就是饿鬼道;还有我们生气发怒的时候,就是畜生道。所以,不是说我们人就都是在人道。

但是我们可以逐渐提升自己的修养，到达"四圣"。"四圣"从下往上排，是"声闻乘""缘觉乘""菩萨乘"和"佛乘"，"声闻乘"也叫"小乘"，"缘觉乘"也叫"中乘"，"菩萨乘"叫作"大乘"。如果我们说"三乘"的话，"菩萨乘"就涵盖了"佛乘"，"四乘"就是将"菩萨乘"和"佛乘"分开。

"声闻乘"最高的果位是"罗汉"，"缘觉乘"最高的果位叫"辟支佛"，这两个是小乘佛教的，也就是说，我们人最高只能达到自了，也叫"自了汉"。"罗汉"就是"自了汉"，自己了了，自己觉悟了，这是"小乘"。然后到"菩萨乘"的时候，不仅要自己觉悟，而且要使大家都觉悟，这是"大乘"。所以按照"觉"的程度来说，"小乘"就是"自觉"，"菩萨乘"是"自觉""觉他"。到了"佛"就是"自觉""觉他"和"圆觉"，具备了这三觉。

"心量广大，遍周法界"，就是所有的这些都涵盖在里面，众生皆有佛性，没有高低，没有美丑，没有凡圣，心量广大，遍及一切事物，就不会拘泥了。我们讲的修心，是要把心量修大，就是"但用此心"，这就是一个方法。

当然，到后世还有很多法创造出来。比如禅宗"参话头"的方法，可以参很多话头，其中最主要的话头是"念佛是谁？"就抓住这个话头，一直观照这个话头。还有一种方法是"默照禅"，"默照"就是默默地观照，不必念，只是默默地观一个像。我之前去过台湾法鼓山，圣严法师就在那里，景观殊胜，超绝并且稀有。一到山上就看见一潭水，只看这水就可以看一天。水非常清澈，水里面一颗颗的石子都非常清楚干净。为什么这么干净呢？是洗的。可以报名去洗，但有一个要求，就是洗的过程中不能说话，这就是要你去观像。还有公案的方法，参一些典故、一些故事。有很多方法：机锋、棒喝……最根本的方法，就是把心量放大，犹如虚空，涵盖万物。

接下来，"用即了了分明"，这里的"用"就是指"用心"。当你用心体会到"广大"时，就能够明了一切。然后在生活中运用它，就能够体悟一切事物。所以"一切即一，一即一切"，这里面的"一"是什么？就是"心"，你的本心。一切事物都在你的本心之中，本心包含一切事物，达到运用自如，你就来去自由了。就像弘一大师最后圆寂的时候所说的："去去就来。"内心和外在都没有阻碍，这就是般若智慧，能通达所有的事物。

善知识！一切般若智，皆从自性而生，不从外入，莫错用意，名为真性自用。

般若品第二

一真一切真。心量大事，不行小道。口莫终日说空，心中不修此行。恰似凡人自称国王，终不可得，非吾弟子。

【语译】

善知识！一切般若智，都是从自性中产生，不是从外面得来的，不要错用了心思，这就叫作真性自用。一法真即一切法皆真。心要用于回归真如自性的大事，不要在空心静坐这等小道上用功。不要整天口中说空，心中不修此行。这就好像一个平民百姓自称是国王，终究不是真实的。这种人不是我的弟子。

【解读】

其实般若之智，它不是来自别的地方，而是源于你的自性，源于你的本心，千万不要弄错了它的用意，这样才能用心体会真正的自性本心，才能"一真一切真"。本心真，万物就真。这个"真"讲的是什么？"真"讲的就是人的自性。你掌握了这个真性，一切就回归真相了。这是修养心量、开悟本心的大事，依靠一些小聪明是没有办法修成的。

如果整天空谈佛法，心中却没有真正修行体悟，就像一个平民百姓整天自称是国王，认为掌握了一切，但他终究不是国王。这样愚蠢的人，慧能不可能收他做弟子。一般情况下，出家人是不说"非吾弟子"这样的话的。大家都是善知识，都是弟子，是很有慈悲心的。慧能大师这样表态，可想而知，这种心量广大、无所不包的大智慧是至关重要的。

善知识！何名般若？般若者，唐言智慧也。一切处所，一切时中，念念不愚，常行智慧，即是般若行。一念愚即般若绝，一念智即般若生。世人愚迷，不见般若。口说般若，心中常愚。常自言我修般若，念念说空，不识真空。般若无形相，智慧心即是，若作如是解，即名般若智。

【语译】

善知识！什么叫作"般若"呢？梵语"般若"，中国话译作"智慧"。在日常的一切处一切时中，如果能念念都不愚痴，常用智慧行事，这就是般若行。如果一念愚迷，就尽失般若；一念离妄，就产生般若。世间凡夫愚迷不悟，不能见到实相般若。虽然口说般若，心中却为愚迷所惑；虽然常常自说"我在修行般若"，念念说"空"，实际上却并不了知真空的道理。般若没有形相，智慧心就是此无形无相而又不落断灭的般若实相。如果能如此理解，就称为般若智。

【解读】

我们说"崇道明德，修心开智"，"修心"就是为了开智慧，就是"般若"。但是"般若"跟我们平常说的智慧还不一样，它是一种开悟的智慧，一种大智慧。"唐言智慧"，"唐"，因为当时是唐朝，就是指汉语，就像我们中国人传统的服装叫唐装，我们中国人在国外叫作"唐人"。

这个智慧，是跟愚相对的，叫作"般若度"，是"六度"之一。我们始终都要想着这个智慧，运用这个智慧，不被愚痴所迷惑，智慧就不会遗失，这叫"常行智慧"，就是"般若行"。如果是念，这个念不一定是口头上说出来。如果起的是愚蠢念头的话，般若也就没有了；一旦你的意念是智慧的，般若就生出来了。所以，愚迷的状态下是没有般若的，即便口里说的是般若，但实际上心中还没有开悟。比方有的人说自己是在修行般若智，不断地说"空"，但实际上这不是真的"空"，不是发自本性，不是真心的，那还是愚迷。

而这个般若，它并没有一个具体的外在形象，所以它不在于口头上说。只有心的开悟，内心得到智慧，这才是"般若智"。

何名波罗蜜？此是西国语，唐言到彼岸，解义离生灭。著境生灭起，如水有波浪，即名于此岸；离境无生灭，如水常流通，即名为彼岸，故号波罗蜜。

【语译】

什么叫作"波罗蜜"呢？这是印度话，中国话译为"到彼岸"，从它的译义来解释，是断绝生灭。心如果执着于外境，就有生灭现起，如同水中波浪起伏不定，这就叫作"此岸"；心如果不攀缘外境，生灭便无由现起，好比流水畅达无碍，这就叫作"彼岸"，因此称为"波罗蜜"。

【解读】

这里解释"波罗蜜"的意思，它是"波罗蜜多"的简称，意思是"到彼岸"，是从梵语音译的。我们现在是在此岸,要到西方极乐世界,那是"彼岸"。其实,"此岸"就是"彼岸",了脱生死就是"彼岸",不是真的要到某一个西方的国度。而这就是禅宗,当下觉悟,当下成佛。

"著境生灭起",你执着于某个外在的境,就有生灭,就还在"此岸",这就是要让我们"离境",然后无生灭,就到"彼岸"了。

"波罗蜜",到彼岸,简缩成一个字就是"度"。所以佛家有"六度",也叫"六波罗蜜",这是有次序的:布施、持戒、忍辱、精进、禅定、般若。

第一度是"布施"(分为"财施""法施"和"无畏施"三种),"布施度悭贪","悭贪",吝啬的人,贪婪的人,这样的人要度他去布施。

第二度是"持戒","持戒度毁犯"。"毁犯"就是那些什么都不怕、什么都敢毁坏和触犯的人,这样的人要度他能够持戒,守住戒律。守什么戒律呢?最基本的是五戒:戒杀生,戒偷盗,戒邪淫,戒妄语,戒饮酒。这就是针对不同的人要因材施教。

第三度是"忍辱","忍辱度瞋恚"。"瞋"写成"嗔"也可以,从口里说出来的怒气。"度瞋恚",就是度生气发火的人,要教他们忍受耻辱。

第四度是"精进","精进度懈怠"。佛家不是讲你什么事都不用做,而是需要精进的。

第五度是"禅定","禅定度散乱"。心猿意马、思绪混乱,这样的人需要禅定,集中在一个意念上。关于禅定,后面专门有一品,我们到时会再讲。

第六度是"般若","般若度愚痴"。

这就是"六度","六波罗蜜"。

这里用"水"来比喻"此岸"和"彼岸",好比水起了波浪,叫作"此岸"。水在那里流动,这就叫到了"彼岸"。这不都是水吗?的确是,所以说彼岸不在别处,就在当下。也就是说,如果你心中起了波浪,就好像心中还在浮动,不能性空,不能心量广大,就还在"此岸"。如果心中非常平静,自性了了,不起波浪了,你就到了"彼岸"。并且我们人处于波浪中的生理反应是头晕,还有人恶心难受,这也是说"此岸"的世界是险恶的、坎坷的,谁都不愿意待在这里。"彼岸"的水流非常缓慢,人在上面非常舒适,所以大家都希望到"彼岸",幸福的彼岸,那是圆满的、快乐的。

善知识！迷人口念，当念之时，有妄有非。念念若行，是名真性。悟此法者，是般若法；修此行者，是般若行。不修即凡，一念修行，自身等佛。

善知识！凡夫即佛，烦恼即菩提。前念迷即凡夫，后念悟即佛。前念著境即烦恼，后念离境即菩提。

【语译】

善知识！迷而不悟的人只知道口念，念的时候，心中有妄有非。若能念念心行，才是真实不虚的法性。悟得这个法的，是般若法；修持这种行的，是般若行。不能如是修行就是凡夫，若能一念悟修，自身当体即与佛无异。

善知识！凡夫就是佛，烦恼就是菩提。前念迷惑，就是凡夫；后念觉悟，就是佛陀。前念执着于境界，就是烦恼；后念不攀缘境界，就是菩提。

【解读】

迷惑的人只是口中念着般若，当他念诵的时候，其实心中还是有妄念、有分别心的。如果时时刻刻能够行般若，不断用般若之智观照事物，这就是"真性"。懂得这种方法，就得到般若法了。按照般若来修行，就是般若

禅宗祖师调心图

行。如果不按照这个法门来修行，那你就是一个凡人。一旦你按照这个来修行，悟入的当下就是佛了。

所以说，凡夫也就是佛，烦恼也就是菩提，这二者是不二的。什么意思呢？同一个人，可以是凡夫，也可以是佛。在有迷惑的时候，他就是凡夫，但是开悟了，心量广大了，这时候就是佛。烦恼——贪、嗔、痴，这是因为我们心量不广大引起的。当我们明白这个道理后，心量慢慢广大，就是菩提。

当你执着于一件小事情时，比如失恋了，觉得我对他那么好，他还是把我甩掉了，心里想不开，就会很烦恼。如果你放大心量，放大到整个宇宙，就像在飞机上看地上，车都像蚂蚁一样，像这样出离一下，你就不会为一些事情烦恼了，就通了。按照佛家的说法，这就叫"极乐"；按照道家庄子所讲，这就叫"至乐"。

善知识！摩诃般若波罗蜜，最尊最上最第一，无住无往亦无来，三世诸佛从中出。当用大智慧，打破五蕴烦恼尘劳，如此修行，定成佛道，变三毒为戒定慧。

【语译】

善知识！摩诃般若波罗蜜，是最尊贵、最高上、第一的佛法，无住无往也无来，过去、现在、未来三世诸佛都是从般若法中出生。应当运用大智慧，打破五蕴烦恼尘劳，如此修行，必定能够成就佛道，将贪、嗔、痴三毒转变成为戒、定、慧三无漏学。

【解读】

"摩诃般若波罗蜜"，这是佛家的第一要义，就像《心经》中所说："故知般若波罗蜜多，是大明咒，是无上咒，是无等等咒，能除一切苦，真实不虚。"

下面是"无住无往亦无来"这一句。"无住"，我们前面讲过，不要住心，不要执着，无住了才能没有往来。

"三世诸佛"，"三世"指过去、现在和未来。过去佛指"燃灯佛"，现在佛指"释迦牟尼佛"，未来佛指"弥勒佛"。这叫"纵三世"，就是按时间先后排序。还有一种"横三世"，即空间上的三世佛，在大雄宝殿上的通常都是这三尊佛，东方、西方和中央：东方是药师佛，西方是阿弥陀佛，中央是释迦牟尼佛。

这里引申出一个知识，东方、西方、中央分别有佛教三圣。东方世界的东方三圣，药师佛是教主，他的两个菩萨作为护卫，分别是日光菩萨和月光菩萨。西方三圣，中间是阿弥陀佛，心量广大，犹如虚空，左边是观世音菩萨，右边是大势至菩萨。中央的华严三圣，中间是释迦牟尼佛，左边是文殊菩萨，右边是普贤菩萨。

应当运用这个大智慧，来破除色、受、想、行、识这五蕴烦恼、尘劳，变三毒为三学。贪、嗔、痴是三毒，戒、定、慧是三学。

善知识！我此法门，从一般若生八万四千智慧。何以故？为世人有八万四千尘劳。若无尘劳，智慧常现，不离自性。悟此法者，即是无念。无忆无著，不起诳妄，用自真如性，以智慧观照，于一切法，不取不舍，即是见性成佛道。

【语译】

善知识！我这个法门，从一实相般若能生出八万四千种智慧。为什么呢？因为世人有八万四千种烦恼、尘劳。如果没有尘劳覆盖，般若智慧便能时常现起，念念不离菩提自性。悟得这个法门的人，自然没有妄念。没有思量执着，不起诳妄颠倒，随缘现起真如自性，以般若智慧观照一切事物，对诸法不执着也不舍离，这便是见性成佛。

【解读】

为什么说慧能所讲的这个智慧有八万四千种呢？这数字其实是虚数，表示数量很多。但是也有法师说，佛陀所说的"八万四千烦恼"，就是确确实实的八万四千种，他曾经一一地数过，不多不少，确实是这个数。大家也可以去考证。"尘"就是杂染、烦恼，一些错误的念想。因为人世间有八万四千种烦恼，所以佛就给我们八万四千法门。就像刚才讲的"六度"，就是针对六种人因材施教，这里也是讲每一种智慧可以解除一种烦恼。智慧是常现的，就是自性，你只要掌握自性自然就有智慧了。要用真如、自性这样的智慧来观照自己的内心、自己的行为。"于一切法"，这里的"法"，就是一切的外相，你可以不去取它，也不去舍弃它，不为外界所动，这样你才能悟入佛道。

善知识！若欲入甚深法界及般若三昧者，须修般若行，持诵《金刚般若经》，即得见性。

【语译】

善知识！如果是想要进入甚深的一真法界及般若正定的人，必须修持般若行，持诵《金刚般若波罗蜜经》，就能见到自性。

【解读】

如果想进入那种极深的、微妙的法界，并且达到般若三昧，就要诵读《金刚般若经》，当然还有《心经》《坛经》，这三部经，时常诵读可以帮助你见性。"三昧"是梵语音译，和"三"没有关系，也翻译成"三摩提""三摩帝"，就是"正定""禅定"的意思，即排除杂念，心中定住，没有其他思绪。这个禅定，在后面也有一品专门讲述。

当知此经功德，无量无边。经中分明赞叹，莫能具说。此法门是最上乘，为大智人说，为上根人说。小智小根人闻，心生不信。何以故？譬如天龙下雨于阎浮提，城邑聚落，悉皆漂流，如漂草叶。若雨大海，不增不减。若大乘人，若最上乘人，闻说《金刚经》，心开悟解，故知本性自有般若之智，自用智慧，常观照故，不假文字。譬如雨水，不从天有，元是龙能兴致，令一切众生、一切草木、有情无情，悉皆蒙润。百川众流，却入大海，合为一体。众生本性般若之智，亦复如是。

善知识！小根之人，闻此顿教，犹如草木根性小者，若被大雨，悉皆自倒，不能增长。小根之人，亦复如是。元有般若之智，与大智人更无差别，因何闻法不自开悟？缘邪见障重，烦恼根深，犹如大云覆盖于日，不得风吹，日光不现。般若之智亦无大小，为一切众生自心迷悟不同。迷心外见，修行觅佛，未悟自性，即是小根。若开悟顿教，不执外修，但于自心常起正见，烦恼尘劳，常不能染，即是见性。

善知识！内外不住，去来自由，能除执心，通达无碍。能修此行，与般若经，本无差别。

【语译】

大家应当知道，这部《金刚经》有无量无边的功德，在经文中已经很清楚地赞叹了，不能一一细说。这法门是最上乘的教法，专为有大智慧、上等根性之人说。小根性、小智慧的人听闻此法，心里会生起疑惑而不相信。为什么呢？这就好比天龙在阎浮提降下大雨，城市村落都顺水漂流，如同草叶漂流其上。如果雨是下在大海中，海水不见增加，也不见减少。大乘根性、最上乘根性的人，闻说《金刚般若波罗蜜经》，就能领悟理解，知道本性自有般若智慧，这是经常运用智慧观照所得，而不是借助语言文字能成。譬如降雨，不是从天而有，原是龙能兴云致雨，让一切众生、一切草木、有情无情，普遍蒙受润泽。百川众流注入大海中，与海水合为一体，众生本具的般若智慧也是如此。

善知识！小根性的人听闻此顿教法门，就像根基不稳的草木，被大雨一淋，就全部倒下，不能继续生长。小根性的人听闻到大法的情形也是这样。他们本具的般若智慧和大智慧的人并没有差别，为什么闻此顿教法门却不能开悟呢？因为他们执着于邪见，烦恼和所知二障深重，习气根深抵固，犹如密云遮蔽了日光，没有风来把云吹散，日光就不能透现出来。般若智慧没有大小之分，只因为一切众生自心迷悟不同。心有迷惑，向外求法，离心觅佛，不能悟见自性，这就是小根性的人。如果领悟顿教法门，不向心外执着修行，只在自心中常起正见，一切烦恼尘劳，便不能染着，这就是见性。

善知识！对于内外境界都不执着，来去自由，能遣除执着之心，便能通达无我而没有障碍。能如此修行，便和般若经所说的没有差别。

【解读】

"此经"指的是《金刚经》，《金刚经》中说的功德是无量无边的，非常广大。"分明赞叹，莫能具说"，《金刚经》中的内容让你很赞叹，但是又不能一一地详细说出来，这就是"只可意会，不可言传"。

这一段主要讲的是人的根器不同。这里分两种人，一种大智，一种小智。《金刚经》是大智慧、大根器的经典，所以只能对大根器的人说，小智慧的人听到这样的佛法都不相信。

这就像《道德经》第四十一章中讲的："上士闻道，勤而行之；中士闻道，若存若亡；下士闻道，大笑之。""上士闻道"，马上就去做了，就像有大智慧的人听到佛法，马上就领悟了，就不太执着了。"中士闻之"，只能做到一半，又想去做，又有怀疑而不想去做。"下士闻之"，就嘲笑它，不相信这个"道"。

为什么会有这样的差别？这是什么缘故呢？慧能解释说，这就好像天上的龙下起大雨。"阎浮提"，就是"南阎浮提"，又叫"南赡部洲"，就是我们人类居住的地方。除了这个洲还有三大洲，居住着其他众生，所以一共是四大部洲：东胜身洲、南赡部洲、西牛货洲、北俱卢洲。

胜身洲位于须弥山东方的咸海中，这个洲的众生人身殊胜，因此以胜身为名。《长阿含经》说："须弥山东有天下，名弗于逮，其土正圆，纵广九千由旬；人面亦圆，像彼地形。"此洲有三事殊胜：土地极广、极大、极妙。

赡部洲位于须弥山南方，盛产阎浮树，又出产阎浮檀金。其地形如车厢，人面也是那样。这个洲有三件事胜于其他三洲：勇猛强记而能造业行，能修梵行，有佛出世于此洲的土地中。

牛货洲位于须弥山西方，以牛、羊、摩尼宝作为货币而买卖交易。这个洲的地形如满月，人面也如满月，有非常殊胜的三件事：多牛、多羊、多珠玉。

俱卢洲位于须弥山北的咸海中，洲形四方，每边各长两千由旬，状如盒盖，被七金山与大铁围山所围绕，黄金为地，昼夜常明。土地具有平等、寂静、净洁、无刺等四德。这个洲的人民面形正方，如此洲地形，人人面色都相同，身高有一丈四尺。生活平等安乐，没有忧虑。

慧能大师接着说，我们人类居住的地方遇到大雨后，一切都随水漂流起来，好像漂浮的叶子一样。但是这个雨落在大海，大海却不增不减，没有什么变化。这就好比大根器的人听到《金刚经》就能心中开悟，知道他的本性中就有般若之智,常常运用自己的这个智慧在生活中进行观察反省,而不用借助文字学习。

那么雨水是从哪里来的呢?它不是突然从天上掉下来的,它是本来就有的。龙能够兴云致雨,让一切众生、一切草木,不管是有情还是无情,都蒙受它的润泽。而所有的河流最终都汇入大海,成为一个整体。我们每个人的本性,就像大海,也是无边无量、宽广包容的。

根性小的人,就像根基不稳的草木一样,遭受大雨就被冲倒了,不能生长。小根性的人听到宏大的佛法不能承受,所以不能有所增长。但是小智的人本来也有大智的人那样的般若之智,为什么听到佛法就不能开悟呢?"缘"就是因为的意思。因为小智、小根器的人,他的偏见、烦恼太多了,存在太久了,把本性的般若智慧掩盖了。这就好比天上大片的云把太阳遮挡了,如果风没有把它吹开,日光是不会显现的。

所以说每一个人都是有智慧的,这个智慧没有分别,只是有些人还被业障迷惑着,有些人已经了然开悟。本心被迷惑的人,只知道向外面看,所以他向外修行,想寻找佛法,但这样并不能开悟见性,这就是小根器的人。但是小根器的人也能开悟,一旦开悟了,不再执着于表面的修行,就能够在自己的心中生起正知正见,不被生活中的各种烦恼所浸染,这就是见性,从本心做起。

说到这里,我要讲一个故事。有一个人学佛,学禅宗,学得功夫很深。有人问他:"你学佛之后有什么变化?"这人回答说:"我没什么变化,学佛之前我每天做砍柴、做饭、喂马三件事,学佛之后我每天还是砍柴、做饭、喂马。"那人又问:"那你学不学佛有什么区别啊?"这人回答说:"我学佛以前,砍柴的时候想着做饭,做饭的时候想着喂马;可是学佛之后呢,我砍柴的时候就是想着砍柴,做饭的时候就是想着做饭,喂马的时候就是想着喂马。"

所以学佛是学什么,大家明白了吗?八个字:"饿来即食,困来即眠",饿了就吃,困了就睡。那你会说,我一直不都是饿了就吃,困了就睡吗?可是你真的是这样吗?再好好想

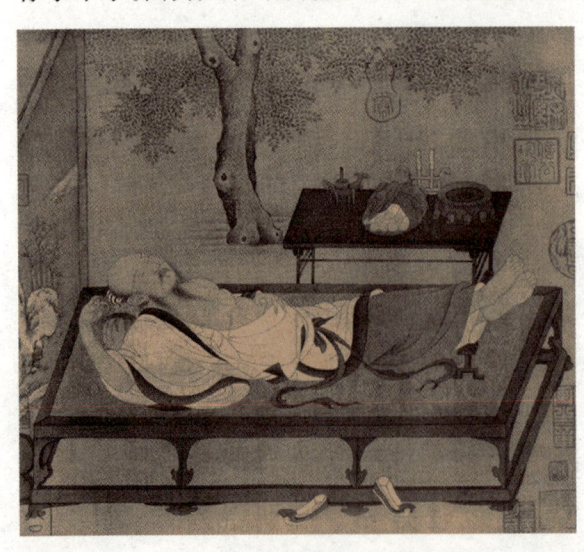

槐荫消夏图

一想,你饿了的时候就能吃上饭吗?有时候不饿还要去吃,比如赴宴,有时候饿了还吃不上饭。最重要的是,即使你吃饭的时候,你是自己在吃吗?你是好好地在吃吗?我们现在太苦了,吃饭的时候还要面对很多人一起吃饭,还要说话,想着怎样应酬。这多苦啊!这样吃饭就不是好好吃饭。再说说睡觉,你困的时候就能睡吗?你是几点睡觉的?我们现代人大多不按时睡觉,而且在睡觉的时候,有的人睡不着,会失眠,有的人睡着了却睡得不安稳,不踏实,所以,白天就昏昏欲睡。

所以,"佛法在世间"讲的就是日常生活,做事要规律,吃饭的时候要认为自己吃的饭特别甘美,那么这个饭就肯定十分好吃,这叫"甘其食"。"甘其食,美其服,安其居,乐其俗",这是老子说的,你觉得它非常美,它就会非常美。

还有就是要专一,这点很重要。有的人想:我睡不着了,我失眠了,完了,完了……越想越睡不着,越想要睡觉越睡不着。其实,睡觉的时候什么都别想,你就好好地睡觉。睡不着怎么办?睡不着就睡不着,很简单,不要害怕,不要恐惧。来了就来,去了就去,记住自己的本性。

进一步地说,要"内外不住"。这是什么意思呢?就是不住内也不住外,也就是不住心,去来自由,一定要破除那个执着的心,这样一来,就通达没有障碍了。如果能够这样修行,就与《金刚般若波罗蜜经》所讲的没有差别。

善知识!一切修多罗及诸文字,大小二乘,十二部经,皆因人置,因智慧性,方能建立。若无世人,一切万法本自不有。故知万法本自人兴,一切经书,因人说有。缘其人中有愚有智,愚为小人,智为大人。愚者问于智人,智者与愚人说法,愚人忽然悟解心开,即与智人无别。

【语译】

善知识!一切经典、文字、大小二乘教、十二部经,都是因人施设的,因为有智慧本性,才能建立。如果没有世人,自然也就没有一切万法。由此可知,一切万法本是由世人所施设,一切经书是因为要对人说法才会有。因为世人之中有愚痴之人和智慧之人,愚痴的称为小人,有智慧的称为大人。愚痴的人向有智慧的人请教,有智慧的人对愚痴的人说法,愚痴的人如能忽然意解心开,就和有智慧的人没有差别。

【解读】

这里最后就提到,其实愚人和智人没有区别,只要悟解了,就都一样。"一切修多罗及诸文字",先看"修多罗",这也是梵文音译,简单地说就是指佛经,也可以指佛法。"大小二乘","乘"就是车,有羊车、鹿车和牛车。"小乘"好比羊车,羊力气小,车上不能放太多东西。刚才曾讲到,"小乘"就是声闻和缘觉,"大乘"就是菩萨和佛陀。《法华经》以牛车、鹿车、羊车比喻大乘、中乘、小乘。羊车是形容声闻乘只能自度,不能度他,好像一辆小小的羊车不能载物;鹿车是形容缘觉乘能自度兼度亲属,好像一辆鹿车只能载少许的货物;牛车是形容菩萨乘不但能自度且能普度众生,好像一辆大牛车能运载许多的货物。

"十二部经"并不是指十二部经典,而是指佛教所有经典的汇集,称为"大藏经",分为三个部分:经、律、论,叫"三藏"。其中,"经"是释迦牟尼佛所说的法,"论"是后来祖师的著作,"律"就是佛教的戒律。我们称玄奘大师为"唐三藏",就是因为他精通"经、律、论"三藏。

一切经教的内容分为十二类,叫作"十二部经",又叫作"十二分教":

一、长行,以散文直说法相,不限定字句,因行类长,故称"长行"。

二、重颂,既宣说于前,更以偈颂结之于后,有重宣之意,故名"重颂"。

三、孤起,不依前面长行文的意义,单独发起的偈颂。

四、因缘,述说见佛闻法,或佛说法教化的因缘。

五、本事,是载佛说各弟子过去世因缘的经文。

六、本生,是载佛说其自身过去世因缘的经文。

七、未曾有,记佛现种种神力不可思议之事的经文。

八、譬喻,佛说种种譬喻以令众生容易开悟的经文。

九、论议,指以法理论议问答的经文。

十、无问自说,如阿弥陀经,系无人发问而佛自说的。

十一、方广,谓佛说方正广大之真理的经文。

十二、记别或授记,记佛为菩萨或声闻授成佛时名号的记别。

这十二部经中,只有长行、重颂与孤起是经文的格式,其余九种都是依照经文中所载之别事而立名。同时,小乘经中没有无问自说、方广、授记三类,因此仅有九部经。

所有的佛教经典和文字,都是由人创造设计的,因为人具有智慧,所以才能建立起来。如果没有人,这世间所有事物都是不存在的。也就是说,这世间的万事万物都是因为人而兴起的,这些经书也都是因为人的修行需要而产生的。

有的人愚笨一些，有的人有一些智慧。愚者就是小人（小根器的人），智者就是大人（大根器的人）。愚笨的人虽然愚笨，但是他去听有智慧的人说法，听完之后一下子开悟了，也能够成为有智慧的人。所以，愚人开悟之后和智人没有差别，愚人和智人是不二的。

善知识！不悟即佛是众生；一念悟时，众生是佛。故知万法尽在自心，何不从自心中，顿见真如本性？

《菩萨戒经》云："我本元自性清净，若识自心见性，皆成佛道。"《净名经》云："即时豁然，还得本心。"

【语译】

善知识！一念不觉时，佛就是众生；一念觉悟时，众生就是佛。所以可以知道，万法都在自心之中，为什么不从自己的心中直下顿见真如本性呢？《菩萨戒经》中说："每个人的自性本来都是清净无染的，若能识得自心见到自性，就都能够成就佛道。"《净名经》中说："当下豁然开朗，返见自己本心。"

【解读】

这一段还是讲佛和众生其实是一回事。佛不开悟的时候，就是众生；普通众生一念之间开悟了，就是佛。这就是"不二"。所以一切全在于你的内心，要从自心当中求佛法，当下见到本性，就成佛。

善知识！我于忍和尚处，一闻言下便悟，顿见真如本性。是以将此教法流行，令学道者顿悟菩提，各自观心，自见本性。若自不悟，需觅大善知识，解最上乘法者，直示正路。是善知识有大因缘，所谓化导令得见性。一切善法，因善知识能发起故。三世诸佛，十二部经，在人性中本自具有，不能自悟，须求善知识，指示方见。若自悟者，不假外求。若一向执谓须他善知识方得解脱者，无有是处。何以故？自心内有知识自悟。若起邪迷，妄念颠倒，外善知识虽有教授，救不可得。若起真正般若观照，一刹那间，妄念俱灭。若识自性，一悟即至佛地。

【语译】

善知识！我在弘忍和尚那里，一听闻他说法，言下即开悟，顿时见到真如本性，所以将此顿教法门流传广布，让学道的人顿悟菩提，各自观照自心，见到自己的本性。如果自己不能领悟，必须寻访大善知识，理解最上乘法的人，直接指示正路。这样的善知识有大事因缘，可以教化众生、示导徒众，令世人得见自性，因为一切善法都能够由善知识发起。在人的自性中，本来都具足三世诸佛、十二部经，如果愚迷而不能自悟，就必须请求善知识示导才能得见。能够自悟见性的人，自然无须向心外寻求。如果一味执着，认为必须靠善知识才能得到解脱，这也是错误的。为什么呢？众生自心内本具般若智慧可以自悟。如果另起邪见，迷自本心，颠倒妄想，外在的善知识虽然能够给予教导，却也无法救度。如果能够生起真正的般若观照，一刹那间，妄念就能完全熄灭。如果能识得自性，一悟便可以直入佛地。

【解读】

我们回过头来看慧能是怎么开悟见性的。慧能在弘忍大师那里学法，一听到师父说的佛法就大悟了，在"应无所住，而生其心"这一句，当下就见到自己的真如本性。所以慧能把这种方法传授给大家，让学道的人都能当下开悟，观照自己的内心见到本性。如果不能自己悟道，就必须寻找大善知识，找能理解最上乘佛法的人，直接指明正确的求佛道路。所谓善知识，就是因为他们与佛法有很大的因缘，通过一些教化和指导，能够让学人明心见性。

但是也不可以一味执着于必须向其他善知识求助才能得到解脱，如果执着于此，就又把学佛求法理解错了。这是什么缘故呢？每个人的心中其实都具备了自悟的法门。如果自己心中生出了不正确的见解，让自己执迷在错误的见解里，这样一来，即便外在的善知识对你循循善诱，你还是不能开悟见性。最关键的是你内心的醒悟，只有心中真正生起般若智慧，就是我们前面一直强调的"五法"当中的第四法——"正智"，用般若智慧来观照本心，那么这一刻，不论正念、邪念，所有虚妄的念想都会破灭。这时你就会认识到本性，也就是达到佛的境界。

善知识！智慧观照，内外明彻，识自本心。若识本心，即本解脱。若得解脱，即是般若三昧，即是无念。何名无念？若见一切法，心不染著，是为无念。用即遍一切处，亦不著一切处。但净本心，使六识出六门，于六尘中无染无杂，来去自由，通用无滞，即是般若三昧，自在解脱，名无念行。若百物不思，当令念绝，即是法缚，即名边见。

善知识！悟无念法者，万法尽通；悟无念法者，见诸佛境界；悟无念法者，至佛地位。

【语译】

善知识！用智慧观照，就能身心内外光明澄澈，认识自己本来的真心。如果认识了本具的真心，即是得到本来无碍的自在解脱；若得解脱，即是入于般若正定，即是一念不生。什么叫"无念"呢？如果对于所知所见的一切诸法，心不染着，这就是"无念"。"无念"应用时能遍及一切处，却又不滞着于一切处。只要清净本心，使六识出六根门头，于六尘外境界不起丝毫杂染，来去自由自在，通畅自如，运用无滞无碍，这就是般若三昧，就是自在解脱，叫作"无念行"。如果一味执着于什么都不思考，使心念断灭，这其实是法缚，是错误的边见。

善知识！悟得无念法的人，万法都能通达；悟得无念法的人，已亲见诸佛境界；悟得无念法的人，已臻佛地。

【解读】

这一段提到了"无念"这个词。只有真正用发自内心的般若智慧来观照本心，由内到外彻底明了，才能认识到本心，才能真正解脱，达到智慧正定的状态，也就是"无念"。"无念"，"念"指念头，一弹指有六十刹那，一刹那有九百生灭，这些都是念头，就是八万四千尘劳。这里讲"心不染著，是为无念"，内心不要受到影响，更不要停在这些念头上，这叫"无念"。这样就可以达到"用即遍一切处，亦不著一切处"的境界，运用的时候可以遍及万事万物，并且内心可以不在任何一处有所停留和执着。

"使六识出六门，于六尘中无染无杂"，我在讲第一品时讲过："六识"，就是眼识、耳识、鼻识、舌识、身识、意识；"六门"，就是六根，眼、耳、鼻、舌、身、意；"六尘"，就是色、声、香、味、触、法。"三昧"，就是禅定、正定。让自己的内心清净，并且不要被所感受到的万事万物所影响，内心不要乱，让自己的认识能够来去自由地通畅运用，没有丝毫停留，不被阻挡。这就达到了拥有般若智慧并且禅定的状态，整个人自在解脱，叫作"无念行"。

可如果真的在那里什么都不想，让念头都灭绝，那并不是真正的"无念"，而是被"无念"所束缚，就是"边见"，落到两边，没有得到中道。

这里讲一个公案。四祖道信向三祖僧璨求法："师父，我想求能解脱束缚的法门。"三祖回答他说："谁束缚了你呢？"道信就实话实说："没有人束缚我呀！"三祖就说："没有人束缚你，哪里来的解脱？你还求什么解脱法门呢？"被这么一问，道信就开悟了。

其实是自己的心念将自己束缚住了,要自己解脱自己。能够明白"无念"这个法门,那么所有的法门就都能领悟了,就成佛了。

关于"无念""无住""无相"这三个概念的关系,我们后面会专门来讲。

善知识!后代得吾法者,将此顿教法门,于同见同行,发愿受持,如事佛故,终身而不退者,定入圣位。然须传授从上以来默传分付,不得匿其正法。若不同见同行,在别法中,不得传付,损彼前人,究竟无益。恐愚人不解,谤此法门,百劫千生,断佛种性。

【语译】

善知识!后代得到我这个法门的人,能将这个顿教法门,与见解相同、行持相同的人共同发愿信受奉持,如同事奉佛陀一般,并能终生精进而不退转的人,必定能获得圣人的果位。但是,传此法门必须传授历代祖师默传心印的嘱咐,不得隐匿宗门正法。如果不是同一见地、同一行持,而在其他宗派法门中修行的人,不得妄传于他,以免损害他原有宗派的修行,究竟没有益处。恐怕有些愚痴的人不能理解,诽谤这个法门,这将使他百劫千生都断绝佛的种性。

【解读】

慧能又说,后代中得到我传授的法门的人,要找到志同道合的人,一起发起大誓愿,要郑重领受并长久地持有顿教法门,就像奉行释迦牟尼佛金口亲宣的教化一样。"终身而不退者,定入圣位",终身奉行而不退却的人,就一定能进入佛的境界。还必须将祖师从佛那里代代相传的心法传承下去("分付"与"吩咐"相同),不得将宗门的正法隐藏。如果遇到修行其他法门的人,就不能将我们的法门传授给他,因为那样会损害他原先所学,对他没有益处。所以,奉行本派法门的同时,也要尊重别派的佛法。最后,慧能大师所担心的是愚人不理解佛法,觉得佛怎么可能会是这个样子,甚至诽谤佛法,这会断了他们成佛的种性,不能成佛。

善知识!吾有一《无相颂》,各须颂取。在家出家,但依此修。若不自修,惟记吾言,亦无有益。听吾颂曰:

说通及心通,如日处虚空;

唯传见性法,出世破邪宗。

法即无顿渐,迷悟有迟疾;
　　只此见性门,愚人不可悉。
　　说即虽万般,合理还归一;
　　烦恼暗宅中,常须生慧日。
　　邪来烦恼至,正来烦恼除;
　　邪正俱不用,清净至无余。
　　菩提本自性,起心即是妄;
　　净心在妄中,但正无三障。
　　世人若修道,一切尽不妨;
　　常自见己过,与道即相当。
　　色类自有道,各不相妨恼;
　　离道别觅道,终生不见道。
　　波波度一生,到头还自懊;
　　欲得见真道,行正即是道。

【语译】

　　善知识！我有一首《无相颂》,你们每个人都必须记诵,无论在家出家,只需依此《无相颂》去修持。如果不能切实修行,只是记诵我的话语,那也是没有什么益处的。听我说偈:

　　说通及心通,如日处虚空;
　　唯传见性法,出世破邪宗。
　　法即无顿渐,迷悟有迟疾;
　　只此见性门,愚人不可悉。
　　说即虽万般,合理还归一;
　　烦恼暗宅中,常须生慧日。
　　邪来烦恼至,正来烦恼除;
　　邪正俱不用,清净至无余。
　　菩提本自性,起心即是妄;

净心在妄中，但正无三障。
世人若修道，一切尽不妨；
常自见己过，与道即相当。
色类自有道，各不相妨恼；
离道别觅道，终生不见道。
波波度一生，到头还自懊；
欲得见真道，行正即是道。

【解读】

最后，慧能赠给大家一首偈子，也叫"颂""颂偈"，叫作《无相颂》，是要背下来的。这个《无相颂》可以说就是对《坛经》的一个概括，也是告诉我们怎么在日常生活中修禅。无论是出家僧人，还是在家修行的居士，按照这首偈子来修行就可以了。如果平时不按照偈子来修行，只是记住了慧能大师讲的话，那不是真正的修行，是没有益处的。这里的"无相"，就是无所有的相，但我们都是实实在在的相，为什么又是"无相"呢？读了下面这首偈子就明白了。

"说通及心通"："说通"，说理可以很通畅，"及"就是达到，还需要达到"心通"，心真正的通畅。"如日处虚空"：这是解释前面的"心通"，就好像太阳处于虚空当中，真正的通，就是虚空，就是无碍。

"唯传见法性，出世破邪宗"：慧能传的就是见性的法门，要破其他的邪法外道。

"法即无顿渐，迷悟有迟疾"：法是没有顿悟和渐悟之分的，都是一回事，只是个人根基不同，因而从迷到悟有快有慢。

"只此见性门，愚人不可悉"：慧能的见性法门，一般的愚人是不知道的。

"说即虽万般，合理还归一"：虽然说法说了很多，听上去是千变万化的，其实都是同一个法，是不二的，就是要当下见性。

"烦恼暗宅中，常须生慧日"："暗宅"指我们的身心，烦恼就在自己的身体里，在自己的心中。因为是生在暗处的，所以需要太阳，也就是指智慧，将它照破。

禅宗祖师调心图

"邪来烦恼至,正来烦恼除;邪正俱不用,清净至无余":前面两句很好理解,我们来看"无余",佛教说的"涅槃"有两种:一种是"无余涅槃",一种是"有余涅槃"。依小乘的说法,阿罗汉惑业已尽,生死已了,但身体尚在,名"有余涅槃",或"有余依涅槃",言其生死之因虽尽,但还余有漏的依身在,等到依身也亡,则名"无余涅槃"或"无余依涅槃"。依大乘的说法,菩萨变易生死的因尽了,叫作"有余涅槃",要到变易生死之果尽,获得佛之常身后,才叫作"无余涅槃"。就大小相对来说,小乘的无余涅槃,因尚有惑业苦的残余,故叫作"有余";至于大乘的无余涅槃,因究竟而无残余,才是真正的"无余"。"涅槃",就是烦恼都除净了,达到不生不灭的寂静境地。"有余涅槃",就是身体还在,还有这一个烦恼。"无余涅槃",就连身体都不在了,这是一种更高的"涅槃"。

"菩提本自性,起心即是妄;净心在妄中,但正无三障":"三障"就是三种障碍。第一种障碍是"烦恼障"。第二种障碍就是大家经常听到的"业障","业"就是过去世的行为所造成。第三种障碍是"果报障",就是报应,前世种下因到这一世来报。如果心净了,这些在成佛路上的障碍就可以破除掉。

"世人若修道,一切尽不妨;常自见己过,与道即相当":我们自己先要常思己过。基督教有一个基本的教义:所有的人都有"罪"。而我们儒家怎么说?所有的人都有"过"。要"静坐常思己过,闲谈莫论人非",经常见到自己的过错,你就容易入道,把过错去掉之后就是本性了。

"色类自有道,各不相妨恼":"色"就是有形的物质,"色类"在这里指众生。众生各走各的人生路(各自修行),所以相互不妨碍、烦恼。

"离道别觅道,终生不见道":道是不是物质的?道是不是有形的?当然不是,但是有形的众生、有形的物质里面就有道。离开这个有形的东西到别的地方去寻找无形的"道",你怎么可能找到呢?无形的道你知道吗?是不知道的,它化在有形当中。

"波波度一生,到头还自懊":到头来你还是很懊恼,这一辈子白过了,还是找不到"道"。

"欲得见真道,行正即是道":你行为正直,这就是道。

目若无道心,暗行不见道;

若真修道人,不见世间过。

若见他人非,自非却是左;

他非我不非，我非自有过。

但自却非心，打除烦恼破；

憎爱不关心，长伸两脚卧。

【语译】

目若无道心，暗行不见道；

若真修道人，不见世间过。

若见他人非，自非却是左；

他非我不非，我非自有过。

但自却非心，打除烦恼破；

憎爱不关心，长伸两脚卧。

【解读】

"目若无道心，暗行不见道；若真修道人，不见世间过"：自己如果无道心，那么便是在黑暗中行走而不能得见道。如果是真正的修道人，对于世间的是非是不做分别的。

"若见他人非，自非却是左；他非我不非，我非自有过"："非"在这里是"过错"的意思。不论是别人还是自己有过错，其实都是过错，因为还有是非分别心，这就是还没有得道。

"但自却非心，打除烦恼破；憎爱不关心，长伸两脚卧"：不要有别人不对或者我不对的是非心，没有"非"也就没有"是"，这样烦恼就自然消除了。

当然，我们现在这个阶段还是要常思己过的。没有烦恼了，也就不会在意爱与不爱，也就自然不再有恨，爱恨情仇都不再去关心，心就清净了，人就自在了。

六世达赖喇嘛仓央嘉措写了一首诗《十诫诗》，前面两句是这样的："第一最好不相见，如此便可不相恋；第二最好不相知，如此便可不相思。"这就是讲"八正道"：正见、正思维、正语、正业、正命、正精进、正念、正定。要有正确的认知和行动，这些我们后面会讲到。

第一最好不要相见，如果相见了，就会相识；相识了之后，就要相恋；相恋之后，就要相爱；相爱之后，就相依了；相依之后，就会面临分离；分离之后，就会痛苦。所以不生不灭，有生必有灭，这就是法门。不要求永恒的东西，万法都在变，永恒不变的就是自性。

这一点在庄子的《齐物论》中也讲过："彼亦一是非，此亦一是非……天地与我并生，而万物与我为一。"这是一回事，没有是非。

如果是这样来看待事物，学佛就学成了。所有的成败，如今天挣钱、昨天没挣钱，都很正常，都是一个过程，而不是让你消极处世。弘一法师在抗日战争时期，也是要抗日的，要精进，并不是什么都不做。所以该做什么还得做，这是一个过程，必须完成，要随缘，还要任性。

欲拟化他人，自须有方便；
勿令彼有疑，即是自性现。
佛法在世间，不离世间觉；
离世觅菩提，恰如求兔角。
正见名出世，邪见是世间；
邪正尽打却，菩提性宛然。
此颂是顿教，亦名大法船；
迷闻经累劫，悟则刹那间。

【语译】

欲拟化他人，自须有方便；
勿令彼有疑，即是自性现。
佛法在世间，不离世间觉；
离世觅菩提，恰如求兔角。
正见名出世，邪见是世间；
邪正尽打却，菩提性宛然。
此颂是顿教，亦名大法船；
迷闻经累劫，悟则刹那间。

【解读】

"欲拟化他人，自须有方便；勿令彼有疑，即是自性现"：要想度化他人的话，你自己心中不仅要明白佛法，还要有适用于他人的见性的方法。在度化别人的时候，能够让未见性的人真正相信佛法，不会有所怀疑，这样这个人的自性自然就会显现了。

"佛法在世间，不离世间觉；离世觅菩提，恰如求兔角"：佛法就在我们的日常生活当中，就在当下，比如你正在写字，或者马上去上厕所……这就像庄子说的，"道在屎溺"。不能离开现实生活去求佛法，如果离开了现实生活去求佛法，就像去找兔子的角、乌龟的毛，这都是找不到的。我们这样说了，也要这样去做。

"正见名出世，邪见名世间；邪正尽打却，菩提性宛然"：正见就叫作出世智，邪见就叫作世间惑。一般来说，我们会认为出世找一个正见、入世找一个邪见，其实这是错的。"邪正尽打却"，不论是正见还是邪见，无论是出世还是世间，都能认识清楚，并且能够出离，不再有正、邪，不再有出世、入世，将它们都破除，你就能找到自己的菩提心，也就是自性。

"此颂是顿教，亦名大法船；迷闻经累劫，悟则刹那间"：这个颂讲的是顿教修行，可以称作"大法船"。在你愚迷的时候，即便听到佛经，经历累劫的时间也还是愚迷，而顿悟只在一刹那间。这里还是强调要当下见性。

师复曰："今于大梵寺说此顿教，普愿法界众生言下见性成佛。"时韦使君与官僚、道俗闻师所说，无不省悟。一时作礼，皆叹："善哉！何期岭南有佛出世！"

【语译】

六祖又说："今天我在大梵寺讲说这个顿教法门，普愿一切众生听了之后都能当下见性成佛。"当时，韦刺史与官僚、僧俗等四众弟子听了六祖所说的法后，悉皆省悟。大家都向六祖大师顶礼，赞叹道："善哉！想不到岭南有佛出世啊！"

【解读】

最后慧能说："我在大梵寺讲说顿教法门，是希望能使世间的众生都顿然开悟，立地成佛。"在场的人们听了慧能大师讲说的佛法后，都很有感悟，顶礼表示感谢，并且赞叹："岭南有佛出世！"这是很高的赞誉。

我们常常听到一个词叫"顶礼膜拜"，这个"顶礼"究竟是什么样子的呢？

是双膝下跪,两手伏地,以头顶尊者的双足,表示崇敬。顶礼是佛弟子向佛菩萨的圣像和师长表达崇敬的礼节。平时我们还常常合掌表达敬意,对佛教徒来说,合十是十界一如的最高境界。普通世间人以拱手为恭,佛教以合掌为敬。日常生活中,一般双手合十用来祈祷、祝福,或表示感谢、感恩等。僧侣间也常用双手合十来问候对方。见到佛像时,双手合十表示对佛祖的尊敬。

疑问品第三

这一品里,慧能大师主要解答了两个疑问:一是阐述什么是佛家所说的"功德";二是解答怎样理解"念佛可以往生西方极乐世界",并以《无相颂》揭示在家修行法。其实都是强调不离自性,要从自心中寻找。

一日,韦刺史为师设大会斋。斋讫,刺史请师升座,同官僚士庶肃容再拜,问曰:"弟子闻和尚说法,实不可思议。今有少疑,愿大慈悲,特为解说。"

师曰:"有疑即问,吾当为说。"

【语译】

有一天,韦刺史为慧能大师设大会斋。吃过斋饭,韦刺史请大师登上法座,和官僚、信众们整肃仪容,向大师再次礼拜,并问道:"弟子们听和尚说法,实在是感到不可思议。现在我有些疑问,希望和尚大发慈悲,特为我们解说。"

大师说:"有什么疑问就提出来,我当为你们解说。"

【解读】

有一天,韦刺史为慧能大师设了大法会并且施斋饭,斋毕邀请慧能大师登上讲台开讲,请教一些问题。这里有一个词叫"不可思议",意思就是不能用常理来推测,一般指一些玄妙的东西。

韦公曰:"和尚所说,可不是达摩大师宗旨乎?"

师曰:"是。"

公曰:"弟子闻达摩初化梁武帝,帝问云:'朕一生造寺度僧,布施设斋,有何功德?'达摩言:'实无功德。'弟子未达此理,愿和尚为说。"

师曰："实无功德，勿疑先圣之言。武帝心邪，不知正法。造寺度僧，布施设斋，名为求福，不可将福便为功德。功德在法身中，不在修福。"

【语译】

韦刺史说："和尚所说的法，岂不是达摩祖师的宗旨吗？"

大师说："是的。"

韦刺史说："弟子听说达摩祖师当年化导梁武帝时，梁武帝问：'朕一生建造寺庙，敕度僧人，布施财物，广设斋会，有什么功德？'达摩祖师说：'其实并没什么功德。'弟子不明白这个道理，希望和尚为我解说。"

大师说："实在没有什么功德，不要怀疑先圣的话。梁武帝心存邪见，不知道佛法的正见。建造寺庙，敕度僧人，布施设斋，这只是在求有漏的人天福报，不可将福报当作功德。功德存在于法身之中，而不是在修福的事相上去求。"

【解读】

韦刺史就问道："听说达摩祖师最初度化梁武帝的时候，梁武帝问达摩祖师：'我这一生造了那么多寺庙，敕度那么多僧人，布施了那么多，我这样有没有功德呢？'达摩大师却说：'你没有功德。'我不明白为什么达摩祖师这么说。"

我们都知道，佛家吃素、吃斋饭，就是从梁武帝开始的。梁武帝又被称为"皇帝菩萨"，当时是南朝，首都在现在的南京。南朝又分为四个时代——宋、齐、梁、陈，梁武帝就处于梁这个时代。

但是达摩大师却说他没有功德。慧能大师解释说：梁武帝所做的这些只是"福德"，不是"功德"。所谓"福德"，就是要"求福报"。我们现代人很多人学佛，都是为了"求福报"，都是功利的，这个"福"其实也是一种名相，有形的东西，"不可将福便为功德"。

"功德在法身中，不在修福"，这里出现一个词——"法身"。佛有三身，我们所有人都有三身：法身、报身、化身。"化身"也叫"应身"，"法身"是佛的真身。关于这"三身"，后面会专门讲到。

自己得法，明白自性，这就是最大的"功德"，而不完全在于外在做多少好事。如果做了很多好事，但是不明白自性本来清净，那还是没有入门。后面一段是关键，解说什么是"功德"。

师又曰:"见性是功,平等是德。念念无滞,常见本性,真实妙用,名为功德。内心谦下是功,外行于礼是德。自性建立万法是功,心体离念是德。不离自性是功,应用无染是德。若觅功德法身,但依此作,是真功德。若修功德之人,心即不轻,常行普敬。心常轻人,吾我不断,即自无功,自性虚妄不实,即自无德。为吾我自大,常轻一切故。善知识!念念无间是功,心行平直是德。自修性是功,自修身是德。善知识!功德须自性内见,不是布施供养之所求也,是以福德与功德别。武帝不识其理,非我祖师有过。"

【语译】

大师又说:"能认识自性就是功,能等视一切众生就是德。念念之间没有滞碍,常能见到真如本性的真实妙用,这就叫作功德。内心谦虚卑下即是功,外面依礼而行即是德;从真如自性中建立万法即是功,心体远离一切妄念即是德;念念不离自性即是功,应用万端而不染着即是德。如果要寻求功德法身,只要这样去做,就是真正的功德。如果是修功德的人,心里不会轻慢他人,对一切众生都能平等、尊敬。如果心中总是轻慢他人,我执没有断除,自然没有功;自性虚妄不实,自然没有德。这是因为我执未除贡高我慢,常常轻视一切。善知识!念念不间断即是功,心行平直即是德。自修心性即是功,自修身行即是德。善知识!功德必须向内见到自性,而不是凭借布施供养所能求到的,所以福德与功德是不同的。梁武帝不懂得这个道理,并不是我们的祖师有过错。"

【解读】

这一段中将"功德"作了六次解释。什么是"功"?什么是"德"?

第一:"见性是功,平等是德",见到了自己的清净本性,这就是最大的功。"平等",我们刚才提到"三身",另外还有"四智",后面都会讲到。四智中有一智就是平等性智,万事万物没有差别,没有是非,没有善恶,这就是德。

第二次解释:"内心谦下是功,外行于礼是德",功,是内心的,谦虚居下,这是有功;而外在的行为很守礼仪,懂礼,这就是德。功是内在的,德是外在的。按照《易经》的说法,就是阴和阳,两者是一回事,阴阳不离。

第三次解释:"自性建立万法是功,心体离念是德",自性清净了,然后能显示万法,也就是对外事外物都能按照自性来做,比如遇到堵车的状况也能内心很平静地面对,这就叫功。然后心这个体能离开万念,保持清净,这就是德。

第四次解释:"不离自性是功,应用无染是德",任何时候不离自性就是功,应用自性的时候,在所有的事情、所有的念头上,都没有杂染,没有尘埃,没有受到外面世界的牵绊束缚,这就叫作德。如果按照这个来修行,这才叫真的功德。"若修功德之人,心即不轻,常行普敬。心常轻人,吾我不断,即自无功",这是说,我们心中常常容易轻慢别人,看不起别人,我执太重,这样即便做多少好事也还是无功。这样一来,自性虚妄不真实,就是无德。

第五次解释:"念念无间是功,心行平直是德",要放下所有的念头,不将任何一个念头停留在心中,这就是功。这样一来,我们内心是平静的,在行为上是正直的,这就是德。

《道德经》中对"道德"的解释是,道是大规律、大法则、大本体,道是隐的,好比是阴;道的外在表现就是德。德这个字是什么意思?怎样写?有人说是十四人一条心,这是错的,德不是这个意思。德的右半部分,其实最早是上面一个直,下面一个心,直心;左边的"彳"是小路,走在路上,就是从外在行为表现出来。所以德是会意字,就是"直心的外在行为表现"的意思。所以道一般是内在的,德一般是外在的;道是看不到摸不着的,德是看得见摸得着的;道是阴,德是阳。慧能大师讲的"功"就好比"道","德"就好比《道德经》的"德",是一回事。

第六次解释:"自修性是功,自修身是德":就是说不要求外在的东西,一定要在内心修炼。

梁武帝他不知道这个道理,这并非我们祖师的过错。

这是回答了第一个疑问:功德。

刺史又问曰:"弟子常见僧俗,念阿弥陀佛,愿生西方。请和尚说,得生彼否?愿为破疑。"

师言:"使君善听,慧能与说。世尊在舍卫城中,说西方引化,经文分明,去此不远。若论相说里数,有十万八千,即身中十恶八邪,便是说远。说远为其下根,说近为其上智。"

【语译】

韦刺史又问道:"弟子常见出家人和在家人称念阿弥陀佛名号,发愿往生西方极乐世界。请和尚解说:这样修行是否能往生西方极乐世界?希望和尚破除我心中的疑惑!"

大师说:"请韦史君用心听!我为你解说。世尊在舍卫城中,宣说西方极乐世界接引化度的经文,经中很清楚地说西方净土去此不远。若依相上说,西方距离我们娑婆世界有十万八千里,这个距离其实是指众生内心的十恶八邪,因为内心烦恼的障隔,所以众生离净土很遥远。说西方净土遥远,是为下等根性之人而说;说西方净土很近,是为上等根性之人而说。"

【解读】

接着刺史又提出第二个疑问:"弟子见到僧人和在家人都在念阿弥陀佛,希望往生西方极乐世界,师父请您说能往生到那里吗?希望您为我破除这个疑惑。"

慧能回答他说,"使君善听",我来和你解说怎样往生西方。"使君"就是指韦刺史,是对他的尊称;"世尊"就是释迦牟尼佛,这是佛陀十种尊名中的一种。

当年释迦牟尼佛在舍卫城中说法引化众生往生西方极乐世界,经文中说得很明确,西方净土其实不远。如果按照现实说距离有多少,那就有十万八千里。这个十万八千里,实际上是说,我们人内心中有十恶八邪,将我们身上的十恶八邪去除了,就到了西方。其实说远,说十万八千里,是对下等根器的人说的;说近,是对有上等智慧的大根器人而言。

"十恶",包括杀生、偷盗、邪淫、妄语,这其中最难戒的就是妄语。妄语又分为四种:一是妄言,就是说假话、虚妄的话;二是两舌,两个舌头,就是两面三刀的话,这里说一套那里说一套,故意挑拨离间;三是恶口,就是说伤害人的话,也许自己无意中就会说出一些伤害人的话,这个最伤人,叫作"良言一句三冬暖,恶语伤人六月寒";四是绮语,就是花言巧语。以上七恶,再加上贪、嗔、痴(贪婪、嗔怒、痴愚),就是十恶。对应的十善,就是不杀生、不偷盗、不邪淫、不妄言、不两舌、不恶口、不绮语、不贪、不嗔、不痴。所以我们要把这"十恶"去掉。

"八千",就是指"八邪",就是八正道的反面。八正道是:正见、正思维、正语、正业、正命、正方便(也叫正精进)、正念、正定。与其相对的八邪为:邪见、邪思维、邪语、邪业、邪命、邪方便、邪念、邪定。那么什么是正,什么是邪?很简单,符合佛法的就是正,也就是能够见性。

去掉十恶和八邪,就到西方极乐世界了,可近可远。大根器的人当下开悟,确实很近;我们一般人需要一个一个地破除,甚至有时还破除不了,就是远。

人有两种，法无两般，迷悟有殊，见有迟疾。迷人念佛求生于彼；悟人自净其心。所以佛言：随其心净即佛土净。

使君东方人，但心净即无罪。虽西方人，心不净亦有愆。东方人造罪，念佛求生西方；西方人造罪，念佛求生何国？

【语译】

人的根性虽有利钝两种，但佛法并没有两样，众生有迷和悟的差别，所以见性就有迟速的不同。执迷的人着相念佛求生西方净土，觉悟的人只求净化自心，所以佛说："随着自心清净，自然佛土清净。"

使君你是东方人，只要心地清净，就没有罪业；反过来说，即使是西方人，如果心不清净，一样有罪过。东方人造了罪业，念佛求生到西方极乐世界；那么西方人造了罪，要念佛求生到那一个国土去呢？

【解读】

人有两种，一种迷、一种悟，而佛法却没有分别，"殊"就是区别。只是因为人或处在迷，或处在悟，见性就有快有慢。我们一般迷人要求佛到西方去，而开悟的人到自己的心中找极乐世界。所以佛说："如果你内心清净，就是到了佛国净土，到了西方极乐世界。"

韦刺史你是东方人，如果你的心清净，也就没有罪过，那就是到西方极乐世界了。而对于西方人来说，如果他的心不清净，也一样有罪过，就到不了真正的西方极乐世界。东方人有罪过，念佛祈求往生西方极乐世界；那么西方人有了罪过，要念佛祈求到什么地方呢？所以说，这里的西方不是一个空间概念，而是指当下的觉悟，开悟就在西方，愚迷就在东方。

凡愚不了自性，不识身中净土，愿东愿西，悟人在处一般。所以佛言：随所住处恒安乐。使君心地但无不善，西方去此不遥。若怀不善之心，念佛往生难到。今劝善知识：先除十恶，即行十万；后除八邪，乃过八千。念念见性，常行平直，到如弹指，便睹弥陀。

【语译】

凡夫愚人不能了悟自性，不认识净土本在自己身心之中，于是发愿往生东方或西方，觉悟的人到哪里都是净土。所以佛说："随身所住之处常得安乐。"使君只要心地没有不善,西方极乐世界就离自己不远;如果心地不善,念佛希求往生也难以到达。现在我劝各位善知识:首先除去身心中的十恶,这就等于行了十万里;然后再除去八邪,就又走了八千里。念念都能见到自己的本性,常常保持行为正直,那么到达西方净土就像弹指般快速,就能够见到阿弥陀佛了。

【解读】

愚迷的人是不了悟自性的,没有认识到净土就在自己身心之中,有的愿往东方,有的愿往西方。开悟的人在东方或西方都一样,都是一回事。所以佛陀说:"随缘吧,不要执着,这样就会心中恒久地安乐。"有一副对联:"去留无意,漫随天外云卷云舒;宠辱莫惊,闲看庭前花开花落。"再如这首诗:"春有百花秋有月,夏有凉风冬有雪,若无闲事挂心头,便是人间好时节。"后人将这首诗里的"闲事"改为"是非","若无是非挂心头,便是人间好时节"。随缘,永远快乐。

武汉的归元寺有一副对联:"想了便做,做了便放下,了了有何不了;慧生于觉,觉生于自在,生生还是无生。"上联讲一个人的处事态度,想到该做什么就马上去做,做了以后就放下不再住心。下联讲觉悟了就生大智慧,而你要自在、心量广大,犹如虚空遍周法界,才能觉悟。我们看到万事万物是生而又生,可最终是无生的、寂静的。这是讲随缘恒安乐。"了了",有两个意思,一个是了解、明白,一个是完了,这两个理解都可以。好就是了,了就是好,若要了便是好,若不了便不好。这正如《红楼梦》中的《好了歌》所说的:

世人都晓神仙好,惟有功名忘不了!
古今将相在何方?荒冢一堆草没了。
世人都晓神仙好,只有金银忘不了!
终朝只恨聚无多,及到多时眼闭了。
世人都晓神仙好,只有娇妻忘不了!
君生日日说恩情,君死又随人去了。
世人都晓神仙好,只有儿孙忘不了!
痴心父母古来多,孝顺儿孙谁见了?

"念念见性",每一个念头、每一个时刻,都要反观自性,按照平常心正直做事,那么当下就能见到阿弥陀佛了。其实阿弥陀佛不在眼前，就在自身，自己就是阿弥陀佛。

关于这段内容，曾经有人请教过虚云老和尚，觉得六祖在这里说的话，跟净土宗提倡的发愿往生是不是有冲突。其实是没有的。我们看虚云老和尚是怎么回答的。

来书云：《坛经》说东方人造罪求生西方等语，与莲宗有无冲突一节。如今不说冲突与不冲突，试问自己疑他做甚么？若疑诸佛菩萨说法有冲突，岂能垂教万古？实在自己不能体会经义，若悟第一义，则无开口处。说个明心见性，已属方便，岂有冲突之理？至此业已答复。若不会，且看世尊唤阿难托钵去。

若依座主见解，不免依文解义。盖当时六祖为韦刺史说世尊在舍卫国城中说西方引化经文，分明去此不远，若论相说，数有十万八千，即身中十恶八邪便是等语。六祖言世尊在舍卫城西方引化经文，可知已明白净士法门，断无故违佛说。不过他随缘说法，叫人了自性，识身中净土，不可愿东愿西，向外驰求，应随其心净，即佛土净。后再曰人有两种，法无两般，即《法华经》所谓惟此一事实，余二即非真也。所以当时得旨嗣法者四十三人，宏化天下，至今五灯灿耀，岂徒然哉？你我自惭，不能领会玄旨，不是祖师有过。

夫上天下雨，无私润于枯林；佛愿虽广，难度无缘。阿难为佛侍者，多闻第一，上有父为国王，已不富而自贵，兄为世尊，有吾不自修不能成佛之感。是知大地众生，虽有佛性，要随顺修行。譬如金在矿里，须经锻炼，方得受用也。

再考我佛在天竺说西方，华夏之人，便指天竺为西方。菩萨说法无法，令人背尘合觉，而众生知见，多是背觉合尘，不能随处解脱。喻如劝人不可心外觅佛，其人便执心为佛，岂知法尚应舍，何况非法？

弥陀经云：若人念佛七日一心不乱，弥陀便来接引。一心不乱者，即是离念也，能做到离念功夫，何处不是净土？故《坛经》云：悟人在处一般，佛言随所住处恒安乐，此之谓也。今劝善知识先除十恶，即行十万；后舍八邪，乃过八千。念念见性，常行平直，到如弹指，便觐弥陀。及夫见了弥陀，又不生欢喜之心，则无时不在净土。若在净土，又无人我众生寿者四相，则是真实菩萨。到那时不管东西南北，无不自在矣。

专复断惑。

使君但行十善，何须更愿往生？不断十恶之心，何佛即来迎请？若悟无生顿法，见西方只在刹那；不悟念佛求生，路遥如何得达？慧能与诸人移西方于刹那间，目前便见，各愿见否？

众皆顶礼云："若此处见，何须更愿往生？愿和尚慈悲，便现西方，普令得见。"

【语译】

只要使君你能常行十善，又何须更求往生呢？如果不断除造十恶的心，有哪一尊佛会来迎接你往生净土呢？如果能了悟无生无灭的顿教法门，要见西方净土只在刹那之间；不能了悟而念佛求愿往生，西方路途遥远又如何能够抵达？我为各位在一刹那间把西方移到这里来，当下便得见，你们愿意一见西方净土吗？

大众一起向大师顶礼说："如果在这里就能够见到西方净土，又何必另求往生西方呢？希望和尚慈悲，为我等方便示现西方净土，让大众都能看见！"

【解读】

《坛经》中的韦刺史是一名官员，他不是出家人，从这里我们可以看出，《坛经》就是为老百姓尤其是为做官的人开示的。韦刺史提出疑问，慧能大师就告诉他："使君你按照这十善来做就好，何必要往生呢？""往"就是去，"往生"是指到西方极乐世界莲花化生，在西方极乐世界的莲花中生出来。其实不是说人死了才到西方极乐世界，何须到那个时候呢？当下就可以往生，就可以到西方极乐世界，这就要行十善断十恶。如果十恶之心没有灭绝的话，又有什么佛来引接你往生呢？开悟的人，西方刹那便在眼前；不悟的话，念佛求往生路途遥远，如何能到达呢？我现在把西方引到你们的眼前，当下就能看到西方，你们都希望见到吗？

众人都向慧能大师顶礼膜拜，说："如果能在这里见到西方极乐世界，还哪里需要再发愿往生西方呢？希望大师慈悲，这就显现出西方极乐世界，让我们大家都看到。"

师言："大众！世人自色身是城，眼耳鼻舌是门。外有五门，内有意门。心是地，性是王。王居心地上，性在王在，性去王无。性在身心存，性去身心坏。佛向性中作，莫向身外求。自性迷即是众生，自性觉即是佛。慈悲即是观音，喜舍名为势至。能净即释迦，平直即弥陀。

人我是须弥，邪心是海水，烦恼是波浪，毒害是恶龙，虚妄是鬼神，尘劳是鱼鳖，贪嗔是地狱，愚痴是畜生。"

【语译】

慧能大师说："各位！世间的人，自己的色身就如同一座城，眼、耳、鼻、舌诸根好比是城门。外面有五座门，里面有一座意门。心就是土地，性就是国王。性王就住在心地上，自性不离心地，国王就存在；自性离开了心地，国王也就不存在。所以自性若在，则身心俱存；性若离，则身心俱坏。做佛须向自性中求，切莫向身外求。自性若迷就是众生，自性若觉就是佛。心存慈悲，自身就是观音菩萨；能够喜舍，自身就是大势至菩萨。能净化身心，自身就是释迦牟尼佛；心地正直，自身就是阿弥陀佛。

心中区分人我，就是为自己设了一座阻碍正道的须弥山；心里起了贪欲邪念，就是波涛汹涌的大海之水；无名烦恼，就是翻滚的波浪；心存毒害，就是凶猛的恶龙；心地虚伪狂妄，就是扰人的鬼神；常在尘劳中奔波，就如同鱼鳖；贪嗔炽然，就等于自造地狱；愚痴不化，就等于无知的畜生。"

【解读】

慧能大师实际上是把佛教说的出世法引到了眼前。我们每一个人自己的色身（也就是肉身），就好比一个城堡，而这个城堡必须有门，外面有眼、耳、鼻、舌、身这五扇门，里面有意门。

我们的心就是大地，性就是国王，这里的性跟心要注意区别。之前我们讲了五法：相、名、妄想（妄想心，也叫分别心）、正智（正智心）、如如，第三法、第四法都是心，所以心的国土上有善人，有恶人，有各种各样的人。我们需要修心，也就是为善去恶，这样就能见到国王，见到心中的自性。国王居住在心地上，作为最高的本体，性在王在，性就是王，性去王就没有了，国家也就坍塌了。性在身心存，如果性去，心和身都会毁坏。所以性是主导的，学佛就必须向内求自己的性，不要再向身外求别的东西了。

下面这一段说得太好了。各种佛其实是立了一个外相、一尊泥菩萨。所以我们求佛、求菩萨保佑，真能保佑吗？佛是什么？是"干屎橛"（大便后用来擦屁股的东西），是"麻三斤"（三斤芝麻），这是后世禅宗说的，这叫呵佛骂祖，是禅宗的做法。

禅宗后来分为五个宗派，其中实力最强的是临济宗，通常北方是临济宗，这些宗派都是呵佛骂祖。为什么要这样做？是不是真的骂佛？其实不是，是要破除世人的邪见。所以禅宗的本意就是不要求外在的东西，而是求内在的。释迦牟尼佛就是自己内心能净，观音就是自己要慈悲，因此，不要受那些佛像的迷惑，要破除它，要自己向内求。

之前我们讲过三圣，西方三圣又称阿弥陀三尊，中间是弥陀（阿弥陀佛），所以我们平时念阿弥陀佛是特别带有敬意的，净土宗就是讲念阿弥陀佛可以成佛。左边是观世音菩萨，右边是大势至菩萨。阿弥陀佛就是要让我们平直。

佛教中有四大菩萨：文殊菩萨、普贤菩萨、观音菩萨、大势至菩萨，后来到了中国，我们中国人就把地藏菩萨替代大势至菩萨。这里慧能解释大势至菩萨就是"喜舍"，喜欢施舍。比如我们需要合作伙伴，或者找对象，有一个判断的标准，就是跟他待在一起是不是舒服，当然舒服还是表层的感觉，还要提升——欢喜，这种人一般是不自私的，懂得舍。这才是大势至菩萨的本意。

我们再讲一下，地藏菩萨的坐骑叫"谛听"，是一头神犬，地藏菩萨发大愿："地狱不空，誓不成佛！"谛听就忠实地跟着地藏菩萨，象征大的愿力。观音菩萨的坐骑是犼，天安门城楼前华表上的两只面南而坐的石像就是犼，龙王之子，像龙一样，又称为朝天吼。

文殊菩萨、普贤菩萨属于华严三圣，中间是释迦牟尼佛。左边的文殊菩萨代表智慧，骑着青狮。这青狮也是一种象征，狮子一吼，就打破思维的惯性，让我们当下开悟，获得智慧。右边是普贤菩萨，骑着白象。白象非常庞大，代表一种大势大行，稳重的实践。白象的六颗牙齿代表布施、持戒、忍辱、精进、禅定、般若这六波罗蜜。

如果有"别人"与"自己"区别对待的分别心，就好比心中立起一座高山——须弥山，而内心生起的邪念就好比无尽的大海。有高山、有海水，就有艰难险阻、有痛苦。烦恼就是大海里层层涌动的波浪，心中歹毒害人的念头就是海中出现的恶龙，无论是波浪还是恶龙，都会阻挡我们往生西方。而虚妄之心就好比是恶鬼，像尘埃一样扰乱心境。令人疲惫的杂念，就好比鱼鳖。这些也都是我们要扫除的邪念邪见。贪婪、嗔怒会让人身陷地狱,愚痴则会令人成为畜生。地狱和畜生都属于下三道。

"善知识!常行十善,天堂便至;除人我,须弥倒;去邪心,海水竭;烦恼无,波浪灭;毒害除,鱼龙绝。自心地上觉性如来,放大光明,外照六门清净,能破六欲诸天。自性内照,三毒即除,地狱等罪,一时消灭,内外明彻,不异西方。不作此修,如何到彼?"

大众闻说,了然见性。悉皆礼拜,俱叹善哉!唱言:"普愿法界众生,闻者一时悟解。"

【语译】

"善知识!经常行持十善,天堂便能现前;除去人我分别,须弥山即刻崩倒;息去贪欲心,海水便会枯竭;烦恼不生,波浪也就平息;忘却毒害之心,鱼龙便会绝迹。自心的真如觉性于是放大光明,外照六根门头清净无染,破除欲界六天的欲业。觉性光明内照,则能消除贪嗔痴三毒,地狱等罪业也顿时消灭。如此内外光明澄澈,当下便不异于清净的西方极乐净土。而倘若不这样修行,如何能到西方极乐世界呢?"

大家听了慧能大师的开示,皆了然见性,于是向六祖恭敬顶礼,同声赞叹说:"太好了!"又高唱道:"普愿法界一切众生,听闻的人都能立即觉悟。"

【解读】

慧能大师接着说:"善知识,各位善男子、善女人,如果按照这十善来做的话,那么你就到天堂了,就到西方了。如果除去人我的分别心,那么心中的那座须弥山就倒塌了,重回平等心。如果你去除了邪心,那么无尽的烦恼就会像海水一样枯竭消失。海水中的波浪泯灭,毒害也就消除,鱼龙也就灭绝,所有的烦扰都跟着消失了,自己心地上觉悟的如来佛性便放大光明、生大智慧。向外普照,让自己的眼耳鼻舌身意六根都清净,能破除欲界六重天;自性向内在自我观照,贪、嗔、痴三毒就能除掉,本来令人堕入地狱的罪业也即刻消除。从内到外整个人就明了、透彻了,这就是西方极乐世界。如果不按照这个来修行的话,怎么能到达彼岸呢?"

大家听了慧能大师所说的法后,都明了地识见了本性。众人向他礼拜致敬,非常赞叹,并且高声唱颂道:"希望世间的众生听到这佛法,都能够立刻悟解。"

师言:"善知识!若欲修行,在家亦得,不由在寺。在家能行,如东方人心善;在寺不修,如西方人心恶。但心清净,即是自性西方。"

韦公又问:"在家如何修行?愿为教授。"

师言:"吾与大众说《无相颂》,但依此修,常与吾同处无别。若不作此修,剃发出家,于道何益?颂曰:

心平何劳持戒?行直何用修禅?

恩则孝养父母,义则上下相怜。

让则尊卑和睦,忍则众恶无喧。

若能钻木出火,淤泥定生红莲。

苦口的是良药,逆耳必是忠言。

改过必生智慧,护短心内非贤。

日用常行饶益,成道非由施钱。

菩提只向心觅,何劳向外求玄。

听说依此修行,天堂只在目前。"

【语译】

大师说:"善知识!如果想要修行,在家也可以,不一定要出家住寺。在家人如果能够依法修行,就好像东方人心地善良;出家住寺倘若不能依法修行,就好像西方人心存恶念。只要能够清净自心,这便是自性的西方极乐世界。"

韦刺史又问:"那么在家如何修行呢?愿和尚慈悲教导!"

大师说:"我为大家说一首《无相颂》,只要依此修行,就好像与我同在一处;如果不这样修行,即使剃发出家,对于修道又有什么益处呢?偈颂说:

心平何劳持戒?行直何用修禅?

恩则孝养父母,义则上下相怜。

让则尊卑和睦,忍则众恶无喧。

若能钻木出火,淤泥定生红莲。

苦口的是良药,逆耳必是忠言。

改过必生智慧,护短心内非贤。

日用常行饶益,成道非由施钱。

菩提只向心觅,何劳向外求玄。

听说依此修行,天堂只在目前。"

【解读】

六祖慧能大师就说:"各位善知识,你如果想修行的话,在家也可以,不一定要到寺庙里。如果你在家能修行的话,那就好比东方人心善;如果你在寺庙里照样不能修行,那就好比西方人心里还有恶。只要心清净,就是到了西方。"

于是韦公又问了一个问题:"那在家如何修行呢?我希望听到您的教导。"

大师回答:"我和大家说一个《无相颂》,你们只要按照这个来修行,就好比跟我始终在一起。如果你们不按照这个来修行,那么,即使是剃发出家,也没有什么大的益处。"

下面来讲这个颂,话语非常直白,很容易理解。

"心平何劳持戒":佛家要求守戒律,普通百姓先要五戒,戒杀生、戒偷盗、戒邪淫、戒妄语,这些刚才都讲过,把它们戒了之后就是十善中的前四善,第五戒是戒饮酒。佛教还有很多戒律,如八关斋戒、菩萨斋戒等等。这句话的意思是说,如果你的心不平静,光守戒律也没用;如果你的心平静了,何必再守戒呢?

这句话是针对大善知识来说的,因为一般人根本做不到心平。对一般人而言,必须守戒律。守了戒律之后,把这戒律变成内心自然而然的觉悟。内心平静了,戒律就不再成为一种戒律,而是自然而然地去做,这才是最高的境界。

"行直何用修禅":行为正直,你就无须再修禅打坐。

现在有些人经常把"心平何劳持戒?行直何用修禅?"这两句话挂在嘴上,其实多半是为自己的放纵找理由,还拿六祖做挡箭牌。虚云老和尚说得好:"请问你的心已平直没有?有个月里嫦娥赤身露体抱着你,你能不动心吗?有人无理辱骂痛打你,你能不生嗔恨心吗?你能够不分别冤亲憎爱、人我是非吗?统统做到,才好开大口,否则不要说空话。"

还有一个就是济公和尚的话:"酒肉穿肠过,佛祖心中留。"这也被很多人拿来作为放纵口腹之欲的借口,成为可以肆意吃肉喝酒的"铁证"。实际上他们只知道有这两句,却不知道济公在后面还有两句:"世人若学我,如同进魔道。"如果你们这些凡夫俗子学我的行为的话,那就是进了魔道。

"恩则孝养父母,义则上下相怜":孝养父母,这就是有"恩"。"怜"就是爱,一般都是居上位的人怜爱下边的人，其实居下位的人对上边的人也要有怜爱之心，比如对上级，这才叫"义"。

"让则尊卑和睦，忍则众恶无喧"：能够谦让，才会和不同的人在一起都和睦相处；能忍辱，这样大家就不会生出恶来。

"若能钻木出火，淤泥定生红莲"：古人最早是钻木取火，很辛苦。如果能像钻木取火一样勤修，即使身处淤泥中，也能生出红莲来。红莲代表佛性。按照佛家的说法，现在这个社会叫末法时代，各种怪事都出现，这就好像淤泥。

"苦口的是良药，逆耳必是忠言"：这句话讲得非常直白，意思和我们最常说的"良药苦口，忠言逆耳"是一样的。如果别人苦苦地劝你，这对你是有益的；你听得不顺耳的那些话，肯定是忠言。当然，这个逆耳不是谩骂的话、侮辱的话。

"改过必生智慧，护短心内非贤"：你如果能改过，肯定能生智慧；如果护着自己的短处，那么肯定就心中不正，就不能成为一个贤人。《论语》中提到孔子最满意的弟子是颜回，他最厉害的地方就是"不贰过"，不会第二次犯同一个错误。

"日用常行饶益，成道非由施钱"：日常生活中要经常帮助他人，要想成道成佛，那不是光靠布施一些钱就能够达到的。"日用"就是日常生活，"饶益"就是给别人带来利益。

"菩提只向心觅，何劳向外求玄"：要想觉悟见性，只需向自己内心去寻找，又何必向外去求那些玄妙的东西呢？

"听说依此修行，天堂只在目前"：你要听我所说，并且按照我说的来做，那么天堂就在你眼前。

师复曰："善知识！总须依偈修行，见取自性，直成佛道。时不相待，众人且散，吾归曹溪。众若有疑，却来相问。"

时，刺史、官僚、在会善男信女，各得开悟，信受奉行。

【语译】

慧能大师又说："善知识！各位须要依此偈颂来修行，见取真如自性，直截了当成就佛道。时不我待，此一会暂且散去，我要回曹溪了，大家如果有疑问，就到曹溪来问我。"

当时,韦刺史、各官员以及所有善男信女,各自都心开意解,有所领悟,并且信受不疑,决心奉行。

【解读】

慧能大师又说,各位善知识,你们一定要依照这个偈颂来修行,明了自性,就能成佛。修行佛法不要有所延误,各位都散去吧,各自回家吧,我要回到曹溪山去了。如果还有疑问的话,你们再来问我。

当时,韦刺史、其他官员、在会的善男信女,各自都有所开悟,都十分信奉慧能大师讲授的佛法,并且按照佛法来做事。

定慧品第四

第四品是《定慧品》，主要讲"定"和"慧"，其实这两者是不二的。曹溪的修行法门是以定慧为本，而定慧是一体的：定是慧体，慧是定用。即慧之时，定在慧；即定之时，慧在定。同时，此修行法门是以无念为宗、无相为体、无住为本。

师示众云："善知识！我此法门，以定慧为本。大众勿迷，言定慧别，定慧一体，不是二。定是慧体，慧是定用，即慧之时定在慧，即定之时慧在定。若识此义，即是定慧等学。诸学道人，莫言先定发慧、先慧发定各别。作此见者，法有二相。口说善语，心中不善，空有定慧，定慧不等。若心口俱善，内外一如，定慧即等。自悟修行，不在于诤；若诤先后，即同迷人。不断胜负，却增我法，不离四相。"

【语译】

慧能大师对大众开示说："善知识！我这个法门，以定慧为根本。大家不要愚迷，认为定慧有别。定和慧是一体的，不是两个。定是慧的体，慧是定的用。在发慧的时候，定就在慧中；在入定的时候，慧也就在定中。如果明白这个道理，就是定慧均等修持。诸位修学佛道的人，不要说'先定才能发慧，或先慧才能入定'这种分别的话。持这种见解的人，对法仍有二相之别。口中虽说着善语，心中却不存善念，徒然有定和慧的名称，实际上却不能定慧等持。如果心与口都是善的，内与外都是一如，定和慧就能均等了。自己觉悟修持，不在于诤辩；如果争论先后，那就和痴迷的人一样。如果不能断除胜负之心，只是增长我执和法执，则不能远离对我相、人相、众生相、寿者相这四相的执着。"

【解读】

慧能大师告知众人，我这个法门，是以"定""慧"为根本。前面还有一个

"戒","戒定慧"是三学,分别对治贪嗔痴三毒。我们世人的一切苦,都来源于这三毒。这一品专门讲定和慧。

你们各位不要迷失了,说定慧是分开的。其实定慧是一体的,不是两个。只要是二,把什么东西分别开来,看成是两个,这就是还没有得法。其实,这还是有所区别的,但不是一刀两断,是你中有我、我中有你。定和慧是体用关系:"体"就是本体,"用"就是作用,体用是不二的。

"体用"这个词语在中国哲学里至关重要。我们中国人的思维方式,体用一般是和在一起的。而且中国文化是重用轻体,西方文化是重体轻用,这是中西方文化最大的特点。

举个例子:肝、心、脾、肺、肾五脏,在西医看来就是一个个脏器本体,特别重视这个本体,每一个脏器的结构都研究得清清楚楚。西方的科学就是这样,把任何一个东西都分析到分子结构。用是在体的基础上产生的,西医的解剖学重视物质的结构,把结构研究清楚,然后看它的作用。中国人更重视作用,中医讲的肝、心、脾、肺、肾,就是五大作用,五大功能系统,不是一定要限制在那个体。比如,中医讲心主思维,这个心就不是单纯指心脏,还包括大脑,就是把相同作用的东西放在一起,归纳成五种。

定和慧,定是慧的本体,慧是定的作用。开智慧,就觉悟了,就找到自性了,这要在定的基础上才能生成,定就是禅定。定和慧,是你中有我,我中有你的。要是有智慧,那定就在慧当中;你要是禅定了,慧就在定当中,这两个是不可分离的。

戒定慧三学,其实是一个过程,先要戒,是指行为的戒,要守戒律;光有行为还不行,第二步是定,心要定住,禅定;定了之后,就可以开大智慧。

六祖慧能这里的意思,不一定非要打坐,只要静下来,回归本来清净的本体,就是大智慧,所以定当中就有慧,慧当中就有定,这两个是不二的。

"若识此义"，如果你们懂得了这个意思，那么定慧是相等的。你们各位学道的人，不要说先要定，然后再发出大智慧，或者说先要用智慧，然后再发出定，认为它们有区别。如果你们是这么想的话，那就把这个佛法看成是两个东西了。

如果口里说善，但是心中不善，行为也不善，那还是不善，只是空有定慧，把它分开了。如果做到"心口俱善，内外一如"，那么定慧也就成为一体。

自己内心开悟了之后再去修行，不要在名相上争论谁先谁后。如果要区别先后，那就还是在愚迷之中，没有开悟。不停地去争胜负高下，说明还是太执着了，还是处于四相之中，就是《金刚经》中讲的四相：我相、人相、众生相、寿者相。

善知识！定慧犹如何等？犹如灯光。有灯即光，无灯即暗，灯是光之体，光是灯之用。名虽有二，体本同一。此定慧法，亦复如是。

【语译】

善知识！定慧就像什么呢？就像灯和光，有了灯就有光明，没有灯就黑暗。灯是光的体，光是灯的用。名称虽然是两个，体性本来是同一个。定和慧也是如此。

【解读】

这里打了个比喻，定慧好像灯光，有灯就有光，没有灯就没有光，就黑暗了。所以灯好比是体，光好比是用，体用不二。定和慧就好比是灯和光的关系，定就好比是灯，慧就好比是光，灯光是一回事，这就是定慧的法门。

师示众云："善知识！一行三昧者，于一切处行住坐卧，常行一直心是也。《净名经》云：'直心是道场，直心是净土。'莫心行谄曲，口但说直，口说一行三昧，不行直心。但行直心，于一切法勿有执著。迷人著法相，执一行三昧，直言坐不动，妄不起心，即是一行三昧。作此解者，即同无情，却是障道因缘。"

【语译】

慧能大师对大众开示说："善知识！所谓一行三昧，就是能在一切处，无论行住坐卧都能心行正直。《净名经》中说：'直心就是道场，直心就是净土。'不要内心谄媚邪曲，只在嘴上说正直，说一行三昧，却心行不直。要心行正直，不要在一切法上有所执着。愚迷的人执着于法相，执着于一行三昧，开口便说静坐不动，不起妄想杂念,这就是一行三昧。有这种见解的人,就如同没有情识的木石一样,这正是妨碍修道的因缘。"

【解读】

"一行三昧","三昧"是正定,达到一个虚静的、禅定的境界,也叫"三摩地"。

这里解释"一行三昧",就是日常生活中无论何时何地,也无论做什么,都要按照本心来做。行住坐卧即是修行,不一定非要盘腿而坐才是修行。当然对一般人来说,盘腿而坐非常好,这就要根据个人根器不同来定。但是,盘腿而坐只是一个相,不要把这当作禅定,行住坐卧也都可以入定。这就是布袋和尚说的:"行也布袋,坐也布袋,放下布袋,轻松自在。"布袋和尚就是我们中国人说的弥勒佛。

禅就是直心、平常心、平等心、本来清净的心。但是入世的事还要做,而且要一心一意地做,以禅定的心来做,不要有杂念。在其职谋其事,这也是一种禅定。

《净名经》这部经典就是《维摩诘经》,维摩诘是一位菩萨,"维摩诘"是音译,意译就是"净名"。《维摩诘经》中有一句话非常有名——"直心是道场",不要再专门找一个修炼佛道的道场,有一颗平直的心就是修行的道场,就是西方极乐世界。

不要只是在口中说平直、说禅定,而内心和行动上却谄媚邪曲,这一点是要不得的。要行平直心,在一切事物中都不执着。执迷的人是执着于那些实在的事物的,执着于一行三昧,将一行三昧直接理解为只是一直盘坐不动,心中不生起妄念。如果是这样理解的人,就像那些无情的草木一般,这实际上是妨碍修道的因缘。

"善知识!道须通流,何以却滞?心不住法,道即通流。心若住法,名为自缚。若言常坐不动是,只如舍利弗宴坐林中,却被维摩诘诃。

善知识!又有人教坐,看心观静,不动不起,从此置功。迷人不会,便执成颠,如此者众。如是相教,故知大错。"

【语译】

"善知识!道本要通流,为何反生滞碍呢?心不滞碍于法相,道就能通流。心若执着于法相,那就叫作茧自缚。如果说常坐不动就是一行三昧的话,舍利弗在林中静坐,却遭到维摩诘的呵斥。善知识!还有人教人静坐,看住心、观想静,身体不动、心念不起,从这里下功夫。愚迷之人不懂修行大意,便在这上面执着颠倒,像这样的人很多。如此这般教导别人,乃是极大的错误。"

【解读】

"道"就是得道、得法,是通畅的、没有阻滞的,无论做任何事情,其中自然而然就有道。"心不住法",也就是要放下,不要住心,要有广大虚空之心。如果停留在法上并执着于它,这就是自己束缚自己。如果说禅定就是坐着不动,就好像当年舍利弗在树林中静坐不动却被维摩诘大声呵斥:"只是坐在这个地方你能成佛吗?"真正的禅定,是在日常生活中去体会。

各位善知识,有的人教人怎么打坐,要人内观自心的静,不要起心动念,这样才能修功德。愚迷的人不懂这其中的道理,所以就对这种静坐的方法很执着,有的甚至到了痴癫的程度。像这样执迷的人有很多。这样的教导,是大错特错非常不可取的。

师示众云:"善知识!本来正教,无有顿渐,人性自有利钝。迷人渐修,悟人顿契,自识本心,自见本性,即无差别。所以立顿渐之假名。"

【语译】

慧能大师对大众开示说:"善知识!正教本来没有顿渐的分别,只因人的根性有利钝。愚迷的人渐次修行,觉悟的人顿然契悟。如果能够识得自己的本心,见到自己的本性,就没有差别了。因此,立有'顿''渐'的假名。"

【解读】

大师又开示大众说,各位善知识,本来真正的佛法是没有顿和渐的区别的。可是人的根器是有区别的,有的钝些,有的利些。愚迷之人要一点一点地修行,而觉悟的人顿时就契合本心了。但是无论愚人还是悟人,最后都能够知道自己的本心,见到自己的本性,二者其实并没有什么差别。因此,只是根据人的根性不同,立下了"顿悟"和"渐悟"的假名而已,佛法其实只有一个。

善知识!我此法门,从上以来,先立无念为宗,无相为体,无住为本。无相者,于相而离相;无念者,于念而无念;无住者,人之本性。于世间善恶好丑,乃至冤之与亲,言语触刺欺争之时,并将为空,不思酬害。念念之中,不思前境。若前念今念后念，念念相续不断，名为系缚。于诸法上，念念不住，即无缚也。此是以无住为本。

【语译】

善知识！我这个法门，从上祖师以来，先立"无念"为宗、"无相"为体、"无住"为本。所谓"无相"，就是处一切相而离一切相；所谓"无念"，就是虽念而不执着于念；所谓"无住"，就是我人的本来自性。对于世间的善恶好丑，乃至冤家至亲，言语冒犯讽刺或欺凌纷争的时候，都一概视为空相，不做酬答或报复的种种反应。念念之中，都不再寻思过去的境界。如果前念、今念、后念，念念相续，不能断绝，这就叫作系缚。在一切法上，念念不住着，这样就没有系缚。这即是以无住为本。

【解读】

这三个"无"，就是禅宗见性的法宝。慧能大师说，从我的师祖，一直传到我。"无念为宗，无相为体，无住为本"，其实这三个是一回事。字面解释就是：无念是宗旨，无相是本体，无住是本性。在具体做法上就是无住，就是让慧能大师开悟的"应无所住，而生其心"。

我们先来看无相，相有无相、事相，是我们人呈现出来的各种相，所以无相不是没有相，而是不要停留在相上，要出离这个相。无念，就是我们时时刻刻都会有念头，但是根本是无住，不要停留在那里，念头来了就来了，去了就去了，最重要的是回到正念上，再进一步将正念也空掉。所以一切要以无住为本，无住就是人的自性。在世间，有善有恶有好有丑，有冤家有亲友，有好言相劝有恶语相争，要把这些各种各样的相都当作空的东西，好的坏的，都不要去回报。

这里有一个寒山与拾得的故事，这两位大师是佛教史上著名的诗僧。寒山问曰："世间谤我、欺我、辱我、笑我、轻我、贱我、恶我、骗我，该如何处治乎？"拾得答曰："只是忍他、让他、由他、避他、耐他、敬他、不要理他，再待几年，你且看他。"所以不要急着去回报。

"念念之中，不思前境"，一个个念头来了，就不要追着前一个念头不放。前念、今念、后念，一个个念头是相互连续、不间断的，如果还停留在这个念头上，这就是被束缚了，所以好多事情都想不开。要在各种法相之中，每一个念头都不停留，不执着，这就是无住。所以，只有在无住的基础上才能达到无念和无相。

　　善知识！外离一切相，名为无相。能离于相，则法体清净。此是以无相为体。

　　善知识！于诸境上，心不染，曰无念。于自念上，常离诸境，不于境上生心。若只百物不思，念尽除却，一念绝即死，别处受生，是为大错，学道者思之！若不识法意，自错犹可，更误他人；自迷不见，又谤佛经。所以立无念为宗。

　　善知识！云何立无念为宗？只缘口说见性迷人，于境上有念，念上便起邪见。一切尘劳妄想，从此而生。自性本无一法可得，若有所得，妄说祸福，即是尘劳邪见。故此法门立无念为宗。

【语译】

　　善知识！外离一切相，这就叫作无相。能离于一切相，则法体自然清净。这就是以无相为体。

　　善知识！在一切外境上，心如果能不染着，就叫作无念。在自己的心念上，要常远离一切外境，不要在境界上起心动念。但是如果执着于什么也不想，把念头全部断绝，一念断绝就死，这样还是要到别处去受生轮回，乃是极大的错误。学道的人应该认真思考！如果不了知佛法大意，自己错了便罢了，又再误导他人；自己愚迷不见自性，还要毁谤佛经。所以要建立无念为宗。

　　善知识！为什么要立无念为宗呢？只因为那些口头说见性而心犹执迷的人，在外境上仍有所念，有所念便起邪见，一切尘劳妄想从此产生。自性本无一法可得，如果认为有所得而妄说祸福，这就是尘劳邪见。所以这个法门立无念为宗。

【解读】

　　刚才讲过，"无相"就是离开各种外相。当你从外相中抽离出来的时候，你的自性法体也就回归清净的本来面目。这就是在解释"无相为体"。

　　"无念"就是不住念，在各种外境——色声香味触法六境中，不受浸染。怎样是染？以声为例，音乐的力量很大，比如歌曲《在那东山顶上》，音乐中蕴含的那种空灵缥缈的意境，人们听了之后心中自然会清净；而一些靡靡之音，人听了之后就乱了本性，停留、执着于那些邪念上，然后一个个邪念接连不断地产生。所以不要跟着它去，这就是不染，就是"无念"。

　　在自己的心念上，要常常离开各种外在的情境，不在这些外境上生起心念。

但如果只是什么都不想,什么念头都灭尽,那就是死。如果认为还可以到别的地方去受生,这也是大错特错。学道的人要注意这一点,要好好思考。否则自己不懂正法,因愚执迷失也就罢了,偏要再去误导别人。更有甚者,自己迷执不见自性,还将佛经的讲说也否定。所以,立无念为宗很重要。

接着,慧能进一步解释立无念为宗的重要性。愚迷的人往往自称见到了本性,但其实大多在外境上会起心念,起了一个念头之后又执着于这个念头,并和相关外境联系起来,就产生了邪见,一切让身心疲惫痛苦的烦恼妄想就此产生。而自我的本性本来是没有的,不是通过某一个具体的方法所能获得的,自性来了就来,去了就去,不要住念。你如果偶然有所收获,就妄自声称这是祸或者是福,这是俗世的邪见。所以我讲的这个法门是立无念为宗旨。

善知识!无者,无何事?念者,念何物?无者,无二相,无诸尘劳之心。念者,念真如本性,真如即是念之体,念即是真如之用。真如自性起念,非眼耳鼻舌能念。真如有性,所以起念。真如若无,眼耳色声当时即坏。

静听松风图

【语译】

善知识!所谓"无",无的是什么事呢?所谓"念",念的是什么东西呢?所谓"无",就是无分别相,无一切妄见尘劳的心;所谓"念",就是念真如本性。真如是念的体,念是真如的用。真如自性能起念,不是眼耳鼻舌等器官能念。真如本有自性,所以能随缘起念。真如如果不存在,眼色耳声当下就会消失散坏。

【解读】

各位善知识,这"无念"中的"无"是无什么事?"念"又是念什么东西?其实,"无"在这里是指没有二相,实际上就是一个相,叫作真相、实相。实相就是真如,是空,是无相,没有各种尘世的烦恼之心。念,就念真如本性,这才是正念,不要停留在邪念上。真如是念的本体,念是真如佛性的效用体现,体用不二。

这里我还要补充一下。前面一品讲到了十善和十恶,还有八邪和八正道。其中八正道为:正见、正思维、正语、正业、正命、正精进、正念、正定。

首先是"正见",正确的见解。什么是正确的见解呢?是符合佛法的那些知见,就是符合释迦牟尼佛当时(十二月初八)悟道的那些见解。

"正思",要正确地思维。

"正语",按照正见来说话,也就是悟到四圣谛、三法印。四圣谛指的是苦、集、灭、道。三法印指的是诸行无常、诸法无我、涅槃寂静。

"正业",业就是行为,即正确的行为。

"正命",就是指过符合佛教教义与戒律的生活,远离五种"邪命利养"。所谓邪命利养,就是指以各种不符合佛教教义的歪门邪道,或是通过各种不正当手段来获取利益,以维持生活。佛经中说有五种邪命利养:

一、诈现奇特异相。指违反佛教教义教理,以种种奇形怪相使世人产生敬畏之心,从而获取利养。

二、夸耀自己的功德。指妄逞口舌之利,到处炫耀自己,以使别人对自己产生敬仰羡慕之心,从中获取利养。

三、为人占相,妄言吉凶,以此为活命之手段。

四、高声现威。比如比丘在别人面前高声大语,显露威仪,令人心畏,以此设法获取利益。

五、说动人心。以花言巧语说动他人,从而获得利益。

"正精进",也叫"正方便",方便就是我们今天讲的方便。精进,就是要勇往直前,要按照四圣谛、三法印来做事,不要懈怠。

"正念",四圣谛、三法印才是正念。

"正定",即正禅定,这样就能开大智慧了。

真如是在自性之中所起的念,而不是能用五官感知的,所以是顿悟。那么真如是有还是没有?我们要仔细琢磨,佛法是从不同的侧面反复讲说同一个东西。

真如讲的是涅槃,是不生不灭。本性不生不灭,不要争这一时的短长。空间上、时间上放大,那么什么事情都能想通了。如果没有这个真如佛性,那么眼耳鼻舌也是要坏掉的。

善知识！真如自性起念，六根虽有见闻觉知，不染万境，而真性常自在。故经云：能善分别诸法相，于第一义而不动。

【语译】

善知识！真如自性随缘起念时，六根虽然有见闻觉知，但是真如自性并不染着万境而恒常自在。所以《净名经》说：善能分别一切诸法实相，于第一义谛如如不动。

【解读】

各位善知识，真如就是在自性当中所起的念，这叫正念，这个时候我们的六根——眼、耳、鼻、舌、身、意——虽然可以看到、听到、感知到外界，但是却不受外境的浸染，常常保持清净的真如自性。所以佛经中说："能善分别诸法相，于第一义而不动。"第一义，就是真如、本性，就是始终要坚持这个真理，不染万境。在平时的生活中，做所有的事情时，经常用这个第一义来反观，就不会有那么多烦恼。

坐禅品第五

　　《坐禅品》这一品比较简短,记述六祖大师为闻法的大众开示:修习禅定不是在着心、着净和不动上修行;坐禅的意义是外于一切善恶境界心念不起,名为坐;内见自性不动,名为禅;禅定是外离相为禅,内不乱为定。因此,求道者应于念念中自见本性清净,自修自行,自成佛道。

　　师示众云:此门坐禅,元不著心,亦不著净,亦不是不动。若言著心,心元是妄,知心如幻,故无所著也。若言著净,人性本净,由妄念故,盖覆真如,但无妄想,性自清净。起心著净,却生净妄,妄无处所,著者是妄。净无形相,却立净相,言是工夫,作此见者,障自本性,却被净缚。

【语译】

　　慧能大师开示大众说:这个法门中所说的坐禅,本是不执着于心,也不执着于净,也不是不动。如果说执着于心,心原本就是虚妄的,既然知道心是虚幻的,因而也就无所执着。如果说执着于净的话,人的自性本来就是清净的,因为无明妄念,故而覆盖了真如本性,只要没有妄想,本性就自然清净。如果起心执着于净,就会产生净的虚妄,虚妄并没有一定的处所,执着于生起便是虚妄。净原本也并没有形相,却立出一个净的形相,并说这是修行的功夫。持有这一错误见解的人,他的真如自性已受到障蔽,被净相所缠缚。

【解读】

　　前面一品讲了禅定,接下来是坐禅。我们一般人认为单盘(半跏趺坐)、双盘(跏趺坐)就是坐禅。但是这里,慧能大师破除了我们的妄念。"此门坐禅,元不著心",这里的"著"也是执着的意思。我们这一门派的坐禅,原本就是不执着于心的。"亦不著净",也不执着于一味的净。"亦不是不动",也不是不动。一般认为坐禅就是坐着不动,其实不是。

你若执着于心,心就开始妄动。我们应当知道,心本来是虚幻的,就像《金刚经》中的偈子所说的:"一切有为法,如梦幻泡影。"知道了一切都是虚幻的,那么你也就不会执着于它了。而心本来就是空的,又怎么能执着于它呢?

憩寂图

人的自性、本性本来就是清净的,为什么不清净了呢?那是因为起了妄念,盖覆真如,真如的本性被遮盖住了。只要没有妄想,自性就清净了。如果你执着于清净,便不是清净。如果你起心执着于净,反而生出了对清净的妄念。这种虚妄没有固定的地方,你一执着于什么事物,那么它就是虚妄所在。也就是说任何时候你一执着,就是虚妄。所以回到清净就可以了,而不是执着于清净。

一个人的清净是既没有外形也没有外相的。如果为清净立一个有形的外相,还宣称要符合这一形相的才是修行清净的功夫,那么持这种见解的人,他的本性就已经受到了外相的遮挡和阻碍,被清净的执念所束缚。

善知识!若修不动者,但见一切人时,不见人之是非善恶过患,即是自性不动。善知识!迷人身虽不动,开口便说他人是非长短好恶,与道违背。若著心著净,即障道也。

【语译】

善知识!修不动心的行者,如果能在面对一切人时,不见他人的是非、善恶、功过,这就是自性不动。善知识!愚迷的人身体虽然不动,但是一开口便说他人的是非、长短、好坏,这就与正道相违。如果执着于心或执着于净,就障蔽了正道。

【解读】

修禅,修不动,一般人的理解就是坐着不动,其实是指看到任何人的时候,对他的是非善恶都能够视而不见,能够心念不起,这就是自性不动。而愚昧迷失的人虽然身是不动的,但是一开口就谈论他人的是非、长短、好恶……这些都是跟所修行的佛法相违背的。所以,真正坐禅的人要"闲谈莫论人非",上一句是"静坐常思己过",这就是坐禅,而不是拘泥于具体坐姿。如果执着于本心,执着于清净,那就是障碍了,与正道相违背。

师示众云：

善知识！何名坐禅？此法门中,无障无碍,外于一切善恶境界,心念不起,名为坐；内见自性不动,名为禅。

善知识！何名禅定？外离相为禅,内不乱为定。外若著相,内心即乱。外若离相,心即不乱。本性自净自定,只为见境思境即乱。若见诸境心不乱者,是真定也。

【语译】

慧能大师再次对大众开示说：

善知识！什么叫作"坐禅"呢？顿教法门所说的坐禅,是无所执着而没有障碍的,在外对一切善恶境界不起念,这就称为"坐"；在内能见到自性如如不动,这就称为"禅"。

善知识！什么叫作"禅定"呢？外离一切相即是"禅",内心不乱即是"定"。如果在外境上着相,内心就会散乱；如果能外离一切相,内心就不会散乱。自心本性原是清净安定的,只因遇境起念内心就乱了。如果能够见一切境而内心不乱,这才是真定。

【解读】

什么是禅？"禅"是梵文的音译,是"禅那"的简称,译作"思维修",又译作"静虑"。叫作"思维修"是因为,一心以思维研修为因,从而得到这个定心；叫作"静虑"是因为,当体寂静而又同时具有审虑的作用。

按照佛家的说法,在色界有四禅：初禅、二禅、三禅、四禅。初禅,能够感受到离开欲界之恶而生出喜乐了,这就是"无欲则刚"。到二禅,定生喜乐,于三受(苦受、乐受、不苦不乐受)中只有喜乐二受。三禅,离喜得乐。乐比喜更高一个层次,相比较而言,喜是比较表层的,乐是更深层的,见到任何事物都乐,是最高的乐,有极乐之称。到四禅的时候,舍念清净,恶、喜、乐各种念都没有了。所以,从初禅到四禅,从离欲、得喜、舍喜得乐,再到清净,境界越来越高,这就是禅定。

六祖慧能解释说,在我这一派的法门中,能够心中没有遮挡、没有阻碍,清净自在,对于外界一切善或者恶的情境不起任何心念,这就是坐,"心念不起,名为坐";"内见自性不动,名为禅",把持清净的本性不动摇,这就是禅。

什么叫禅定呢?"外离相为禅,内不乱为定",举例说,我们听到外面的走廊上很热闹,有两家公司在开年会。我在外面坐了一会儿,但还没有达到禅定的状态,不过我尽量克制,不被它牵着走。"外离相",离开它,离开外相;"内不乱",心中不要乱。

比如,一天安排了很多事情需要处理,心也跟着乱了,这就不是禅定。其实在做事的时候,就做事情好了,一件一件地做,这就是不乱,这叫禅定。

所以,学佛就是"饿来即食,困来即睡",饿了就吃,困了就睡。我们是这样吗?有时候饿了吃不到,有时候饱了还要吃,而且还要一群人围在一起吃,还要一边谈事情。比如同学聚会,大家在一起很热闹,但有时饭桌上就像是谈判,这时候自己都不知道在吃什么,就算是山珍海味吃着都没味道。我现在吃饭的时候尽量一个人,一粒米一粒米地吃,这就叫坐禅。睡觉呢,该睡的时候没睡,晚上不睡觉,不该睡的时候总睡觉,白天总打盹,有时候睡但是又睡不着,有时候睡着了总做噩梦,总惊醒。这都不是坐禅,坐禅很简单,内不乱、外离相。所以"外若著相,内心即乱",如果在外面执着于外相,跟着外缘走了,心就乱了,"外若离相,心即不乱"。

"本性自净自定,只为见境思境即乱",本来我们的本性都是清净的,内心都是安定的,但是见到了外境,对这个外境产生了思虑,产生了执着之心,也就是心跟着外缘跑了,就不清净了,就乱了。"若见诸境心不乱者,是真定也",不要拘泥于盘腿坐着,在日常生活中,面对任何事情,遇到各种境,只要心不乱,这就是真的定。不过这很难做到。但是没关系,只要时时处处精进,不要懈怠,用功体会就好,像慧能大师这样大根器的人毕竟还是非常少的。

善知识!外离相即禅,内不乱即定。外禅内定,是为禅定。《菩萨戒经》云:"我本元自性清净。"善知识!于念念中,自见本性清净,自修自行,自成佛道。

【语译】

善知识!外离诸相就是禅,内心不乱就是定,外禅内定,就叫作禅定。《菩萨戒经》说:"我人的自心本性本来清净。"善知识!能够在念念之中,见到自己本性清净,如此精进修持实践,自然能够成就佛道。

【解读】

　　这里又强调一次,"外离相即禅,内不乱即定",说明这是非常重要的。在外能离相做到禅,在内能安定本心做到定,这就是禅定。《菩萨戒经》中讲到:"我本来就是自性清净的。"所以,在座的善知识们,在每一个念头产生的时候,都要注意用般若智慧观照自己内在的清净本性。要清净,要外离相、内不乱。如果能永久地保持这样的状态,当然最好,但是我想,这应该是不大可能的。所以,需要"自修自行",自己每一天修行,每一天精进,就好像吃饭一样,每一天都要吃,不可能吃过一顿一辈子就不吃了。就把它当成日常生活,这就是佛法在世间。

忏悔品第六

《忏悔品》这一品讲了几个重要的佛法概念：自性五分法身香（戒香、定香、慧香、解脱香、解脱知见香）、无相忏悔、自心四弘誓愿、无相三皈依戒、三身佛。这些与我们通常听闻的解释不完全相同，有慧能大师独到的见解。慧能大师为来山听法的广韶及四方士庶传授了它们的意旨。

时，大师见广韶洎四方士庶，骈集山中听法，于是升座告众曰："来，诸善知识！此事须从自性中起。于一切时，念念自净其心，自修自行，见自己法身，见自心佛，自度自戒，始得不假到此。既从远来，一会于此，皆共有缘，今可各各胡跪，先为传自性五分法身香，次授无相忏悔。"众胡跪。

【语译】

那个时候，慧能大师见广州、韶州以及四方的学者、庶民都云集山中听闻佛法，于是登上法座，开示大众说："来，各位善知识！修行成佛这件事必须从自性中做起。在任何时刻，念念都能清净自心，修正自己的行为；见到自己的法身，见到自身的佛性，自己救度，自己持戒，这样才算不虚来曹溪一趟。大家既然远道而来，共聚于此，这都是宿世的因缘。现在请各位就地胡跪，我先为你们传授'自性五分法身香'，再传授'无相忏悔'。"大众依言胡跪。

【解读】

这时，慧能大师会见了广州和韶州以及周围地区的士庶。慧能的说法不仅仅是针对出家人的，最主要的是给在家人说的，尤其是给那些当政者、当官者，这是非常有现实意义的。"士"即是读书人，"庶"就是老百姓，他们都汇集在山中，听慧能说法。

于是他登上法座告诉众人："来到这里的各位善知识啊！你们来求法,一定要从自性中发起。在任何时候,在每一个念想中,都要让自己的心清净,修持自己的行为,见到自己的法身,见到自己心中的佛祖,自己度化自己、让自己持戒,只有这样做才不虚此行。你们从远方来,会集在这里,都是因为有生生世世的佛缘。"大师请大家胡跪,众人都依言奉行。

"胡"就是胡人,是中国古代对西方和北方各族的泛称,当时他们的跪法是右膝着地,竖左膝危坐,可以左右膝交替,后来演变为一种佛教礼节。

慧能大师对大家说,我先给你们传授"五分法身香",然后传授"无相忏悔"。下一段就是对这"五分法身香"的解释。

师曰：

一戒香,即自心中,无非、无恶、无嫉妒、无贪嗔、无劫害,名戒香。

二定香,即睹诸善恶境相,自心不乱,名定香。

三慧香,自心无碍,常以智慧观照自性,不造诸恶。虽修众善,心不执著,敬上念下,矜恤孤贫,名慧香。

四解脱香,即自心无所攀缘,不思善不思恶,自在无碍,名解脱香。

五解脱知见香,自心既无所攀缘善恶,不可沉空守寂,即须广学多闻,识自本心,达诸佛理,和光接物,无我无人,直至菩提,真性不易,名解脱知见香。善知识！此香各自内薰,莫向外觅。

【语译】

慧能大师说：

第一戒香,就是自己心中没有过失罪恶、没有嫉妒、没有悭贪嗔恚、没有劫掠杀害之念,这就叫作"戒香"。

第二定香,就是面对一切善恶境相时,自心不散乱,这就叫作"定香"。

第三慧香,就是自心没有障碍,时常以智慧观照自己的真如本性,不造作恶业,虽是修持种种善事,但心中不执着于善行。尊敬长上,体念下人,怜悯孤苦,救济贫穷,这就叫作"慧香"。

第四解脱香,就是心不攀缘外境,不去思量分别善恶,自在而无所挂碍,这就叫作"解脱香"。

第五解脱知见香，就是自心于善恶都无所攀缘，但不可以死守空寂，应广学多闻，以认识自心，通达佛法义理，接人待物和光同尘，不妄自分别人我，从初发心一直到圆满菩提时，真如自性毫不变易，这就叫作"解脱知见香"。

善知识！这"自性五分法身香"，各自向内薰修自心，切不要向外寻求。

【解读】

这五香就是：戒香、定香、慧香、解脱香、解脱知见香。这是一个依次递增的关系，就像是一条路，一个个台阶地向上走。

第一是戒香，戒除过失、戒除邪恶、戒除嫉妒、戒除贪嗔、戒除劫害之心，身上就会散发出芳香的味道，这个香其实就是清净。我前面说过，判断一个人是不是大师，要看跟他待在一起是不是感觉舒服，就好像体内真的有香的味道，让人闻着特别舒服。这个香可以给人一种无形的熏习，一种熏陶，一种感知。

第二是定香。戒是行为上的戒除，而定是内心安定。"睹诸善恶境相，自心不乱"，"睹"就是看到，看到有善有恶的外境，但是内心不乱，有定力，就会发出定香。

第三是慧香，就是具备般若大智慧。心中没有牵绊或牵挂的阻碍，常常用智慧来观照自心，这样就自在了，就不会生出各种恶业。即使是在修行所有的善业，也不要执着于善业。做到"敬上念下"，敬爱长辈，也爱护晚辈，"矜恤孤贫"，有恻隐之心，同情那些孤独的人，体恤那些贫穷的人，这就是开般若智慧，就是观照本性，因为本性就是清净的。

《坛经》非常了不得，它教我们要心量广大，不要纠结于细微的东西，这就是开大智慧。所以对孤寡的人、贫穷的人，也要体恤他们。

第四是解脱香。戒定慧之后，就达到解脱了。"自心无所攀缘"，我们现在基本都在"攀缘"，攀一些外缘，如果这样就永远不能解脱。"攀缘"，就是依附于外在的境、外在的相，死死地抓住它。

举一个例子：看到别人被表扬就极力攀附，或者攀比，执着于这个外境，这样是不能解脱的。所以要无所攀缘，不思善不思恶，不停留在善上，也不停留在恶上，不落两边，只走中道，这样做就能解脱。内心自

在没有任何阻碍,这就是解脱香。

第五个境界是解脱知见香,把所有的知见都解脱了,不去攀缘善恶,也不陷入虚空,固守孤寂,而是要广泛学习。学习名相、知见,然后通达一切佛理。"和光接物",就是老子的"和其光,同其尘",和合世间的光彩,也共同接受世间的尘埃,要平和地处世,融入世间生活。消除对别人和自己分别心的执着,然后直达无上的觉悟。"不易"就是不改变,保持自己的真性永远不改变,就是连同知识、见地都解脱掉,最后连空都空掉,这是最高的境界。找到了自性,就是永恒的。

对于这五香,要"各自内薰,莫向外觅",就是要向内来熏习,不要向外面寻找。

今与汝等授无相忏悔,灭三世罪,令得三业清净。

【语译】

现在我再为你们传授无相忏悔,灭除三世的罪业,使身口意三业得到清净。

【解读】

现在,我给你们传授无相忏悔诵。按照无相忏悔诵来做的话,你们就可以灭掉三世(前世、今生、来世)的罪业,让三业(身业、口业、意业)得到清净。身就是我们身体做出的行为,口就是说出的语言,意就是我们的意识。

善知识!各随我语,一时道:

弟子等,从前念、今念及后念,念念不被愚迷染。从前所有恶业愚迷等罪,悉皆忏悔,愿一时销灭,永不复起。

弟子等,从前念、今念及后念,念念不被骄诳染。从前所有恶业骄诳等罪,悉皆忏悔,愿一时销灭,永不复起。

弟子等,从前念、今念及后念,念念不被嫉妒染。从前所有恶业嫉妒等罪,悉皆忏悔,愿一时销灭,永不复起。

善知识!已上是为无相忏悔。

【语译】

善知识!大家一起随我念诵:

弟子等,从前念、今念及后念,念念都不被愚迷所污染,以前所造作的一切恶业愚迷等罪,现在完全以至诚心忏悔,誓愿都能一时消除灭尽,今后永远不再生起。

弟子等,从前念、今念及后念,念念都不被骄诳所污染,以前所造作的一切恶业骄诳等罪,现在完全以至诚心忏悔,誓愿都能一时消除灭尽,今后永远不再生起。

弟子等,从前念、今念及后念,念念都不被嫉妒所污染,以前所造作的一切恶业嫉妒等罪,现在完全以至诚心忏悔,誓愿都能一时消除灭尽,今后永远不再生起。

善知识！以上所宣说的就是无相忏悔。

【解读】

各位善知识,"各随我语",就是跟着我说。

弟子们,你们从前的念、现在的念、以后的念,每一个念头都不要被愚昧迷惑所沾染。这一段主要讲由于愚迷而造成的恶业。"业"之前已经说过了,指前世包括今世已经发生的行为,有善业和恶业两种,但是我们一般说的"业障",是指恶业,这里的"业"也是指恶业,都需要进行忏悔,并且要真诚地希望所有的恶业都一时间销毁灭掉,永远不再生起。

下面两段的句式也是一样的。

弟子们,你们从前、现在和以后的每一个念头,都不要被骄傲狂妄所沾染。所有由于骄傲狂妄而犯下的恶业,都要诚心忏悔,并且希望这些恶业一时间全部销毁断灭,永远不再生起。

第三,不要被嫉妒所沾染。贪、嗔、痴、慢、疑是五毒,也叫五盖,然后还有嫉妒,都要忏悔。

这是无相忏悔,就是出离外相的忏悔。

云何名忏？云何名悔？忏者,忏其前愆。从前所有恶业、愚迷、骄诳、嫉妒等罪,悉皆尽忏,永不复起,是名为忏。悔者,悔其后过。从今以后,所有恶业、愚迷、骄诳、嫉妒等罪,今已觉悟,悉皆永断,更不复作,是名为悔。故称忏悔。

凡夫愚迷,只知忏其前愆,不知悔其后过。以不悔故,前愆不灭,后过又生。前罪既不灭,后过复又生,何名忏悔？

【语译】

什么叫作"忏"？什么叫作"悔"？所谓"忏",就是忏除以前所犯的过失,从前所造的一切恶业、愚迷、骄诳、嫉妒等罪,完全忏除净尽,今后永不再起,这就叫作"忏"。所谓"悔",就是悔改以后再犯的过失,从今以后,所有的一切恶业、愚迷、骄诳、嫉妒等罪，因现在已经觉悟，今后将永远断除，更不再造作，这就叫作"悔"。所以称为"忏悔"。

凡夫愚迷，只知道忏除自己以前所犯的罪业，而不知悔改今后的过失。因为不知悔改的缘故，从前的罪业未能灭除，往后的过失又频频生起。既然先前的罪业不能灭除，后来的过失又再生起，这如何能称为忏悔呢？

【解读】

什么叫"忏"？什么又是"悔"？这里有一个非常重要的定义："忏其前愆，悔其后过。""愆"就是罪，就是错。重点是，"忏"是对从前发生的事情而言的，"悔"是对以后将要发生的事情而言的。忏，就是对以前的所有恶业，愚迷、骄诳、嫉妒等罪业，都要进行忏过，永远不再生起。悔，就是从今以后，所有的恶业，包括愚迷、骄诳、嫉妒等罪业，因为现在已经觉悟了，就下定决心将它们永远断除，不再产生。

我们现在说忏悔，只是针对以前的罪过，但是这里还强调以后不复起，这很重要。这就是孔子称赞颜回的：不贰过。我们现在的人只知道对从前的罪恶进行忏，却不知道要对以后可能发生的过错进行悔，这就是愚夫，愚昧的人。

由于不懂得对将来的罪恶进行悔，因此之前犯下的罪业还没有完全灭掉，之后又重新生起罪过，这还怎么能说是忏悔呢？所以我们忏悔，不仅要注意对"过去式"做忏悔，还要对可能发生的"将来式"做忏悔，努力做到颜回的"不贰过"。

善知识！既忏悔已，与善知识发四弘誓愿，各须用心正听：

自心众生无边誓愿度，

自心烦恼无边誓愿断，

自性法门无尽誓愿学，

自性无上佛道誓愿成。

【语译】

善知识！现在已经忏悔清净，再与大家一起发四弘誓愿，用心谛听：

自心众生无边誓愿度，

自心烦恼无边誓愿断，

自性法门无尽誓愿学，

自性无上佛道誓愿成。

【解读】

这四弘誓愿，并不是《坛经》才开始讲的，佛教的多部经典都已经讲过，但是之前没有开头的"自心""自性"两个字。"众生无边誓愿度，烦恼无边誓愿断，法门无尽誓愿学，无上佛道誓愿成"，这就是之前的四弘誓愿。这四弘誓愿是相对四圣谛而言的。当年佛陀成佛，是在十二月初八这一天，仰望星空，顿然开悟，然后起座，向四个方向各走七天，共二十八天，这期间他是手之舞之，足之蹈之，那是极乐啊。佛陀的极乐，就是因为他悟到了四圣谛：苦、集、灭、道。

佛家讲的苦有八苦：生、老、病、死、怨憎会、爱别离、求不得苦和五取蕴（也称五阴炽盛）。五取蕴的"取"就是执着，执着于五蕴：色、受、想、行、识。

色，是物质性的；受、想、行、识，是精神层面的，但又有所不同。

受，是偏于感受，人有三种感受：苦受、乐受、不苦不乐受（舍受）。概念产生了，这个概念对我有影响，我领纳了这个概念，就是"受"。

想，就是想象，就是"分别"，是对于领纳的事物加以"分别"。

行，不是行为，而是前念、今念、后念，念念相续，一个念头接一个念头，接连不断。

识，是我们根本心体的层次。

事实上，大乘的中观正见认为，五蕴都是心法——是心的特征、心的法度、心的特质。说它是"心"法，那就不是"色"法。我们通常解释佛经，都把"色"理解成物质，认为实有的、固定的、有障碍特征的东西就是"色"。但如果色、受、想、行、识都是心法，那就说明"色"不是心外的东西，否定了它的物质性，否定了它是实有的，也就是说，色、受、想、行、识事实上全都是概念。

有的人执着于物质，有的人执着于精神，就产生苦了。所以五取蕴也可以用我们俗话简单叫作"放不下"。

集，是苦的原因。苦是果，集是因，最根本的原因就是十二因缘中的第一个因：无明。

"十二因缘"又叫"十二有支"或"十二缘起"，是说明众生在轮回中生死流转的过程。十二因缘是：无明、行、识、名色、六入、触、受、爱、取、有、生、老死。以上十二支，包括现在、过去、未来三世起惑、造业、受生等一切因果，周而复始，至于

无穷。前世有两个因,造成今世有五个果;今世有三个因,造成未来有两个果。这些加起来就是十二因缘。

集,就是找原因。前世的两个因,第一个是无明,第二个是行。无明,即不明白事物的真相是本来虚静、虚空的;行,即一切行为,包括行动的,也包括思维的。由于前世的无明和行,所以到这辈子就有五个果:识、名色、六入、触、受。这一辈子有三个因,即爱、取、有,又造成了来世的两个果:生、老死。就是这样不断地因果循环。

我们学了《心经》以后,这些就都会记住了。

"观自在菩萨,行深般若波罗蜜多时,照见五蕴皆空,度一切苦厄。舍利子,色不异空,空不异色,色即是空,空即是色,受、想、行、识,亦复如是",这一段是讲五蕴。

"舍利子,是诸法空相,不生不灭,不垢不净,不增不减。是故,空中无色,无受、想、行、识;无眼、耳、鼻、舌、身、意;无色、声、香、味、触、法;无眼界,乃至无意识界",这一段是讲无眼界到无意识界,从眼到意,是讲六尘、六境。

"无无明,亦无无明尽,乃至无老死,亦无老死尽",这一段讲的是从无明到老死,是讲十二因缘。

"无苦、集、灭、道",这是讲四圣谛。灭,就是要灭掉痛苦。要用什么来灭?用道来灭,道就是方法,就是八正道,灭谛的因就是道谛。

四弘誓愿就是因为这四圣谛(也简称四谛)。大乘佛教的四弘誓愿,可以说主要就是把佛陀所说的四圣谛义理佛法落实在修行实践上,从四圣谛的佛教义理,落实为行动的、实证的四弘誓愿。"众生无边誓愿度",因为了知众生的苦,所以誓愿度尽无边痛苦的众生。"烦恼无边誓愿断",这是针对集而言的,最根本的烦恼就是贪嗔痴。"法门无尽誓愿学",将这些烦恼都灭掉就要用法门,所以发誓愿要学习无边无尽的法门。"无上佛道誓愿成",发大誓愿要成佛。

而慧能大师很了不得,在原来四弘誓愿的基础上又加了"自心"和"自性",所以他强调的是自性自度。

善知识！大家岂不道众生无边誓愿度？恁么道，且不是慧能度。

善知识！心中众生，所谓邪迷心、诳妄心、不善心、嫉妒心、恶毒心，如是等心，尽是众生，各须自性自度，是名真度。

何名自性自度？即自心中邪见、烦恼、愚痴众生，将正见度。既有正见，使般若智打破愚痴迷妄众生，各各自度。邪来正度，迷来悟度，愚来智度，恶来善度。如是度者，名为真度。

【语译】

善知识！大家不是说"众生无边誓愿度"吗？这么说，就不是慧能来度你们了。善知识！心中众生，就是所谓的邪迷心、诳妄心、不善心、嫉妒心、恶毒心，如是等种种心，都是众生，大家应该自性自度，这才叫作"真度"。

什么叫作"自性自度"呢？就是将自己心中的邪见、烦恼、愚痴等众生，用正见来度。既然有了正见，就能运用般若智慧打破愚痴迷妄的众生，各各自性自度。邪见来时用正见度，执迷来时用觉悟度，愚痴来时用智慧度，恶念来时用善念度。这样来度心中众生，就叫作"真度"。

【解读】

善知识们，大家不是都说"众生无边誓愿度"吗？"恁莫道"，就是"这个道"，不是我在度化众生，而是什么呢？使众生自度。众人的心中，有各种各样的心，有邪迷心、诳妄心、不善心、嫉妒心、恶毒心，这些都是虚妄之心，需要用自性来自度，这才叫"真度"。度过去，度到彼岸。

怎样自性自度呢？你如果有邪，那就用正见来度。我们前面讲了有十恶、八邪，那就要用相对应的十善、八正道来度。你要是迷，就用悟来度；愚，就用智来度；恶，就用善来度。这样来自度，叫作"真度"。

这是解释第一句"众生无边誓愿度"。

又烦恼无边誓愿断，将自性般若智除却虚妄思想心是也。又法门无尽誓愿学，须自见性，常行正法，是名真学。又无上佛道誓愿成，既常能下心，行于真正，离迷离觉，常生般若，除真除妄，即见佛性，即言下佛道成。常念修行，是愿力法。

【语译】

"烦恼无边誓愿断",就是运用自性般若的智慧去除虚妄分别的思想心。"法门无尽誓愿学",就是必须见自本性,常常行持正法,这才叫作"真学"。"无上佛道誓愿成",既然常能心存谦卑行持正法,又能远离迷妄而不执着于觉悟,内心常生般若智慧,真妄俱除,就能见到自己的佛性,能够在一言之下悟道成佛。能时时忆念修行这四弘誓愿,这便是发心立愿的法门。

【解读】

四弘誓愿的第二句"烦恼无边誓愿断",就是要用自性的般若智慧,除却存有虚妄思想的心,这就叫作"度尽烦恼",也就把虚妄的烦恼斩断了。第三句"法门无尽誓愿学",要自见自己的本性,时常在心中行持正法,这就叫作"真学"。第四句"无上佛道誓愿成",要时常着力于心中,在心中按照真正的佛法来修行。

"离迷离觉",迷和觉是相对的,觉就是觉悟,迷就是迷失。你一定要离开迷离开觉,要除真除妄。真和妄也是相对的,真就是真实的,妄就是不真实的。什么意思呢?不要落于"两边",没有迷也没有觉,没有真也没有妄,因为佛性本身是清净的。这才是真正成佛道,真正掌握佛法,言下佛道就成了。

所以要经常在心中体悟并且修行这四个誓愿的法门。

善知识!今发四弘愿了,更与善知识授无相三皈依戒。善知识!皈依觉,两足尊;皈依正,离欲尊;皈依净,众中尊。从今日去,称觉为师,更不皈依邪魔外道,以自性三宝常自证明,劝善知识,皈依自性三宝。佛者,觉也;法者,正也;僧者,净也。自心皈依觉,邪迷不生,少欲知足,能离财色,名两足尊。自心皈依正,念念无邪见,以无邪见故,即无人我贡高,贪爱执著,名离欲尊。自心皈依净,一切尘劳爱欲境界,自性皆不染著,名众中尊。

【语译】

善知识!现在大家已经发四弘誓愿了,再给各位传授无相三皈依戒。善知识!皈依觉,这福慧具足的至尊;皈依正,这远离尘欲的至尊;皈依净,这众生敬重的至尊。从今以后,应当称觉为本师,再也不去皈依其他邪魔外道,常常以自性的佛法僧三宝来为自己证明,奉劝各位善知识,要皈依自性三宝。所谓佛,即是觉;所谓法,即是正;所谓僧,即是净。自心皈依觉,则邪迷之念不生,少欲知足,能远离财色,所以叫作"福慧具足的至尊"。自心皈依正,念念都无邪见,因为没有邪见的缘故,就没有贡高我慢、贪爱执着,所以叫作"远离尘欲的至尊"。自心皈依净,在一切尘劳爱欲的境界中,自性都不被染着,所以叫作"众生敬重的至尊"。

【解读】

首先来看一个概念:皈依。

"皈依"这两个字,从字面上解释,"皈"是回转、归投,所以"皈依"又写作"归依";"依"是依靠、信赖。凡是回转依靠或归投信赖的行为,都可以称为"皈依"。

皈依并不是佛教的专有词汇,凡是由信仰而产生力量的事理,均可列为皈依之列。但是如果从皈依的究竟真义来说,凡是不究竟、会有无常变化的信仰与信赖,或者并不能依靠它得到究竟安乐的信仰或信赖,都不能说是真皈依。比如投奔有权有势的人,依从有神通的外道或自然界的某些神灵等,虽然依靠这些对境,有时可以让人获得暂时的安乐,但他们终不能让人离一切苦,不能让人得到究竟的智慧而从生死轮回中解脱。

其实,这个社会上没有信仰的人是不存在的。为什么这么说呢?你看,有人信权,有人信钱,有人信老公……人人都是有信仰的呀!只不过这些东西并不那么可靠,是很无常的,而且也不能解决生老病死的根本问题。钱穆曾说过,近代中国人崇拜西方之狂热,超过对历史上任何宗教的信仰。人人都有信仰,都有一个支撑他生活的信念,只不过这信念有正确和不正确罢了。

那么,有没有真正可靠、永远值得依赖的皈依对象呢?佛教认为,一切众生只有皈依三宝,也就是佛、法、僧,才能获得究竟的安乐。佛教的皈依有两重含义:

一、皈救,即依怙、依托、依仗、救护等义。众生生死无常,轮回中是很苦的,每个人都在无常变幻的未来中流转。在这生死苦海中,要想远离诸苦怖畏,只有皈依稀有珍贵的三宝。了知苦集灭道,通过三十七道品、八圣道修行而超越诸苦,证涅槃而度众生的伟业,唯有三宝才能成办,因此,三宝是唯一的究竟依靠。

有人或许就会问了:"我们本身不就具备圆满佛性的吗?为什么还要皈依三宝呢?"是的,一切众生虽然具足佛性和如来智慧种性,但这只是本具的因性,如果想要圆满成就如来清净法身功德,必须首先对三宝生起皈依之心,再发菩提心,修菩萨行,断除妄想执着,断尽客尘烦恼,才能证得。这就犹如金矿石要经陶冶锻炼,乃成纯金。所以在修行的过程中,必须依仗佛法僧三宝之力,尤其是直接教导我们的师僧善知识,只有靠他的指导,我们才能了悟这本具的佛性。

二、皈向,即皈向如来的智慧法身。这就是慧能大师在这里所说的无相三皈依——皈依自性三宝:觉、正、净。在《华严经》里也说:"如来智慧无处不至,何以故?无一众生而不具有如来智慧,但以妄想执着而不能证得","永离妄想执着,于自身中得见如来广大智慧,与佛无异"。一切众生本具如来智慧种性,如果真能断除客尘烦恼,当下就能见性成佛。所以,皈向即是回过头来认识自己身心中具有的佛性,以此作为正因,最终趋向自性清净的涅槃,成就佛果。

以上是皈依的含义,下面来看看六祖慧能大师是怎么说的。

同佛教的其他经典《金刚经》《法华经》《华严经》相比,《坛经》是中国本土化的佛经。比如前面的四弘誓愿,慧能大师加了"自心"和"自性"。又比如这里讲的三皈依,本来是皈依佛、皈依法、皈依僧,但是六祖将其发展为皈依觉、皈依正、皈依净。"觉"就是觉悟,不是让人皈依菩萨,而是皈依觉悟,这样邪见和愚迷就不会再从心中生起;少欲知足,就少去了很多欲望,更容易得到满足。这和道家老子的思想是完全一致的。我们说,禅宗来源于印度大乘佛教的中观派和我们的三玄——《老子》《庄子》《周易》。少欲知足,知足常乐,这样就远离了钱财和各种色相,就是"两足尊"。本来佛名也是两足尊,这里是指福报和智慧两者都具足,所以最为尊贵。

自心皈依正,走八正道,行正法,时时刻刻都没有邪见。因为没有邪见,也就没有人我的分别心,不再妄自尊大,不再有贪爱、执着,就是"离欲尊",离开俗欲,自然就会受到尊敬。

自心皈依净,对于世间一切让人烦恼、劳累、贪爱、欲求的情境,清净的自性都不会再受到影响和牵绊,达到这样的境界,就是"众中尊",为众人所崇敬、尊重和护持。

所以将佛变为觉,将法变为正,将僧变为净。这样解释佛法就很究竟,其他外在的相都是表象。那么从现在开始,你要把觉悟当成修行的老师,不要再皈依邪魔外道。要皈依的三宝——觉、正、净,是自性三宝,是来自自己的清净本心,要时常用这自性三宝来印证明了自己的本心。

若修此行,是自皈依。凡夫不会,从日至夜,受三归戒。若言皈依佛,佛在何

处？若不见佛，凭何所归？言却成妄。

善知识！各自观察，莫错用心，经文分明言自皈依佛，不言皈依他佛。自佛不归，无所依处。今既自悟，各须皈依自心三宝。内调心性，外敬他人，是自皈依也。

【语译】

如果能如此修行，就是自性皈依。凡夫不能理解无相皈依，所以从早到晚求受形式上的三皈依戒。如果说皈依佛，佛在哪里呢？如果见不到佛，凭借什么来作为自己皈依的对象？所以说皈依佛反而成为虚妄之事。

善知识！你们要自己去体会观察，不要错用了心意，经文上分明说自皈依佛，并不是说皈依他佛。自性佛不去皈依，就没有其他所皈依处。现在既然已经觉悟了，必须各自皈依自性三宝。向内要善调自己的心性，向外要敬重他人，这就是自皈依。

【解读】

"内调心性，外敬他人"，按照觉、正、净，就可以对内调整自己的心性，对外敬爱他人，这才是真正的皈依，领受到皈依戒。像这样修行，就是自皈依。一般的凡夫不理会、不明白这个道理，所以日日夜夜只知求受三皈依的戒律，也就是皈依佛、皈依法、皈依僧。那么佛在何处？你不知道佛在哪里，怎么皈依他呢？所以这是说假话。

各位善知识，要各自好好地观察，不要错用了自心。经文上分明已经说过，叫作"自皈依佛"，皈依自己心中的佛，而不是说皈依别的佛。自我本心中的佛都不皈依，那就会"无所依处"，没有什么地方可以皈依了。现在，你们既然已经有所觉悟，就该明了要皈依自心中的三宝。对内调节自己的心性，对外要恭敬地对待他人，这就是自皈依。

善知识！既皈依自三宝竟，各各志心，吾与说一体三身自性佛，令汝等见三身，了然自悟自性。总随我道：于自色身，皈依清净法身佛；于自色身，皈依圆满报身佛；于自色身，皈依千百亿化身佛。

【语译】

善知识！既然已经皈依自性三宝了，现在请各位专心谛听，我再为你们说"一体三身自性佛"，使你们都能够见到自性三身，明了自己的真如自性。请大家跟随我念：就在自身中，皈依清净法身佛；就在自身中，皈依圆满报身佛；就在自身中,皈依千百亿化身佛。

【解读】

这里又提出了一个概念叫"三身佛",是法身佛、报身佛、化身佛,慧能大师补充为"一体三身自性佛",这三身佛是自性本有的,是一体的。我让你们见到三身佛,你们就会很明了地体悟到自己的本性了。

从前佛家说的三身佛是外在的,是身外的三身佛,慧能大师这里反复强调自性当中就有三身佛,不要向外求。这三身佛是:法身、报身、化身。

"法身"是佛的"自受用身",供佛自己来受用。在佛的自受用身的状态下,是没有身和心的,没有三十二相和八十种好。"报身"和"化身"都属于"他受用身",属于色身,是有色相的。其中"报身"供菩萨受用,是接引菩萨的;"化身"供凡夫受用,是接引凡夫的。

佛的法身是清净的,是自性,是本来面目,称作"毗卢遮那佛",就是密宗所讲的"大日如来"。法身佛一般是不显示的,是隐藏的,他无所不在、无所不有,但是看又看不见,就像道家说的道一样,所以他一般没有塑像。但是在中国,有几个寺庙中也有毗卢遮那佛的塑像,比如五祖寺。报身佛也很少,有几个,洛阳龙门石窟最高的奉先寺中的卢舍那佛,就是报身佛。而化身佛有各种各样的,一般是释迦牟尼佛,这是最普遍、最典型的化身,有三十二种相和八十种好,就是说他身上有特殊的三十二个大特征、八十个小特征。

佛的报身很大,一个娑婆世界就在佛的一个毛孔中,奇大无比的一个人,那就是佛的报身。所有功德和福德加起来,才有佛的报身那么庄严。

化身是遍一切处的,只要有度化众生的因缘,就都显现为佛的化身。具体有殊胜化身佛、投生化身佛、工巧化身佛和种种化身佛四种。

殊胜化身佛:如释迦牟尼佛,在印度菩提树下示现成佛,依次转了三次法轮,以他的教法度化了无数众生。那些如释迦牟尼佛一样的化身佛(燃灯佛、弥勒佛等),都是殊胜化身佛。

投生化身佛:《涅槃经》中说:"阿难莫哀伤,阿难莫哭泣,末时五百世,我现善知识,饶益汝等众。"佛所化现的这些具德的善知识都是投生化身佛,以人的形象度化众生。

工巧化身佛:指从事铸像、画像、雕像等增上善法的能工巧匠;或所雕铸、绘画的能代表佛身口意的佛像、佛经、佛塔等。佛在世的时候亲口讲过:佛像代表佛的身,恭敬佛像相当于恭敬佛的身;佛经代表佛的语,恭敬佛经相当于恭敬佛的语;佛塔、铃杵代表佛的意,恭敬佛塔、铃杵相当于恭敬佛的意。

种种化身佛:对我们有帮助、有利益的一切显现都是种种化身佛,他是各种各样的,没有固定的模式与标准,都是从本体法身佛中显现出来的,是法身佛的幻化和游舞。有人打你、骂你、伤害你,这是帮你消业;有人抢你东西、欺骗你,这是替你还债。所有这些顺境、逆境等的显现都是种种化身佛,都在帮助你、利于你。

总之,佛的"千百亿化身"根据众生得度的不同需要,会有无量无边的示现。就像《观世音菩萨普门品》中所讲的,观世音菩萨化身成各种形象,长者、居士、宰官、婆罗门等等,为不同根基和需要的众生说法,所谓"应以何身得度者,即现何身而为说法"。如果你是一个吃不饱饭的人,他便会化身为一个施食的人,来到你面前,给你饭吃;如果你是一个迷路的人,在深山里走不出来,他会化身成猎人或者樵夫的样子,为你指路。而且佛陀的化身并不仅仅都是变现为人,有时候是你所需要的物品,一种无情物。譬如在沙漠里行走,非常干渴,乃至于快死了,如果祈祷佛陀的救助,只要很虔诚,佛的化身会以一湾清泉的方式出现!这就是佛陀的慈悲,众生需要什么,他就给什么。

关于这个"千百亿化身",我们还可以打一个譬喻,比如说我,出生后就有"千百亿的化身"——我在我父亲面前是儿子,在我儿子面前是父亲,在课上我是你们的老师,在课下我又是你们的朋友,在单位我是领导,而在我的领导面前我又是下属……这就是我们普通人的"千百亿化身"。

所以三身佛其实是集于一身的,这就是慧能很了不起的地方。在我看来,慧能大师就是佛陀的一个化身。

善知识!色身是舍宅,不可言归。向者三身佛,在自性中,世人总有。为自心迷,不见内性,外觅三身如来,不见自身中有三身佛。汝等听说,令汝等于自身中,见自性有三身佛。此三身佛,从自性生,不从外得。

【语译】

善知识!色身其实就像临时的住宅一样,并不足以皈依。刚才所说的法身、报身、化身这三身佛,都在我人的自性中,世间上每个人都具有。只因自己的心性被无明所迷,不能见到内在的自性,总是向外去寻觅三身佛,却看不见自性身中本来就具有的三身佛。你们听我说法,能使你们在自身中见到自性所具有的三身佛。这三身佛,从自性中出生,不是从外面可以寻得的。

【解读】

对于我们一般的人来说,色身(就是肉身)好比是一个宿舍、一个宅子,一旦这一期业报结束,断气了,神识便离开这个身体,因此这个有形的承载是不能皈依的。本来这三身佛就在每个人的自性当中,世上的人都有,只是有的人本心愚迷,见不到内在的本性,所以到外面去寻找这个三身佛("如来"就是佛)。这里慧能大师再次强调,你们好好听我说,就会让你们在自己身上见识到自身中本有的三身佛。这三身佛是从自性中生出的,不是从外面得来的。

何名清净法身佛?世人性本清净,万法从自性生。思量一切恶事,即生恶行;思量一切善事,即生善行。如是诸法在自性中,如天常清,日月常明,为浮云盖覆,上明下暗。忽遇风吹云散,上下俱明,万象皆现。世人性常浮游,如彼天云。

善知识!智如日,慧如月,智慧常明,于外著境,被妄念浮云盖覆自性,不得明朗。若遇善知识,闻真正法,自除迷妄,内外明彻,于自性中万法皆现。见性之人,亦复如是,此名清净法身佛。

【语译】

什么叫作"清净法身佛"呢?世人的心性本来清净无染,万法都由自性而生。如果心中思量一切恶事,就会产生恶的行为;如果心中思量一切善事,就会产生善的行为。因此,一切善恶诸法在自性中,就好像天空本来常清,日月本来常明,只因为被浮云遮蔽而上明下暗。忽遇风来把浮云吹散,自然上下全明,森罗万象都清楚地显现出来。世人心性浮游不定,就好像那天空的浮云。

善知识!智就像是太阳,慧就像是月亮,智慧常如日月光明朗照,但是如果向外执着于尘境,就会被妄念的浮云遮盖住自性,智慧就不得明朗。如果能遇到善知识,听闻正法,自能除去心中的迷执妄念,而内外光明澄澈,万法在自性中自然一一显现。见性的人,就是如此。这就叫"清净法身佛"。

【解读】

这解释得太清楚了,只要把自性弄清楚,其他的就很容易明白。世人的自性本来就清净,所以你们都是佛,而万法都是从自性中显现的。"思量一切恶事,即生恶行；思量一切善事，即生善行"，这是教我们要思量，要为善去恶。

有人认为这一点和前面提到的"不思善不思恶"是矛盾的，其实这是不矛盾的，就像《易经》讲的三易，其中有不易和变易，万事万物都是变化的，万事万物又都是不变的，这两者是矛盾的吗？根本不矛盾。这是一回事，只不过从不同的角度来说。最根本的是清净的，没有善没有恶，但是慢慢会显现出来，这在之后讲"八识"的时候会讲到。最下面的阿赖耶识是清净的，但是它要显现出来，显现到第七识的时候就很麻烦，它太执我了，就生出烦恼来。

大千世界是什么？以须弥山为中心，七山八海交互绕之，更以铁围山为外郭，是一个小世界，合此小世界1000个为一"小千世界"，合此小千世界1000个为一"中千世界"，合此中千世界1000个为一"大千世界"。佛常说的"三千大千世界"，就是3000个这样的"大千世界"。想一想，那是多么大，多么宏观，所以在佛看来，我们所烦恼的那些事，是太不值得一提的。

苏东坡写过一首诗："稽首天中天，毫光照大千。八风吹不动，端坐紫金莲。"在这首诗中，"天中天"就是指释迦牟尼，"稽首"就是跪拜，而且是五体投地。五体就是两手、两脚，再加头，这样叩拜释迦牟尼佛。然后释迦牟尼佛发出的光芒照耀了大千世界。后面两句，"八风"，不是八个方向吹来的风，是四个顺境和四个逆境，就是八种境遇，无论是喜还是悲，不管什么样的境遇，心中都能不为所动，端坐在紫金莲花上。

苏东坡这首诗写得很好，看上去是悟道了。他很得意，就派一个小书童交给他的朋友，一位名叫佛印的出家人。结果佛印看过之后，批了两个字给他，让书童送回去。苏东坡打开一看——放屁！他气得不得了，马上自己渡过长江去找佛印理论："我这首诗不是写得很好吗，你怎么能这样评论？！"佛印听了后哈哈大笑："八风吹不动，一屁过江来！"所以真正的佛法应该是在日常生活中，悟道了就是佛，没有悟道就是凡夫。

所以，清净法身都是一样的，"如是诸法在自性中，如天常清，日月常明"，就是这样平平常常，就好像天总是晴朗的，日月也是常明的。药山禅师也讲过："云在青天水在瓶。"这是很自然的，天上的云在飘，水在瓶子里装着，就是这样一种意境。

只是由于浮云覆盖，所以上面还是清明的，但是下面变暗了。忽然一阵风吹过来，把云都吹散了，天上地下就都明朗了，万事万物也都显现出来了。我们世人

的本性常常处在浮动飘游的状态,不够稳定,就像天空中一会儿云开晴朗,一会儿云聚阴暗。

各位善知识,智就像太阳,慧就像月亮,智慧就像日月一样常明。佛家常常用月亮比喻佛法,法身只有一个,就像月亮只有一个,但是我们家乡的河中都有月亮,这样就有千百亿的月亮,这就是化身,所以有诗句说:"千江有水千江月,万里无云万里天。"

如果执着于外界的事物,自性就被如同浮云一样的妄念遮盖了,就不能够显现。如果遇到善知识,就能听到真正的佛法,之后自己就会去除迷妄的思想,人也就由内到外明朗透彻,万事万物都在自性中显现。见性的人就是这个样子的,这就叫作"清净法身佛"。

善知识!自心皈依自性,是皈依真佛。自皈依者,除却自性中不善心、嫉妒心、谄曲心、吾我心、诳妄心、轻人心、慢他心、邪见心、贡高心,及一切时中不善之行;常见自己过,不说他人好恶,是自皈依。常须下心,普行恭敬,即是见性通达,更无滞碍,是自皈依。

【语译】

善知识!自心皈依本有自性,就是皈依真佛。所谓自皈依,就是除去自性中的不善心、嫉妒心、谄曲心、吾我心、诳妄心、轻人心、慢他心、邪见心、贡高心,以及一切时中所有不善的行为;常常反省自己的过失,不说别人的好坏是非,这就是自皈依。常须怀抱谦下之心,普遍恭敬他人,这就是见到自心本性而通达无碍,即是自皈依。

【解读】

各位善知识,要让自己的心皈依清净的自性,这才是皈依真正的佛。自己皈依的人,要除却自性当中不善的心、嫉妒的心、谄曲的心(谄媚逢迎)、吾我的心(以自我为中心)、诳妄的心、轻人的心(轻视别人)、慢他心(怠慢别人)、邪见的心、贡高的心（骄傲自大），以及在任何时候所作出的不善的行为。要常常看到自己的过错，不去说他人的好和恶，这就叫自皈依。要经常思量自己的心，从内心下功夫，在所有的行为处世上都能恭敬地对待，这就见识到了清净自性，整个人通达了，再没有挂心的事物，再没有阻碍，这就是自皈依。

何名圆满报身？譬如一灯能除千年暗，一智能灭万年愚。莫思向前，已过不可得，常思于后，念念圆明，自见本性。善恶虽殊，本性无二。无二之性，名为实性，于实性中，不染善恶，此名圆满报身佛。

自性起一念恶，灭万劫善因。自性起一念善，得恒沙恶尽。直至无上菩提，念念自见，不失本念，名为报身。

【语译】

什么叫作"圆满报身"呢？譬如一灯能破除千年的黑暗，一智能灭除万年的愚痴。不要经常回想以前的事，已经过去的事不可复得，要常思量以后的行为，念念圆明，自然能见到自心本性。善与恶虽然不同，其实本性并没有两样。这无二之性，就叫作"实性"，在实性中，不染善恶，就叫作"圆满报身佛"。

自性若起一念恶，就能消灭万劫以来所修的善因；自性若起一念善，就能灭尽如恒河沙数的罪业。从初发心一直到成就无上菩提，念念自见本性，不失本念，这就叫作"报身"。

【解读】

"一灯能除千年暗，一智能灭万年愚"，这两句话非常有名。有了这一盏明灯，就能把万年的黑暗给破除；有了这一点智慧，就能把万年的愚痴灭尽。禅宗的代代相传，这个过程就是传灯。有一本书叫作《景德传灯录》，就是记载薪火相传的。

不要总是思虑从前，已经发生的事是不可能重现的，要常常想以后，时时刻刻都保持圆融明澈的状态，自己见识自己的本性。虽然有善有恶，二者有所不同，但善恶的本性都是一样的。没有差别的本性也叫作"实性"，在这实性中，不受到善恶的影响，这就是圆满报身佛。

何名千百亿化身？若不思万法，性本如空；一念思量，名为变化。思量恶事，化为地狱；思量善事，化为天堂；毒害化为龙蛇，慈悲化为菩萨；智慧化为上界，愚痴化为下方。自性变化甚多，迷人不能省觉，念念起恶，常行恶道。回一念善，智慧即生。此名自性化身佛。

善知识！法身本具，念念自性自见，即是报身佛。从报身思量，即是化身佛。自悟自修自性功德，是真皈依。皮肉是色身，色身是舍宅，不言皈依也。但悟自性三身，即识自性佛。

【语译】

什么叫作"千百亿化身"呢？如果不思量万法，自性本来就如晴空；如果对万法有了一念思量，就叫作"变化"。思量恶事时，自心就化为地狱的境界；思量善事时，自心变化为天堂的境界；生起毒害之念时，自心就化为龙蛇的境界；生起慈悲之念时，自心就化为菩萨的境界；自性流露智慧时，自心就化为上界诸天的境界；自性迷执愚痴时，自心就化为下方三途的境界。自性的变化非常多，愚迷的人不能省察觉悟，念念生起恶心，所以经常是处于恶道中。如果能一念回心向善，就能生出般若智慧。这就叫作"自性化身佛"。

善知识！法身本来人人具足，念念自见自性，这就是报身佛。从报身上思量万法而发智起用，这就是化身佛。行者自悟自修自性的功德，这就是真皈依。皮肉就是色身，色身譬如舍宅，不可以说是皈依。只要能了悟自性中本具的三身，就是认识自性佛。

【解读】

千百亿化身，就是我们世人不同的思量所造成的，一念思量就生出变化。思量恶事时，就化为地狱；思量善事时，就化为天堂；毒害人的念头产生时，就化为龙蛇来害人；有了慈悲之心，就化为菩萨；有了智慧，就化为上界，即上三道：天、人、阿修罗；愚痴的时候，就化为下方，即下三道：饿鬼、地狱、畜生。

所以说，自性的变化是非常多的，迷惑的人不能觉察。如果在念念中生起恶的想法，就常常走在恶的道路上；如果回头生出善的念头，智慧也就随之而生。这就是自性化身佛。

然后，慧能大师对三身做了一个总结。法身是本来就有的，但却是不显现的，看不到的，有点类似于我们现在说的最高价值观或者最高信仰。就像自性，是本来面目，是看不到的，所以要有一个看得见的东西。对我们人来说，这就是躯体，可以看得见，所以在念念中，自性能够自见，就是报身佛。每个人又有不同的身份、不同的角色，或者在思虑问题的时候有不同的想法和不同的行为，从而造成了不同的结果,这就是化身。能够自己觉悟、自己修行自己的自性功德,这就是真皈依。皮肉组成色身,就好像一个宅子。

　　李白有一篇散文,名叫《春夜宴从弟桃花园序》,开篇是这样说的:"夫天地者,万物之逆旅也;光阴者,百代之过客也。"天地,就是承载万物的宿舍;光阴,是古往今来的过客。我们都是过客,经过了一个又一个的旅店,就连自己的家,不论是多么豪华或者简朴的小房子,都可以说是一个旅店。这里的"逆",不是现在说的顺逆的意思,有"辶"偏旁的字大多与走路有关,所以"逆旅"就相当于是旅行者的旅店。

　　我们的身体也是我们的一个宿舍。这里讲我们的身体就是一个臭皮囊。真正的学佛修行,是不过度看重肉体的,如果对色身过度执着,修行是无法进展的。事实上,世间人非常看重这个肉身,这就是对于色蕴的深重执着,而修行是要破除这种执着的,使自己不被色身所束缚。所以,佛教中有很多修行人会修苦行,以这种方式来减轻自己对色身的执着。当然,修苦行也是要有智慧的,要在智慧的指导下去做,而不是一味地蛮干、自虐。真正修苦行得力的人,他自己的感受是不苦的,他很自在。

竹炉山房图

　　结尾再次点明,皈依不是指有形的东西,而是要回归本来清净的心性,悟到自己本性中的三身,成为识见自己本性的佛。可以说,"皈依佛"就是皈依自身具足的"佛性"。众生可以成佛,并不是通过修行而获得一个自身以外的佛果。人们常说"佛在心中",事实上,不仅思维中有"佛"的概念,众生心地的本来面目就是清净无染的,众生的生命就在佛性中,也记载和印证着佛性。

　　佛性的特点是清净、恒常、妙乐和本自具足,也就是"常、乐、我、净"。清净是说佛性的性质清净无染;恒常是指佛性不生不灭,不增不减,无论清净还是被染污,它都存在;妙乐指的是佛性超越一般意义上二元对待的苦乐,达到了无上之乐;"本自具足"是说佛性是众生真正的体性,修行最终获得成就时,佛性的显现就是对空性的证悟。

吾有一《无相颂》,若能诵持,言下令汝积劫迷罪,一时销灭。

【语译】

我有一首《无相颂》,如果你们能读诵受持,就能够使多生累劫以来因迷惑所造的罪业在言下顿时消灭。

【解读】

现在我有一首《无相颂》,如果你们能够诵读它并且一直按照它所讲的来修行,你之前累生累世的愚迷和罪过就都能够全部消灭。

颂曰:

迷人修福不修道,只言修福便是道。

布施供养福无边,心中三恶元来造。

拟将修福欲灭罪,后世得福罪还在。

但向心中除罪缘,名自性中真忏悔。

忽悟大乘真忏悔,除邪行正即无罪。

学道常于自性观,即与诸佛同一类。

吾祖惟传此顿法,普愿见性同一体。

若欲当来觅法身,离诸法相心中洗。

努力自见莫悠悠,后念忽绝一世休。

若悟大乘得见性,虔恭合掌至心求。

【语译】

颂说:

迷人修福不修道,只言修福便是道。

布施供养福无边,心中三恶元来造。

拟将修福欲灭罪,后世得福罪还在。

但向心中除罪缘,名自性中真忏悔。

忽悟大乘真忏悔,除邪行正即无罪。
学道常于自性观,即与诸佛同一类。
吾祖惟传此顿法,普愿见性同一体。
若欲当来觅法身,离诸法相心中洗。
努力自见莫悠悠,后念忽绝一世休。
若悟大乘得见性,虔恭合掌至心求。

【解读】

这个颂比较简单,是对《忏悔品》的一个回顾。

"迷人修福不修道,只言修福便是道":愚迷的人只知道修积福报,却不晓得修行佛道,还认为修福和修道是一回事,这是错误的。

"布施供养福无边,心中三恶元来造":如果你只是布施做好事,供养别人,是会得到福报,但其实你心中的三恶(就是三毒:贪嗔痴)本来是自己造成的,还是没有消除。

"拟将修福欲灭罪,后世得福罪还在":想要用积累福报来灭掉自己的罪,可是后世得到了福报之后罪还是存在的。所以不能只修福,还要修心,修功德。

"但向心中除罪缘,名自性中真忏悔":所以要向自己的内心下功夫,除掉那些罪过,这才是从自性中真正忏悔。

"忽悟大乘真忏悔,除邪行正即无罪":只要悟到大乘佛法所讲的真正忏悔,将自己邪恶的罪业都除掉,时时心行正道,就没有罪过了。

"学道常于自性观,即与诸佛同一类":学佛求道是要常常向内观照自己的本性的,如果你这样做了,你和佛菩萨就是一样的了,你就是佛,就是菩萨。

"吾祖惟传此顿法,普愿见性同一体":从我派的始祖一代一代传下来,都是要传这个顿悟的方法,希望大家都能见性,共同证悟佛体。

"若欲当来觅法身,离诸法相心中洗":你要是想寻觅你的法身的话,就一定要离开各种外相,要出离外境,洗除心中的杂念尘劳。

"努力自见莫悠悠,后念忽绝一世休":要努力地发现自己的真性内心,不要太轻视怠慢,否则后念突然断灭,这一生便结束了。

"若悟大乘得见性,虔恭合掌至心求":你要是想悟得大乘见佛性的话,就虔诚、恭敬地合十祈请。

师言：" 善知识！总须诵取，依此修行。言下见性，虽去吾千里，如常在吾边。于此言下不悟，即对面千里，何勤远来？珍重好去！"一众闻法，靡不开悟，欢喜奉行。

【语译】

慧能大师说："善知识！大家都应诵读这首《无相颂》，并且依此修行。如果听了以后能够立即见性，虽然离我千里之遥，也如同常在我的身边一样。如果听了以后不能有所觉悟，那么，即使就在对面，也如同相隔千里，又何必辛苦远来求法呢？望大家各自珍重！"大众听闻六祖的说法，无不有所领悟，都欢喜踊跃，信受奉行。

【解读】

"总须诵取"，要反复地诵读，还要按照它来修行。如果当下你就能开悟，那么，虽然你离我千里之远，但是就好像在我身边。如果你现在没有开悟，那么，即使我就在你对面，但也好像远隔千里，你何必要辛辛苦苦地从远处跑到我身边呢？

印度著名诗人泰戈尔在他的《飞鸟集》中写道："世界上最遥远的距离，不是生与死，而是我就站在你面前，你却不知道我爱你。"所以远和近是相对的。

你们各自珍重，好好地回去修行。"一众"，就是所有人，"闻法，靡不开悟"，听了慧能大师讲的佛法，都有所悟解，"欢喜奉行"，欢欢喜喜地去奉行佛法。这个欢喜叫什么欢喜呢？叫法喜，闻法而喜。

机缘品第七

《机缘品》是讲什么的呢？讲师徒的缘分、机缘。《机缘品》汇录了六祖得法后，在曹溪弘化时，与无尽藏、法海、法达、智通、智常、志道、行思、怀让、玄觉、智隍等各方学者师资投契的机缘，阐述了慧能大师点化追求觉悟而尚有滞碍的僧众的方式。《机缘品》由一段段的小故事组成，共讲了十来位弟子，由法海记录并整理。

师自黄梅得法，回至韶州曹侯村，人无知者。有儒士刘志略，礼遇甚厚。志略有姑为尼，名无尽藏，常诵《大涅槃经》。师暂听，即知妙义，遂为解说。尼乃执卷问字。

师曰："字即不识，义即请问。"

尼曰："字尚不识，焉能会义？"

师曰："诸佛妙理，非关文字。"

尼惊异之。遍告里中耆德云："此是有道之士，宜请供养。"

有魏武侯玄孙曹叔良及居民，竞来瞻礼。时，宝林古寺自隋末兵火，已废。遂于故基重建梵宇，延师居之，俄成宝坊。

师住九月余日，又为恶党寻逐，师乃遁于前山，被其纵火焚草木，师隐身挨入石中得免。石今有师趺坐膝痕，及衣布之纹，因名"避难石"。师忆五祖怀会止藏之嘱，遂行隐于二邑焉。

【语译】

六祖大师自从在黄梅得法以后，回到韶州曹侯村，当时并没有人知道这件事。

村中有一位儒士名叫刘志略,对大师极为礼遇尊敬。刘志略有一位姑母是比丘尼,法名无尽藏,经常诵念《大涅槃经》,六祖略略一听,就知道经文中的妙义,于是就为她讲解说明。无尽藏比丘尼便拿着经文请问六祖这上面的文字。

六祖说:"字我不认识,但关于经义尽可发问。"

无尽藏比丘尼说:"字尚且不认识,怎么能够理解经文的含义呢?"

六祖说:"三世诸佛的微妙道理,并不在于文字。"

无尽藏比丘尼听了非常惊讶,到处转告里中的耆宿大德说:"这是一位有道之士,应当请来供养。"

于是,魏武帝曹操的玄孙曹叔良以及当地居民都争相前来瞻仰、礼拜六祖大师。那时,宝林古寺由于经历了隋朝末年的战乱,已经成为废墟。于是就在古寺的旧基上重建佛寺,礼请六祖前往住持。不久,宝林寺就成了一座名刹。

六祖在宝林寺住了九个多月,又被恶党寻逐追杀,大师就隐避在寺前山中,恶人即放火焚烧前山的草木,六祖勉强将身体挤进大石头的缝隙中隐藏起来,才免于被害。直到现在那块石头上还留有六祖结跏趺坐时的膝盖痕迹,以及所穿衣服的布纹,因此后人称其为"避难石"。慧能大师想起五祖曾嘱咐的"逢怀则止,遇会则藏",于是就在怀集、四会二县境内隐居起来。

【解读】

慧能回到韶州曹侯村以后,有一位儒士刘志略很照顾他,非常礼遇他,在物质上资助他。刘志略有一个姑姑是比丘尼,她的名字叫无尽藏,她常常诵读《大涅槃经》。"师暂听","暂"不是暂时,而是间断的意思,"暂听"就是间断地听到。慧能知道其中的妙义,"遂为解说",所以就为她解说。

尼姑拿着经卷问慧能经文中的字的含义。这时慧能说:"字我是不认识的,但它的意思我可以跟你说。"无尽藏就很疑惑:"你都不认识字,怎么可能懂得经文的义理呢?"慧能大师就回答她:"佛祖所讲的精妙佛理,是和文字不相关的,是不拘泥于文字的。"由此可见,虽然无尽藏比丘尼常常诵读《大涅槃经》,但是她并未领悟经文的真意。

无尽藏一听,很是佩服慧能大师,就告诉乡里那些德高望重的老者(耆德:六十岁以上的老人叫"耆","德"就是有品德、德行高尚),这是一位修行很高深的和尚,"宜"就是应该,应该请来好好地供养起来。

"魏武侯"是谁？就是曹操，曹操的玄孙曹叔良，还有在附近居住的百姓，都争着来瞻仰、礼拜慧能大师，并且重新修建了因在隋朝末期遭遇战乱兵火而一直荒废着的一座古寺——宝林寺。"梵宇"就是寺庙。"延师居之"，"延"就是邀请，邀请慧能大师居住在宝林寺，住持这个寺院。

"俄成宝坊"，"俄"就是不久，"宝坊"就是成了一个宝地、一个大道场。慧能大师在那里住了九个多月，"又为恶党寻逐"，又被那些心怀不轨的同门追杀，他躲到前面的山上，恶人又放火烧山，慧能大师就躲到石头缝中，这样才免遭灾祸。这块石头上到现在为止还有慧能大师坐在那里时膝盖的印子，以及他的衣服的布纹，所以这块石头就叫"避难石"。

慧能大师想起他的老师五祖弘忍曾经的嘱咐"逢怀则止，遇会则藏"，遇到"怀"你就停止，遇到"会"你就要藏起来。于是他就在怀集、四会这两个地方隐居起来。

这一段是整个《机缘品》额外增加的一小部分，无尽藏也可以算作是慧能大师回到广东后非正式教授的第一位弟子。

僧法海，韶州曲江人也。初参祖师。

问曰："即心即佛，愿垂指谕。"

师曰："前念不生即心，后念不灭即佛；成一切相即心，离一切相即佛。吾若具说，穷劫不尽。听吾偈。"曰：

即心名慧，即佛乃定；

定慧等持，意中清净。

悟此法门，由汝习性；

用本无生，双修是正。

法海言下大悟，以偈赞曰：

即心元是佛，不悟而自屈；

我知定慧因，双修离诸物。

【语译】

僧人法海，唐朝韶州曲江县人，初次参礼六祖时问道："即心即佛是什么道理？祈求和尚慈悲为我解说。"

六祖说:"前念不生就是心,后念不灭就是佛;成就一切相的是心,远离一切相的是佛。这个问题如果要详细解说,纵使经过无量劫也述说不尽。听我说偈。"

六祖说:

即心名慧,即佛乃定;

定慧等持,意中清净。

悟此法门,由汝习性;

用本无生,双修是正。

法海在六祖的开示下豁然大悟,于是以偈赞叹说:

即心元是佛,不悟而自屈;

我知定慧因,双修离诸物。

【解读】

开头是对法海的简单介绍。有一个僧人叫法海,是韶州曲江人,就是现在广东省韶关曲江这个地方的人。

法海问慧能大师:"即心即佛是什么意思？我希望得到您的指导。"慧能给他解释:"前念不生即心",前面的念头不生出来,这叫作心;"后念不灭即佛",后面的念头不灭,这就是佛。其实是什么意思？心就是佛。这心,不可能是骄诳心、嫉妒心、妄想心等等,而是不起不灭的清净心,这样的心就是佛。

"前念不生即心,后念不灭即佛",这种句型叫作"互文",是古代汉语中经常出现的一种现象。比如诗句"秦时明月汉时关,万里长征人未还",前半句的意思不能理解为"秦朝时的明月、汉朝时的关口",而应该理解为"秦朝和汉朝时的明月和关口"。

"成一切相即心,离一切相即佛",成就一切外相,还要出离一切外相;清净的本心可以成就万物,但是在成就万物之后不要再贪恋、停留在万物上,还要离开它。这就是《道德经》中老子的那几句话:"生之畜之,生而不有,为而不恃,长而不宰""功成而弗居",正因为"弗居","是以不去"。

"吾若具说,穷劫不尽","具"就是具体的、详细的,我如果详细地说下去,穷尽这一劫,也说不完。"劫"我们前面讲过,有"小劫""中劫"和"大劫",是很长的一段时间。所以,慧能就说了一个偈子,这个偈子就是解释"即心即佛":"即心"叫作"慧","即佛"叫作"定",慧和定是同等的,它们的本意都是清净的。

我们回顾一下前面《定慧品》中讲的:"定慧一体,不是二。定是慧体,慧是定用。即慧之时定在慧,即定之时慧在定。"定和慧是不二的,不是谁生谁,而是一体的。"双修是正","双修"是指定慧双修,就是禅定与智慧共同修持,"摄乱意为定,观照事理为慧",又叫作"止观"。

所以法海也说了一个偈子。"即心元是佛",这个"元"通"原","原来"的意思,即心原来就是佛。"不悟而自屈","屈"就是不正、错误的,因为没有领悟所以理解错误。"我知定慧因,双修离诸物",现在我知道了定慧是这样,就好好修炼,不再停留在外相上。

这是跟弟子法海的一段交流,下一个是法达。

僧法达,洪州人,七岁出家,常诵《法华经》。来礼祖师,头不至地。

祖诃曰:"礼不投地,何如不礼?汝心中必有一物,蕴习何事耶?"

曰:"念《法华经》已及三千部。"

祖曰:"汝若念至万部,得其经意,不以为胜,则与吾偕行。汝今负此事业,都不知过。听吾偈。"曰:

礼本折慢幢,头奚不至地;

有我罪即生,忘功福无比。

师又曰:"汝名什么?"

曰:"法达。"

师曰:"汝名法达,何曾达法?"复说偈曰:

汝今名法达,勤诵未休歇;

空诵但循声,明心号菩萨。

汝今有缘故,吾今为汝说;

但信佛无言,莲花从口发。

达闻偈，悔谢曰："而今而后，当谦恭一切。弟子诵《法华经》，未解经义，心常有疑。和尚智慧广大，愿略说经中义理。"

师曰："法达，法即甚达，汝心不达。经本无疑，汝心自疑。汝念此经，以何为宗？"

达曰："学人根性暗钝，从来但依文诵念，岂知宗趣。"

【语译】

僧人法达，洪州地方人士，七岁出家，常常诵念《妙法莲华经》。有一天，他前来礼拜六祖，头却不着地。

六祖呵斥道："顶礼头不着地，与不顶礼有何不同？你心中必自负有一物在，你究竟有何专长呢？"

法达说："我念诵《法华经》已经有三千部了。"

六祖说："如果你念到一万部，能领悟经中大意，而不觉得胜过他人，那就能和我并肩同行。现在你竟以诵经千部而自负，一点也不知道自己的过失。现在听我说偈。"六祖说：

礼本折慢幢，头奚不至地；

有我罪即生，忘功福无比。

六祖大师又问道："你叫什么名字？"

法达说："名法达。"

六祖说："你的名字叫法达，何曾通达妙法？"于是又说一偈：

汝今名法达，勤诵未休歇；

空诵但循声，明心号菩萨。

汝今有缘故，吾今为汝说；

但信佛无言，莲花从口发。

法达听完偈语后，向六祖忏悔、谢罪说："从今以后，弟子当对一切谦虚恭敬。弟子虽然诵持《法华经》，却不了解经中大意，心中常有疑惑。和尚智慧深广博大，请略为讲说经中义理。"

六祖说："法达！佛法本是通达的，是你自心不能通达；经义本来无可疑问，是你自心有所疑惑。你诵这部经，可知道它以什么为宗趣吗？"

法达说："弟子根性愚钝，向来只依经文诵念，哪里知道宗趣呢？"

【解读】

"僧法达",有一个叫法达的僧人,是洪州人。南昌,古代曾叫洪州。

法达主要读《法华经》这部经典,这是大乘佛教的一部重要的经典,《法华经》的"华"就是"花",这两个字古代是通用的。法达念《法华经》已经达到三千部,但是慧能大师说他读这么多经都没用,为什么呢?

法达来见慧能大师的时候行礼,"头不至地",头没有触碰到地面,慧能大师说:"你这样行礼有什么用呢?还不如不行礼。你心里肯定有所执着的事物,你从前修习的是什么?"法达就很得意地说自己念《法华经》已经有三千部了。慧能大师就对他说:"你如果念经念到了上万部,并且对经文中的含意都非常明了,还认为这没有什么了不起的话,那么我们就可以一起修行。但是现在,你对学佛修行这件事情是这样的自负自傲(又叫贡高心),还不知道这是自己的罪过。"于是他给法达说了一个偈子。

"礼本折慢幢","幢"是"巾",是旗子的意思,"慢幢",就是像旗子一样高高地飘着,形容人自大傲慢。行礼本来是要折服这种自大傲慢之心的。"头奚不至地",可是你的头为什么不叩到地上呢?"有我罪即生","有我"就是有我执,说明他心里放不下,认为自己读经就有功德了,这就生出罪来了。"忘功福无比","忘功"就是忘却功德,这样福才能来到。

慧能大师接着问他:"你叫什么名字?"对方回答说:"叫法达。"慧能大师感慨地说:"你的名字叫作'法达',可是你何曾通达法理呢?"接着,他又说了一个偈子:

"汝今名法达,勤诵未休歇",你的名字叫作"法达",也非常勤勉地诵经,不曾有偷懒、休息的时候。

"空诵但循声,明心号菩萨",但可惜只是停留在口念上,空有朗朗的念经声,却没有真正领悟经文的意趣。只有你自己明心见性,那才是真正地念经学佛。

"汝今有缘故,吾今为汝说",好在你我还是有一些佛缘的,我就跟你说说你的问题所在。

"但信佛无言,莲花从口发",你只要相信佛是没有言语凭借的,像莲花一样清净的佛法是自然而然从口中发出的。这是让法达不要只是关注经文本身,而要关注其中蕴含的清净佛性。

法达听了慧能大师的这个偈子后,很是惭愧,对自己傲慢的行为非常后悔,他向慧能大师忏悔、谢罪："从今以后，我会谦虚恭敬地对待一切事物。弟子诵读《法华经》，没能理解其中的意义，心里常常会生出很多疑问。大和尚您的智慧这样广大，还希望您为我大概地讲解一下经文中的义理。"我们之前说过，古代称呼"和尚"是对得道高僧的尊称。慧能大师又强调说："法达，佛法是通达的，但是你现在心中还没有通达所学的佛法。佛经本身是没有疑惑的，是你心中有疑惑罢了。你念诵《法华经》，你知道它的宗旨是什么吗？"法达回答："我的根性太晦暗愚钝，一直就只是依照经文来念诵《法华经》，哪里知道去领悟其中的宗旨和佛法意趣呢？"

师曰："吾不识文字，汝试取经诵之一遍，吾当为汝解说。"法达即高声念经，至《譬喻品》。师曰："止！此经元来以因缘出世为宗。纵说多种譬喻，亦无越于此。何者因缘？经云：'诸佛世尊，唯以一大事因缘，出现于世。'一大事者，佛之知见也。世人外迷著相，内迷著空。若能于相离相，于空离空，即是内外不迷。若悟此法，一念心开，是为开佛知见。佛，犹觉也。分为四门：开觉知见，示觉知见，悟觉知见，入觉知见。若闻开示，便能悟入，即觉知见，本来真性而得出现。"

【语译】

六祖说："我不认得字，你试拿经本来诵读一遍给我听，我为你讲说。"于是法达就高声诵念经文，念到《譬喻品》时，六祖说："停！这部经是以佛为一大事因缘出现于世为宗，即使说再多的譬喻，也不会超越这个宗旨。什么是因缘呢？经中说：'诸佛世尊都只为一大事因缘而出现于世。'这一大事，即是佛的真知见。世间人不是向外迷惑执着于诸相，就是向内迷执于空。如果能够于相离相，于空离空，这就是内外不执不迷。如果悟得这个法门，一念之间心开意解，这就是开佛知见。佛，就是觉。分为四门：令众生开启'觉的知见'，为众生指示'觉的知见'，令众生体悟'觉的知见'，令众生契入'觉的知见'。如果在听闻到开示时便能体悟契入，这就是'觉的知见'，本来具有的真性就得以显现。"

【解读】

慧能大师说：我不识字，你试着念一段经文，我给你解释。于是法达就高声地念起来。念经也是有功夫的，要念起来很好听，要知道哪里断句，哪里高声和哪里低声，要在读的过程中领悟其中的意思。

山水图

　　法达念着念着,念到了《譬喻品》。看名字就知道,这是打比喻的。因为佛法太深奥了,一般人理解不了,所以就打比喻。这就像老子一样,他讲的道不容易懂,他就作比喻,一个是水,一个是婴儿。

　　这时,慧能大师说"止",就是在这里停下来,不要继续读了。他一听就明白了,这段经是讲因缘出世的宗旨。纵然说了那么多的比喻,也不过如此。什么是因缘呢?经上说:"诸佛世尊,唯以一大事因缘,出现于世。"

　　是什么"大事"?就是我们每一个人生死的问题。生,怎么生的?死,又怎么死?你不明白,才有生死;你若明白了,就没有生死。释迦牟尼佛到这个世界上,就是想要让众生明白,生从何而来、死往何去。

　　"世人外迷著相,内迷著空",世俗之人在外执着于外相,内心执着于空。"若能于相离相,于空离空,即是内外不迷","离相",要离开外相,不要着相。"空"不太好说,有很多人一天到晚说空,这其实也是着相,执着于这个空的相。在日常生活中,我们该干什么还干什么,但是要怀着一颗出世的心,要明白万事万物的事理是本来清净的,本性是空。没有必要一天到晚说空啊空的,你周围的人肯定很厌烦。只是做任何事情的时候,究竟地去想,明白事理,就可以了。这就是以出世的心来做入世的事,不要着空。如果你悟到了这个法门,在一念间顿然开悟,就是开悟到佛的知见了。

　　对于"空",很多人理解得有偏差,认为是"什么都没有",这是完全错误的。"真空妙有",空性不是断灭。有很多人轻率地将空性的本质误解为"什么都没有",根本原因在于,光靠语言和概念分别是无法涵盖空性的,所以经论上说"不可思议,不立文字""言语道断,心行处灭"。千万不要将"一切事物是空"扭曲

机缘品第七

成"没有任何事物存在",这种见解是错误的。

在《入中论》这部论典中,讨论了二十种空性,其中有一个叫作"空性空",偈颂是这样说的:

> 诸法无自性,智者说名空,
> 复说此空性,由空自性空,
> 空性之空性,即说名空空,
> 为除执法者,执空故宣说。

"空性空"有两个"空"字,前一个"空",是将对实有法的理解变成空性理解的那个"空";后面一个"空"是说,新产生的空性理解也是空的。前面是理解上的由实变成空,后面是此理解之空本身也空空如也。

这是对"空"的一点解释。

"佛,犹觉也",佛,其实就是觉悟。这一段讲了四门:开门,示门,悟门,入门。先是开门,什么是"开觉知见"呢?一切众生本来都有佛的知见,他的智慧和佛是一样的,不过就像金子在矿里,还没有开采出来,我现在告诉你,本有的佛性就在我们每一个人的烦恼中,每一个人都是有佛性的。然后是示,指示众生怎样才能得到真正的金子。然后是悟,有一天你豁然贯通,就开悟了:"哦,原来是这么一回事!原来就是这样子!"人生的问题你明白了,这就是"悟觉知见"。最后是入,你心里开启了真正的智慧,这就叫"入"。这是觉悟的四个过程。如果在听闻到佛法的时候能够悟入,这就是觉知见,本有的真性本心就能够显现出来。

汝慎勿错解经意:见他道开示悟入,自是佛之知见,我辈无分。若作此解,乃是谤经毁佛也。彼既是佛,已具知见,何用更开?汝今当信佛知见者,只汝自心,更无别佛。盖为一切众生,自蔽光明,贪爱尘境,外缘内扰,甘受驱驰,便劳他世尊,从三昧起,种种苦口,劝令寝息,莫向外求,与佛无二,故云开佛知见。

【语译】

你千万不要错解了经意:不要见经上说开示悟入,就以为那是佛的知见,与我等凡夫没有缘分。如果有这样的见解,就是诽谤佛经、诋毁佛陀。他既然是佛,就已经具有佛的知见了,何必还要再去开佛知见呢?你现在当坚信:所谓佛的知见,就是你的自心,此外再也没有其他佛了。只因一切众生障蔽了自己的光明心性,贪着尘劳境界，向外攀缘而使内心纷扰，甘心受尘劳的驱使而奔驰，所以才要劳动大觉佛陀，从正定中出现于世，苦口婆心地宣说种种方便法门，劝导众生止息妄想，不要向心外去求取，这样才能和诸佛没有差别，所以说是开佛知见。

【解读】

你千万要慎重，不要错解了《法华经》的经义：见到佛经中讲的开、示、悟、入四门觉知见，自以为是讲佛的知见，认为像我们这样的普通人没有办法有这样的知见。如果你这样理解，就是在谤经毁佛，诽谤经文、诋毁佛祖的本意，就错了。既然已经是佛，也就已经具备佛的知见，"何用更开"，哪里还用得着再开觉知见呢？佛的知见其实在哪里？就在你自己心中，"更无别佛"，再也没有别的外在的佛。

"盖为一切众生，自蔽光明"，所有众生都有清明的自性，都是佛，只是被自己遮蔽住了，迷惑了。于是就"贪爱尘境，外缘内扰"，贪婪地沉溺在尘世间被外缘所干扰，导致内在心中烦乱，也就甘愿受到外境驱驰，随着外缘奔走在这个世上。例如，金融危机一来，我们跟着就有危机感了，我们的内心随着外缘在动，不清净了。

"便劳他世尊，从三昧起"，使得我们世人所敬仰的尊者（世尊就是释迦牟尼佛，是尊称），要从三昧中出定。"三昧"是指禅定的境界、静谧的境界、灭绝一切杂念的境界。世尊要从禅定中出来，用各种各样的办法苦口婆心地劝我们，让我们这些迷失在外缘外境中的愚人休息，不要再向外求了；告诉我们，我们自己与佛是不二的，自心就是佛。

吾亦劝一切人，于自心中，常开佛之知见。世人心邪，愚迷造罪，口善心恶，贪嗔嫉妒，谄佞我慢，侵人害物，自开众生知见。若能正心，常生智慧，观照自心，止恶行善，是自开佛之知见。汝须念念开佛知见，勿开众生知见。开佛知见，即是出世；开众生知见，即是世间。汝若但劳劳执念，以为功课者，何异牦牛爱尾？

【语译】

我也常劝一切人，要在自己心中开启佛的知见。世间人心地不正，愚昧迷惑而造作种种罪，口说善言而心怀恶念，贪爱嗔恚又嫉贤妒能，谄媚佞言且自恃慢人，侵犯别人并损害他物，这就是开启了众生知见。如果能端正心念，时常生起智慧，观照自己的心性，不造恶而行善，这就是开启了佛的知见了。你必须念念开启佛的知见,千万不要开启众生知见。能开启佛的知见,就是出世法;开启众生知见,就是世间法。你如果只是辛辛苦苦地、执着地念诵《法华经》,以此作为功课,这和牦牛爱惜自己的尾巴又有什么不同呢?

【解读】

同时,我也劝这世上的所有人,要在自己的心中常常开启佛的知见(也叫"正见")。世上的人多是心生邪见,有的因为愚昧迷惑而造出罪过,有的口中说善可心中却有恶念,或者有贪婪、嗔怒、嫉妒之心,或者有谄媚、奸佞、自我、傲慢的毛病,这些都会害人害己,都是自己开启了世间众生的世俗知见。如果能端正本心,常常从心中生出智慧,观照自己的内心,止住自己的恶念恶行,奉行善的本心,这才是开悟了佛的知见。

你的心念中始终要想的是开启佛的知见,而不是开启众生的知见。众生的知见是邪见,佛的知见是正见。所以,开启佛的知见,就是出世,出离世间了;开悟众生的知见,就还在世间,是入世。出世就是出离了世间的各种邪心,即不正的心、不正的念,而不是指真的出家;入世就是还存在各种邪念、各种不正的世俗之心。

如果你只是这样辛辛苦苦地抱着这种众生知见,执着于念经这个表象,认为它就是修功德必须要做的事情,那么,这和牦牛贪爱自己的尾巴有什么不同呢?都是执着于外相。"牦牛爱尾",慧能大师在这里引用的是《法华经》中所提到的比喻。

达曰:"若然者,但得解义,不劳诵经耶?"

师曰:"经有何过,岂障汝念!只为迷悟在人,损益由己。口诵心行,即是转经;口诵心不行,即是被经转。听吾偈。"曰:

心迷法华转,心悟转法华。

诵经久不明,与义作仇家。

无念念即正,有念念成邪。

有无俱不计,长御白牛车。

【语译】

法达听后说:"照这样说,只要能理解经义就好,可以不必诵经了吗?"

六祖说:"佛经本身有什么过失呢?难道妨碍你诵念吗?!须知执迷和觉悟

在于个人,受损或得益都由于自己。口诵经文而心达其义,就能够转经;口诵经文而心不达其义,就被经文所转了。听我说偈。"偈语:

心迷法华转,心悟转法华。

诵经久不明,与义作仇家。

无念念即正,有念念成邪。

有无俱不计,长御白牛车。

【解读】

法达这个时候又有疑问了:"像您说的这样,只要能够解释经文、明白义理,就不用再辛苦读经了吗?"说明法达还不完全明白慧能大师的意思,还是有所拘泥。

慧能大师解释道:"佛经本身有什么过错呢?哪里妨碍你去念诵它!只不过是念经的人有开悟和迷钝之分,所以从经文中得到收益或者遭受损失全在于你自己。只要你能够在口中诵经的同时,心中也奉行佛理,体会并运用佛经,从中得到了益处,这就是转经。如果你只是口中念诵经文,即便很用功,但是心中并不奉行佛经中讲到的义理,那就是被这个外在的文字牵着走了,这是有害的。"

我们来看这个偈子。"心迷法华转",心迷失的时候,就被《法华经》所左右。"心悟转法华",但是内心开悟了,就可以转《法华经》,自己可以给《法华经》赋予新的解释,不受它的文字相的制约。当然,这是一种究竟的解释。这就是"'六经'注我"和"我注'六经'"的道理。

"六经"是指儒家所信奉的六部经典:《诗》《书》《礼》《易》《乐》《春秋》,是"六经"注我呢,还是我注"六经"?对这一问题的理解可分为两派。一派说我只是信经典。这就很容易拘泥于文字,这就是"'六经'注我"。另一派说,我要改变经典。其实也不是真正地改变经典,是要去理解"六经"的含义,不完全拘泥于文字,有自己的理解,这是"我注'六经'"。

"诵经久不明,与义作仇家",就像法达那样一天到晚读经,但是却一直弄不明白经文的含义,怎么办?如果非要弄懂,就像是和这个经义结下了仇恨一样,这就是有执了,执着于这个经义。

"无念念即正,有念念成邪",所以要无念、无住、无相,达到这一点,这样本身就是正念了。而一旦执着于这个念,前念、今念、后念,就成了邪念。

"有无俱不计,长御白牛车",不计有无,不落两边,就可以长久地驾驭白牛车。

白牛车是三车之一。三车是指羊拉的车、鹿拉的车、牛拉的车。其中羊的力气最小，所以羊车代表的是小乘；鹿比羊的力气要大一些，鹿车就是中乘；牛的力气最大，牛车代表大乘。而这大、中、小三乘，是指救度众生力量的大小：羊车是形容声闻乘只能自度而不能度他，鹿车是形容缘觉乘能自度兼度亲属，牛车是形容菩萨乘不但能自度且能普度众生。这在前面已经讲过了。后面还会提到"四乘"，就是除了这三乘，还增加了佛乘。

达闻偈，不觉悲泣，言下大悟，而告师曰："法达从昔已来，实未曾转法华，乃被法华转。"再启曰："经云：'诸大声闻乃至菩萨，皆尽思共度量，不能测佛智。'今令凡夫但悟自心，便名佛之知见，自非上根，未免疑谤。又经说三车，羊鹿牛车与白牛之车，如何区别？愿和尚再垂开示。"

【语译】

法达听了这首偈语，不禁悲伤涕泣，于言下大悟，对六祖说："法达过去确实未曾转《法华经》，而是被《法华经》所转。"

法达又再启问："经上说：'一切大声闻乃至菩萨，即使竭尽思虑共同测度，也不能测知佛陀的智慧。'现在令凡夫只要觉悟自己的心性，就说是佛的知见，如果不是上等根性的人，不免要生起疑惑和诽谤。又经中说三车：羊车、鹿车、牛车，它们与大白牛车应怎样区别呢？祈愿和尚再慈悲开示。"

【解读】

法达听到上面这个偈子后，终于有所觉悟，不禁感到很悲伤，便哭泣起来。他说：我从过去到现在，确实没有理解、运用《法华经》，只是被动地被《法华经》的文字所牵引，拘泥于经文。

他又向慧能大师禀告说：佛经中说，所有的大声闻（果位很高的声闻乘），乃至菩萨，尽全力揣度思量，都不能够测知佛的智慧。现在大师您教导我们，即便是凡夫俗子，只要开悟了本心，就是开启了佛的知见。如果不是上等根器的人，听到您这样讲，未免会有疑问或者诽谤。您又提到"三车"，这羊鹿牛三车同白牛车，又该怎样区别呢？希望大和尚您为我开示。

师曰："经意分明，汝自迷背。诸三乘人，不能测佛智者，患在度量也。饶伊尽思共推，转加悬远。佛本为凡夫说，不为佛说。此理若不肯信者，从他退席。殊不知坐却白牛车,更于门外觅三车。况经文明向汝道:唯一佛乘,无有余乘,若二若三,乃至无数方便,种种因缘,譬喻言词,是法皆为一佛乘故。汝何不省!三车是假,为昔时故;一乘是实,为今时故。只教汝去假归实,归实之后,实亦无名。应知所有珍财,尽属于汝,由汝受用,更不作父想,亦不作子想,亦无用想,是名持《法华经》。从劫至劫,手不释卷,从昼至夜,无不念时也。"

达蒙启发,踊跃欢喜。以偈赞曰:

经诵三千部,曹溪一句亡。

未明出世旨,宁歇累生狂?

羊鹿牛权设,初中后善扬。

谁知火宅内,元是法中王。

师曰:"汝今后方可名念经僧也。"达从此领玄旨,亦不辍诵经。

【语译】

六祖说:"经意说得很清楚,是你自己执迷而违背罢了!一切三乘行人之所以不能测知佛智,问题就出在他们要去度量。任凭他们费尽心思共同去推测,也只能进一步增加与佛智的距离罢了。佛法本来是为凡夫而说,并不是为佛而说,如果不肯相信这个道理,那就听任他退出会席。他哪里知道自己本来就坐在白牛车上,却还要向门外去寻觅羊鹿牛三车。何况经文中明白地说:'毕竟只有一佛乘,并没有其他诸乘。或说二乘、三乘,乃至说无数的方便法门,种种因缘譬喻的言词,全都是为了一佛乘说的。'你怎么不注意省察呢?羊鹿牛三车是佛所设的三乘方便法,是为昔时众生迷失实相而施设的权教;大白牛车是佛真实说的一乘实相法,是为现今众生根基成熟而开显的实教。现在是教你去除三乘方便的假名而归入一乘实相的实教,一旦归入实教之后,连所谓的实教也没有了。要知道所有珍贵财物全部都属于你,任由你自己受用,不作佛陀慈父想,不作众生穷子想,也没有所谓的受用财宝想,这才真正叫作持诵《法华经》。如此便从前劫到后劫,手中从未放下经卷,从白天到黑夜,无时不在持诵《法华经》。"

法达蒙受启发,欢喜踊跃,用偈来赞叹说:

经诵三千部,曹溪一句亡。

未明出世旨,宁歇累生狂?

羊鹿牛权设,初中后善扬。

谁知火宅内,元是法中王。

慧能大师说:"从今以后,你才真正可以被称为'念经僧'了。"法达自此领悟到深奥玄妙的道理,也没有停止课诵。

【解读】

慧能大师又耐心地对法达解释:经文中其实已经说得很明白了,只是你自己还是迷惑,理解上有些背离原义。处在三乘的这些人,即声闻乘、缘觉乘和菩萨乘,不能测知佛的智慧,就是因为他们还在揣度思量。任凭他们怎样揣测、推想,也只是离佛更远罢了。佛经本来就是佛祖为世间的凡夫俗子说的,不是用来给佛说的。不肯相信佛法的人,那就任他退席离开好了。竟然不知道自己已经坐在白牛车上,已经在接受最上乘的佛法,还要另寻出路找羊鹿牛三车,寻找低一级或者低几级的佛法,这相当于是捧着金饭碗要饭吃。其实我们每个人都是佛,只要明心见性就可以了。何况经文上明明说"唯一佛乘",就只有唯一的佛乘,"无有余乘",没有别的乘。"若二若三,乃至无数方便,种种因缘,譬喻言词,是法皆为一佛乘故",如果说有二乘、三乘,乃至无数的方便法门,都是由于种种因缘际会,做了不同的比喻,用了不同的言语词汇,都是为了说明这个唯一的佛乘。你怎么还不醒悟啊!

法达他读的书太多了,他觉得这个"三车"一定有区别。实际上你掌握了佛乘,其他三车马上就都可以扔掉。所以慧能大师这个人很了不得,我们都只能一步步地走,他一下就达到最高境界。"三车是假",三车其实都是一些假名,都是从前所做的比喻;"一乘是实",其实最高的那一乘才是真实的,是我们现在说法所讲的。我只是教你去掉假设,回归真实,而在你回归真实之后,真实也是无名的,不拘于真实之名。你要知道,所有的珍宝财富都是属于你的,都为你所用,你不用想它是不是你父亲留下来的,也不用想要不要把它们传给你的后代,也不用想着受用这财富,这才是持有《法华经》。在这一劫到下一劫的漫长时间里,从不放下经卷,从白昼到黑夜,无时无刻不在念诵奉行经文。

慧能大师这样一解释,法达大受启发,高兴得跳了起来:我今天悟道了!然后他说了一个偈子。

"经诵三千部,曹溪一句亡":我读了三千部经,今天来到曹溪,这里的慧能大师一句话就帮我破掉了这些经文外相。

"未明出世旨，宁歇累生狂"：如果我不明白诸佛出世的本怀，怎么能灭掉累生的狂妄之心呢？"宁"就是怎么的意思。

"羊鹿牛权设，初中后善扬"：羊车、鹿车、牛车这三车，是暂时为说法作的比喻，而羊、鹿、牛分别对应的初、中、后，代表的是成佛过程中的三个阶段：小乘、中乘、大乘，要依次好好来弘扬。

"谁知火宅内，元是法中王"："火宅"，着了火的房子，比喻我们众生所在的世间。在这种环境中就有"法中王"，即本来面目、法中之王，用两个字解释就是自性。只要见性了，火宅也能成为一片绿洲。

慧能大师说：从今以后你才能叫作"念经僧"，一个会念经的和尚。法达从此以后开悟了，但是还继续念经。"不辍"，就是不停止。

僧智通，寿州安丰人，初看《楞伽经》，约千余遍，而不会三身四智。礼师求解其义。

师曰："三身者，清净法身，汝之性也；圆满报身，汝之智也；千百亿化身，汝之行也。若离本性，别说三身，即名有身无智。若悟三身无有自性，即明四智菩提。听吾偈曰：

自性具三身，发明成四智。

不离见闻缘，超然登佛地。

吾今为汝说，谛信永无迷。

莫学驰求者，终日说菩提。"

通再启曰："四智之义，可得闻乎？"

师曰："既会三身，便明四智，何更问耶？若离三身，别谈四智。此名有智无身，即此有智，还成无智。"复说偈曰：

大圆镜智性清净，平等性智心无病，

妙观察智见非功，成所作智同圆镜。

五八六七果因转，但用名言无实性，

若于转处不留情，繁兴永处那伽定。

通顿悟性智，遂呈偈曰：

三身元我体，四智本心明；

身智融无碍，应物任随形。

起修皆妄动，守住匪真精；

妙旨因师晓，终亡染污名。

【语译】

僧人智通，寿州安丰人。最初阅读《楞伽经》达一千多遍，却不能领会三身和四智的含义，于是就来参礼六祖，恳求解说经中要义。

六祖说："所谓三身，清净法身，是你的自心本性；圆满报身，是你的般若智能；千百亿化身，是你的修行实践。如果离开本性，另外说有三身，这是有身而无智；如果了悟三身本无自性，这叫作'四智正觉'。听我说偈：

自性具三身，发明成四智。

不离见闻缘，超然登佛地。

吾今为汝说，谛信永无迷。

莫学驰求者，终日说菩提。"

智通又再请问："是否能请求您为我解说四智的含义呢？"

六祖说："既然领会了自性三身的意义，自然也就能明白四智的意义，为什么还要问这个问题呢？如果离开了自性三身，而另外去谈说四智，这就叫作'有智无身'；即使有智，也等于无智。"六祖又再说偈：

大圆镜智性清净，平等性智心无病，

妙观察智见非功，成所作智同圆镜。

五八六七果因转，但用名言无实性，

若于转处不留情，繁兴永处那伽定。

智通闻偈后立即领悟了本性四智，于是呈偈说道：

三身元我体，四智本心明；

身智融无碍，应物任随形。

起修皆妄动，守住匪真精；

妙旨因师晓，终亡染污名。

【解读】

第三个弟子是智通，他刚开始看《楞伽经》的时候，读了上千遍，就是不理解"三身四智",于是就去问师父。慧能大师一下就帮他点破,他说了三个概念:三身、四智、八识,搞清楚这三个概念就明白了。

我们来看看慧能大师的两个偈子。第一个偈子:

"自性具三身",自性本来清净,清净之中本来就具足法身、化身、报身这三身。"发明成四智",哪"四智"?"四智",就是八识转识成智而成的。八识的前五识——眼、耳、鼻、舌、身——转成的智叫作"成所作智",能够成就万物的智,也就是自利利他。第六识即意识,转成"妙观察智",能够观察万事万物的智。第七识即末那识,转为"平等性智",万事万物都是平等的。第八识即阿赖耶识,是转为"大圆镜智",大圆满的智慧。这就是"八识转四智"。然后是"四智成三身","大圆镜智"成的是清净法身,"平等性智"成的是报身,"妙观察智"和"成所作智"都成的是化身。"不离见闻缘,超然登佛地。吾今为汝说,谛信永无迷。莫学驰求者,终日说菩提",你不必摒绝见闻外缘,就能超然直登佛地啊!我现在为你说的法,你要深信,要永不迷惑,不要学他人向外驰求,整天空口说菩提,这是没有用的。

芦花寒燕图

第二个偈子:

"大圆镜智性清净",有大圆镜智,就能见到本性清净。

"平等性智心无病",有平等性智,就能够内心没有邪念,是正的。

"妙观察智见非功",有妙观察智,就能观察、分别一切事物,放下执着,得到自在。

"成所作智同圆镜",成所作智从根本上来说和大圆镜智是一回事,所以是"同"。

"五八六七果因转","五"就是前五识,"八"就是第八识,都是在果上转成智,而第六识和第七识都是在因上转成智。

"但用名言无实性",只是转其假名而非转其实性体,最终的本性是无实性,实性就是实相,而实相是无相的。这就是禅宗第一公案中佛陀所讲的:"吾有正法眼藏,涅槃妙心,实相无相,微妙法门,不立文字,教外别传。"其实,将这几句弄清楚就可以,讲法的名相太多,到慧能这里什么都不需要,就是当下直入真如本性。

"若于转处不留情",如果能在转识成智这个转的关键时刻没有丝毫的留恋,没有丝毫的执着挂心,那么就可以"繁兴永处那伽定",即在转为智之后所达到的那种生命的繁盛兴旺也就会永久地停留在那里。"那伽"就是龙,就像龙一样能够长久地定止在深渊。

虚云老和尚对转识成智也有过一个开示:"每人都有一个心王,这个心王即是第八识。八识外面还有七识、六识、前五识等。前面那五识就是那眼耳鼻舌身五贼,六识即是意贼,第七识即是末那。它末那,一天到晚就是贪着第八识见分为我,引起第六识率领前五识贪爱色声香味触等尘境,缠惑不断,把八识心王困得死死的转不过身来。所以我们今天要借这句话头——金刚王宝剑,把那些劫贼杀掉,使八识转过来成为大圆镜智,七识转为平等性智,第六识转为妙观察智,前五识转为成所作智。但是最要紧的就是把第六识和第七识先转过来,因为它有领导作用,它的力量就是善能分别计量。现在你们作诗作偈、见空见光,就是这两个识在起作用。我们今天要借这句话头,使分别识成妙观察智、计量人我之心为平等性智,这就叫作转识成智,转凡成圣。"这是虚云老和尚说的。

听了慧能大师这一番讲解之后,智通顿然开悟,明白自性本具智慧,于是也呈上了自己作的一个偈子向老师汇报自己开悟的心得。

"三身元我体,四智本心明":三身原本就是我自己的身体,四智也是自己清明的本心中原本具备的。

"身智融无碍,应物任随形":三身和四智本来就应该是相互融和,中间没有阻挡障碍,只是根据遇到的事物不同,表现出来的状态不一样罢了。

"起修皆妄动,守住匪真精":起念来修行,这是妄自行动,其实并不是真的修行;同样的,守在那里住心在佛经文字上,守的并不是佛经的精华,只是表象。

"妙旨因师晓,终亡染污名":因为有祖师的讲解,我才能够通达、知晓这玄妙的佛理,消除对佛理的曲解,避免对清净佛性的污染。

僧智常,信州贵溪人。髫年出家,志求见性。一日参礼。

师问曰:"汝从何来,欲求何事?"

曰:"学人近往洪州白峰山礼大通和尚,蒙示见性成佛之义,未决狐疑。远来投礼,伏望和尚慈悲指示。"

【语译】

僧人智常,信州贵溪人。童年时出家,志在求得明心见性。一天来参礼六祖。

六祖问他:"你从哪里来?想求得什么?"

智常答说:"学僧最近到洪州白峰山参礼大通和尚,承蒙开示见性成佛的奥义,只是心中还有一些疑惑,因此远来参礼祖师您,祈求和尚慈悲为我开示。"

【解读】

这是讲智常和慧能大师的机缘,智常是信州贵溪人,贵溪就是现在的江西贵溪。"髫年出家","髫"就是孩子的下垂的头发,指代小孩子。这里说智常还是小孩子的时候就出家了,并且立下志向要明心见性。有一天,智常来向慧能大师参拜行礼。

慧能大师就问他:"你从哪里来?想要求什么事呢?"智常说:"学生最近到洪州的白峰山参拜了大通和尚。我承蒙大通和尚的开示见识本性,但是还没有把我的疑问全都解决掉,所以我远道而来向您求访,希望您能给我一些指示。"

师曰:"彼有何言句,汝试举看。"

曰:"智常到彼,凡经三月,未蒙示诲。为法切故,一夕独入丈室,请问如何是某甲本心本性。大通乃曰:'汝见虚空否?'对曰:'见!'彼曰:'汝见虚空有相貌否?'对曰:'虚空无形,有何相貌?'彼曰:'汝之本性,犹如虚空,了无一物可见,是名正见;无一物可知,是名真知。无有青黄长短,但见本源清净,觉体圆明,即名见性成佛,亦名如来知见。'学人虽闻此说,犹未决了,乞和尚开示。"

【语译】

六祖说:"他都说了些什么?你试着举例说说看。"

智常说:"学僧到那里约住了三个月,都不曾得到和尚的开示教诲。因为求法心切的缘故,有一天晚上,我便单独进入方丈室,请求开示:'什么是我的本来心性呢？'和尚说：'你见过虚空吗？'弟子回答说：'见过。'和尚又问：'你所见的虚空有没有相貌呢？'答：'虚空没有形体，哪里有什么相貌可言呢？'和尚说：'你的本性就如同虚空，了无一物可见，这就叫作"正见"；没有一物可知，这就叫作"真知"。没有青黄长短等色法的区别，但见得本源清净无染，觉体圆融澄明，这就叫作"见性成佛"，也叫作"如来知见"。'学僧虽然听了这个说法，但还是不能解决内心的狐疑，所以恳求您开示。"

【解读】

慧能大师问他：那位老师给你开示的时候都说了什么话？你试着说出来，我看看如何。

智常就回复说：我到那儿以后，待了三个月，都未曾蒙受大通和尚的开示点拨。但是我心中又急切地想求法，所以在一天傍晚就独自来到方丈的房间，向方丈请教怎样是某甲的本心本性。"某甲"是智常对自己的称呼。大通和尚就问我，你看到虚空了吗？我说，看到了。大通和尚又问，你看到虚空是有相貌的吗？我说，虚空本来就是无形的，能有什么相貌呢？大通和尚说，你的本性就像虚空一样，见不到任何一个事物，这就是正见；与此相对应，没有任何事物可以让你知晓，这就是真知。"无有青黄长短"，没有颜色的区别，也没有形状的区分，"但见本源清净，觉体圆明，即名见性成佛"，只能见识到它原本是清净的，感觉到它的本体是圆明的，这就是见性成佛，也叫作"如来知见"，"知见"可以简单地理解为正知和正见，也可以简单地理解为智慧，这就是如来的智慧。弟子虽然听到大通和尚这样为我开示，却仍然不能完全明了而得到开悟，所以希望大和尚您为我开示。

师曰："彼师所说，犹存见知，故今汝未了。吾今示汝一偈。"曰：

不见一法存无见，大似浮云遮日面。

不知一法守空知，还如太虚生闪电。

此之知见瞥然兴，错认何曾解方便。

汝当一念自知非，自己灵光常显现。

常闻偈已，心意豁然，乃述偈曰：

无端起知见，著相求菩提，

情存一念悟，宁越昔时迷。

自性觉源体，随照枉迁流，

不入祖师室，茫然趣两头。

【语译】

六祖说："那位和尚所说，还存有知见，所以不能使你全然明白。我现在给你一首偈语。"偈颂：

不见一法存无见，大似浮云遮日面。

不知一法守空知，还如太虚生闪电。

此之知见瞥然兴，错认何曾解方便。

汝当一念自知非，自己灵光常显现。

智常听了这首偈语以后，心里豁然开朗，于是也说了一偈：

无端起知见，著相求菩提，

情存一念悟，宁越昔时迷。

自性觉源体，随照枉迁流，

不入祖师室，茫然趣两头。

【解读】

慧能大师听了大通和尚为智常开示佛法的经过后，对智常说，你所说的那位大通大师，在知见上还是没有圆满，没有完全达到虚空的境界，所以不能使你完全明了通达，现在我给你开示一个偈子。

"不见一法存无见，大似浮云遮日面"：如果说佛法是不见一法的，这其实还是存在着"没有见"这种知见。就好像是天空中大片浮云把太阳的相貌给遮住了，这种知见的存在会遮挡住你本身清明的本心。

"不知一法守空知，还如太虚生闪电"：像这样不知任何一法地守着空的知见，就如同太虚的天空中生出了闪电，这闪电阻碍了你对太虚的本来面目的认识。

"此之知见瞥然兴，错认何曾解方便"：这种知见忽然之间生出来，抱有这种错误的知见，又怎么能够真正明了方便法门呢？

"汝当一念自知非，自己灵光常显现"：你应该当下意识到这种空的知见是不对的，要抛弃它，让自己般若之智常开、智慧之光常现，照亮自己的本心本性。

智常听了这个偈子之后，心里一下子就豁然开朗了，于是他也写了一个偈子。

"无端起知见,著相求菩提":这是说智常自己,从前是没有端由地生出了知见,并且执着于这个外相,还想去求开悟,这是迷中求悟,是背道而驰,求不到的。

"情存一念悟,宁越昔时迷":"情"指有情众生,只要存有悟的念头,哪能出离昔时的迷惑?

"自性觉源体,随照枉迁流":我这自性中觉悟的源体,仍然随着知见徒然迁流。

"不入祖师室,茫然趣两头":如果今天没有来到六祖大师您这里,就依旧茫然地执着于两端。"两头"就是空和有,就只会执着于空或者有,而不能见性。

智常一日问师曰:"佛说三乘法,又言最上乘,弟子未解,愿为教授。"

师曰:"汝观自本心,莫著外法相。法无四乘,人心自有等差。见闻转诵是小乘,悟法解义是中乘,依法修行是大乘。万法尽通,万法俱备,一切不染,离诸法相,一无所得,名最上乘。乘是行义,不在口争,汝须自修,莫问吾也。一切时中,自性自如。"

常礼谢执侍,终师之世。

【语译】

有一天,智常问六祖说:"佛陀说三乘教法,又说有最上乘,弟子不解何意,希望和尚教导。"

六祖说:"你应观照自己的本心,不要执着于外在的法相。佛法并没有四乘之分,只因人的根性有所不同:从目见耳闻下转诵经典的是小乘行者;悟解佛法义理的是中乘行者;依法修行的是大乘行者;万法完全通达,万法具足完备,一切不染不着,远离一切法相,无一法可得,这是最上乘的行者。乘是行的意思,不在于口头上的争论。你应该自己依法修行,不必问我。无论在什么时候,你自己的佛性都是来去无碍、自如的。"

智常礼谢六祖的开示,从此侍奉六祖一直到六祖示寂。

【解读】

在这一段中,智常问三乘法,"佛说三乘法,又言最上乘",最上乘是指什么?就是指超过羊鹿牛三车的大白牛车,也就是佛乘。

慧能大师对智常解释说,你只要向内观照自己的本心,不要执着于外界千变万化的事物。佛法本来是不分几乘的,就是那一个最上乘。人人都有佛性,只是因为每个人对本心的观照和认识程度不同,才显示出差别。能够听讲佛经并且去念诵,但是还不能完全理解佛经意思的就称为小乘;能够开悟并理解佛法含义的是中乘;理解并且时时刻刻奉行佛法的就是大乘;世间所有的法门都能够通彻地理解,所有的法门都完全具备,并且不被外在的一切事物所浸染,出离了一切的外相,没有任何所得,这就是达到了最上乘。乘,就是修行的意思,是渡过的意思,不在于口头上的争论,而是要自己去修行实践,所以,也不要再问我。要时时刻刻观照自己的本性如如不动,这是最关键的。

智常听到这个道理,就向慧能大师行礼致谢,然后侍奉慧能大师,直到大师过世。

僧志道,广州南海人也,请益曰:"学人自出家,览《涅槃经》十载有余,未明大意,愿和尚垂诲。"

师曰:"汝何处未明?"

曰:"诸行无常,是生灭法;生灭灭已,寂灭为乐。于此疑惑。"

师曰:"汝作么生疑?"

曰:"一切众生皆有二身,谓色身法身也。色身无常,有生有灭;法身有常,无知无觉。经云:生灭灭已,寂灭为乐者,不审何身寂灭?何身受乐?若色身者,色身灭时,四大分散,全然是苦,苦不可言乐。若法身寂灭,即同草木瓦石,谁当受乐?又,法性是生灭之体,五蕴是生灭之用,一体五用,生灭是常。生则从体起用,灭则摄用归体。若听更生,即有情之类,不断不灭。若不听更生,则永归寂灭,同于无情之物。如是,则一切诸法被涅槃所禁伏,尚不得生,何乐之有?"

【语译】

僧人志道,广州南海县人。有一天,他请示六祖大师:"学人自从出家以来,阅读《涅槃经》已经有十多年了,还不明白经中大意,请和尚慈悲教诲!"

六祖说:"你什么地方不明白呢?"

志道说:"'诸行无常,是生灭法;生灭灭已,寂灭为乐。'我对此有所疑惑。"

机缘品第七

六祖说："你是怎么疑惑的呢？"

志道说："一切众生都有二身，就是所说的色身和法身。色身是无常的，有生有灭；法身是常的，无知无觉。经中说'生灭灭已，寂灭为乐'，不知道是哪个身入于寂灭？哪个身受此真乐？如果说是色身，当色身坏灭的时候，地水火风四大分散，完全是苦，苦就不可说是乐；如果说法身入于寂灭，那么法身如同草木瓦石一样无知无觉，由谁来享受真乐呢？又法性是生灭法的体，五蕴是生灭法的用，一体有五用，生灭应当是恒常的。生就是从体而起用，灭就是摄用而归体。如果听任它再生，那么有情含识的众生就不断绝也不灭亡；如果不听任它再生，就将永远归于寂静，而与无情的东西没有什么不同。这样，一切万法就被涅槃所限制，生尚不可得，还有什么快乐可言呢？"

【解读】

僧人志道是广东南海人，他来向慧能大师请教：弟子自从出家以来，读《涅槃经》已经有十多年了，但还是不能明白其中的大意，希望大和尚您垂爱，给予我教诲。

慧能大师问他：你是哪里不明白呢？

志道回答说："诸行无常，是生灭法；生灭灭已，寂灭为乐"这一句不明白。

慧能大师又问：这一句你有什么疑惑呢？他要将志道疑惑的那一点找到，找到症结所在，才能替他对症梳理，为他开示。

志道就将他的理解说给慧能大师听：所有的众生都有二身，就是色身和法身。色身是无常的，是变化的，有生有灭；而法身是常的，是永恒的，无知无觉。佛经上说"生灭灭已，寂灭为乐"，我不明白这里是指哪个身寂灭？又是哪个身受乐？如果说是色身寂灭，那么一旦由地、水、火、风组成的色身分离散失，人死了，这明明就是苦，不能说是乐。如果说是法身寂灭，那么就如同无情的草木瓦石，也是不能感受这乐的，那又是谁乐呢？而且法性是生灭的本体，五蕴是生灭的功用，只是由一个本体产生了五个功用，那么生灭应该是永恒不变的。生的时候是从体中生出功用，灭的时候是收敛起这些功用回归于本体。如果任凭它再生，那么所有的有情众生，都是不会断灭的。如果不任它再生，那么就永远归于寂灭，就等同于成为草木瓦石一般的无情之物。如果是这样的话，一切事物就都被涅槃所禁伏，尚且不能够生，又哪里来的乐呢？

"四大"是什么？是地大、水大、火大、风大。地以坚硬为性，水以潮湿为性，火以温暖为性,风以流动为性。世间的一切有形物质,都有坚、湿、暖、动的四种性质,因此称为"大"。比如:人体的毛发牙齿、皮骨筋肉等,是坚硬性的地大;唾涕脓血、痰泪便尿等,是潮湿性的水大;温度暖气是温暖性的火大;一呼一吸是流动性的风大。又如星球,表面的山石大地,是坚性的地大;掘地得泉,是湿性的水大;其内部的岩浆,是暖性的火大;星球与星球之间互相吸引是动性的风大。由于"四大"遍及一切物质现象中,所以佛经说"四大种所造诸色"。

其实,志道也是犯了"二"的毛病,他把色身和法身分开来看待了。而且他还执着于生灭,处于迷的状态。这样一来,他肯定是学不通佛法,不能开悟见性的。下面我们重点来看慧能大师对他的开示。

师曰:"汝是释子,何习外道断常邪见,而议最上乘法?据汝所说,即色身外别有法身,离生灭求于寂灭。又推涅槃常乐,言有身受用。斯乃执吝生死,耽著世乐。汝今当知佛为一切迷人,认五蕴和合为自体相,分别一切法为外尘相,好生恶死,念念迁流,不知梦幻虚假,枉受轮回,以常乐涅槃,翻为苦相,终日驰求。佛愍此故,乃示涅槃真乐,刹那无有生相,刹那无有灭相,更无生灭可灭,是则寂灭现前。当现前时,亦无现前之量,乃谓常乐。此乐无有受者,亦无不受者,岂有一体五用之名?何况更言涅槃禁伏诸法,令永不生,斯乃谤佛毁法。"

【语译】

六祖说:"你是佛门弟子,为什么学习外道的断常邪见,而妄自议论最上乘的佛法呢?据你所说,就是色身之外另有一个法身,离了色身的生灭可以另外求得法身的寂灭。又推论说涅槃常乐,要有某个身来受用。这是在执着于生死,贪着世间的快乐。你应当知道,佛陀的存在是因为一切迷执的众生,众生妄认五蕴假和的色身为我相,分别妄计一切法为外尘相,贪生厌死,念念迁流,不知人生如梦幻般虚假,枉受生死轮回,把常乐涅槃反而当成是苦,整天忙碌地奔驰营求俗务。佛陀为怜悯这样愚迷的众生,于是开示涅槃真乐的境界。没有刹那生相,也没有刹那灭相,更没有生灭可灭,这才是寂灭先前的境界。正当寂灭现前的时候,也没有可寂灭的东西,这就是所说的常乐。这种常乐本来没有什么承受的人,也没有什么不承受的人,哪里会有一体五用的名称呢?更何况你还说涅槃禁伏一切法,让它们永远不生,这实在是在毁谤佛法。"

【解读】

"汝是释子",你是佛家弟子。释,就是释迦牟尼佛。"何习外道断常邪见?"为什么要去学习断见和常见这样偏执一边的邪见呢?断见,就是前面志道所说的人死之后,身和心(肉体和精神)都完全地断灭,不会再生,如同无情草木一样;常见,就是认为人的身和心都是永恒存在的,不会断灭。这两种都是极端的看法,太执着于生和灭。用这种存在执念的偏见来理解最上乘的佛法,那肯定是解释不通的。

慧能大师说:按照你所说的,法身和色身是分开的,色身以外还有一个法身,它是远离生灭而求寂灭的。又推想达到涅槃的境界会获得永久的快乐,而且这种快乐一定要有身来感受才合理。你会有这样偏失的想法,其实就是因为你太执着于生死,太贪爱、执迷于人世间的享乐。在色身之外去求一个法身,这是不对的;在生生灭灭之中去求一个永恒的不灭,这是不可能的,是错的。你应该知道,佛是为了所有的迷人而存在的,为世间的迷人说法,迷人认为五蕴和合成为自己的身相,他们用分别心来对待外在的各种事物,贪爱生而厌恶死,被自己源源不断的执念所左右,不知道那执念是如梦如幻般虚假的,所以白白遭受了轮回之苦,误以为永恒地享受快乐就是涅槃,结果反而落入了追逐享乐、执着于外相的痛苦中,整日沉溺于向外去求乐,追逐各种欲念。佛正是看到了世人的这种迷失与痛苦,很怜悯处于迷失状态的众生,"愍"就是怜悯,所以"乃示涅槃真乐",才为我们开示真正的涅槃,求得真正的乐。

"刹那无有生相,刹那无有灭相",在一刹那之间(刹那是非常短的时间,一弹指就是六十个刹那)是没有生的外相,也没有灭的外相的。如果看到生灭,那还是停留在外相上,而真相,就是那个如如,就是那个自性,是不生不灭的。既然是不生不灭的,就更谈不上有生灭或可以灭了。达到了这种认识程度,看破外相,处理生灭,真正的寂灭才会显现在你眼前。

换句话说,志道之前所说的寂灭并不是佛所讲的寂灭,是他执着于人世间的生死,把寂灭曲解了。所以,志道认为涅槃是禁伏所有的法,让万事万物永不再生,这简直是对佛祖的诽谤,是对佛法的诋毁!当真正的寂灭出现时,也并没有什么实有的寂灭出现,那么这就是常乐。同样,这个常乐的乐,没有明确的接受者,也没有不接受者。受不受乐都谈不上,还哪里有一体五用之说呢?说来说去,就是我们的此时此刻,当下。

听吾偈曰：

无上大涅槃，圆明常寂照，
凡愚谓之死，外道执为断，
诸求二乘人，目以为无作，
尽属情所计，六十二见本，
妄立虚假名，何为真实义。
惟有过量人，通达无取舍，
以知五蕴法，及以蕴中我，
外现众色像，一一音声相，
平等如梦幻，不起凡圣见，
不作涅槃解，二边三际断，
常应诸根用，而不起用想，
分别一切法，不起分别想。
劫火烧海底，风鼓山相击，
真常寂灭乐，涅槃相如是。
吾今强言说，令汝舍邪见，
汝勿随言解，许汝知少分。
志道闻偈大悟，踊跃作礼而退。

【语译】

听我说一首偈语：
无上大涅槃，圆明常寂照，
凡愚谓之死，外道执为断，
诸求二乘人，目以为无作，
尽属情所计，六十二见本，
妄立虚假名，何为真实义。
惟有过量人，通达无取舍，
以知五蕴法，及以蕴中我，

外现众色像,一一音声相,
平等如梦幻,不起凡圣见,
不作涅槃解,二边三际断,
常应诸根用,而不起用想,
分别一切法,不起分别想。
劫火烧海底,风鼓山相击,
真常寂灭乐,涅槃相如是。
吾今强言说,令汝舍邪见,
汝勿随言解,许汝知少分。

志道听了偈语之后,得大开悟,欢喜踊跃地礼谢而退。

【解读】

我们再来看慧能大师总结的偈子:

"无上大涅槃,圆明常寂照":至高无上的涅槃极乐境界,是圆满的、光明的,它恒常清净地观照本心。

"凡愚谓之死,外道执为断":还没有开悟的凡夫愚人都认为涅槃就是死,其实是不对的;外道认为涅槃就是断灭,这种说法也是不对的。

"诸求二乘人,目以为无作":而那些修行声闻乘和缘觉乘的人,他们认为要"无作"——无所作为,连求涅槃要修的功德也一并不作为,这种见解很容易堕入断灭见中。

"尽属情所计,六十二见本":以上这些是情识凡夫所存的计度之心,是六十二种邪见的根本。"六十二见"是指外道(于佛教外立道者)的六十二种邪见,以五蕴为起见的对象,以色法和心法为根本。具体指:以色、受、想、行、识等五蕴为对象,起常、无常、亦常亦无常、非常非无常等见,像这样五四共成二十见;以色、受、想、行、识等五蕴为对象,起有边际、无边际、亦有边际亦无边际、非有边际非无边际等见,像这样有二十见,加上前面的共成四十见;以色、受、想、行、识等五蕴为对象,起有去来、无去来、亦有去来亦无去来、非有去来非无去来等见,这又有二十见,加上前面的共成六十见;这六十见再加上根本的色、心二见,一共就是六十二见。

"妄立虚假名,何为真实义":这种种的虚假名相,即上面说的六十二邪见,有哪一个存在真实的义理呢?

"惟有过量人,通达无取舍":只有真正过量的人,才能通达一切,不取也不舍。

"以知五蕴法,及以蕴中我":这些过量的人才能通达明了五蕴法,认清五蕴中假名安立的假我。这里我们要了解一个词:假名。用中观的方式,叫作"假名",唯识宗将"假名"称为"名言"。"假名"的意思就是说,不是真实有的,而是虚假安立的。"五蕴""阿赖耶识"等名相,都是假名,是一个个空虚的概念。那有人要问了:既然不是真实有的,佛为什么还造这么多名词呢?这是以楔出楔的办法。就像有个小孩子,他对手中的糖恋恋不舍,而大人知道这糖里有毒,怎么办呢?就用另外的糖给他吃,将原来的糖换掉。如果不以这种方法来引导,众生便不会开始理解自身和世间常规,不会理解佛法。所以,要用假名,用这种以楔出楔的办法。虽然说了那么多名词,但事实上它们都不实有。

"外现众色像,一一音声相":外面各种各样的色相、各种各样的声音,过量的人都能将它们一一辨清和通晓,不再为之迷惑。

渔父图

"平等如梦幻,不起凡圣见":这也就是《金刚经》中所说的:"一切有为法,如梦幻泡影,如露亦如电,应作如是观。"万物都是平等的,不应该有分别心,一切外相都像梦幻一样存在,它们的真实面目都是清净的,所以不要执着于事物的外相。

"不作涅槃解,二边三际断":如果着迷于这些外在的色相、声相,就得不到真正的涅槃,你就会"二边三际断"。"二边",有和无两边、生和灭两边,你就会执着于这是有还是无。"三际"有两个意思,一个意思是指过去、现在、未来,这叫三际,也叫三世;另一个意思是指空间,指东方、西方、中央,这也叫三际。你就会分出有和无,分别过去、现在和未来,认为它们中间是隔断的、不连续的。

"常应诸根用,而不起用想":常常要用到六根,即用眼视,用耳听,用鼻嗅,用舌尝味，用身触，用意念虑，但是却不以六根对外界环境的应用而起各种执念杂想，生出各种烦恼。就是要知道用，而不执着于用。

"分别一切法，不起分别想"：要了知一切法，了知万事万物，但是不要作"分别想"，就是了知但却不要起分别心。

"劫火烧海底，风鼓山相击"：劫火从海底燃烧，狂风令山峰互相碰撞。佛家认为世界有成住坏空的循环，要经过"大三灾"的劫难。"大三灾"指世界将毁灭时所发生的火灾、水灾、风灾。世界过了住中劫便入坏中劫，在坏中劫的二十小劫中，前十九小劫为坏有情世间，最后一小劫为坏器世间。火灾下自无间地狱，上坏至初禅天；水灾下自无间地狱，上坏至二禅天；风灾下自无间地狱，上坏至三禅天；四禅天以上没有三灾之难。

"真常寂灭乐，涅槃相如是"：在每一劫、每一个成住坏空中，变化的是外相、假相，永恒不变的是真相、本来面目，是万事万物的本性，它处于寂灭状态，是极乐的，这就是达到了涅槃的状态。即使身处动荡之中，见性者依然安住于觉性之中而如如不动。

"吾今强言说，令汝舍邪见"：我现在牵强地跟你说这么多，是要让你舍掉各种邪见。

"汝勿随言解，许汝知少分"：你不要完全随着我的言语来理解佛意，或许会稍有所开悟和明了。

志道听了这个偈子之后，大彻大悟，欢呼雀跃，他向慧能大师行礼致谢，然后退下了。

行思禅师，生吉州安城刘氏，闻曹溪法席盛化，径来参礼。

遂问曰："当何所务，即不落阶级？"

师曰："汝曾作什么来？"

曰："圣谛亦不为。"

师曰："落何阶级？"

曰："圣谛尚不为，何阶级之有？"

师深器之，令思首众。

一日，师谓曰："汝当分化一方，无令断绝。"

思既得法,**遂回吉州青原山**,**弘法绍化。谥号宏济禅师。**

【语译】

行思禅师,出生在吉州安城的刘家。他听说曹溪法席隆盛,化导无数,便前来参礼六祖,请示大师说:"应当做什么才能不落入阶级?"

六祖说:"你曾做些什么事?"

行思说:"我连圣谛也不做。"

六祖说:"那你又落入什么阶级呢?"

行思说:"圣谛尚且不做,还有什么阶级可落?"

六祖非常器重他,命他做寺众的首座。

有一天,六祖对他说:"你应当教化一方,勿使正法断绝。"

行思领受六祖的顿教法门后,便回到吉州青原山,大弘正法,绍隆佛教。谥号宏济禅师。

【解读】

应该说,到六祖慧能之后就没有七祖了,没有再往下传法衣,这是为什么?避免后世弟子陷入不必要的纷争。想当年,别人为了抢夺法衣,为了争权夺位而追杀他。真正的法不是那个衣钵,而是令人开悟的心法,不需要凭证。但我们后世实际上称两个人为七祖,一位是行思禅师,一位是怀让禅师,这两位是六祖门下的两大弟子。从青原行思与南岳怀让禅师两系下,渐渐演化出沩仰、临济、曹洞、云门、法眼五家,正应了达摩祖师"一花开五叶,结果自然成"的偈言。

行思禅师出生在吉州安城,就是现在的江西吉安。江西和湖南,是南部地区禅宗发展得最好的地区。"曹溪"是六祖慧能所在的地方,所以慧能又被称为"曹溪六祖"。中国佛教史上有"曹溪一滴水,遍覆三千界"的说法。行思听说曹溪的慧能大师法筵非常盛大,就来礼拜慧能大师。见了六祖后便请问:我要怎样做,才能不落入阶级?也就是怎样才能避免拘泥于修行过程的一个个台阶、一个个阶段呢?慧能大师就问他:你曾经做了什么?行思回答说:我没有修圣谛(就是四圣谛:苦、集、灭、道),意思是说他没有拘泥于此。慧能大师又问:既然都没有修圣谛,那你又落入什么阶级呢?行思说:圣谛都没有修,还有什么阶级呢?这说明行思也是认同慧能大师的,他已经开悟了。所以慧能大师一听就非常器重行思,让他做寺院的首座。"首座"是一个职位,即座中之首位,是四大班首之一,地位仅次于方丈和尚,常由丛林中德业兼修的人充任。

之后有一天,慧能大师就对行思说:现在你可以独当一面了,应该单独教化一方大众,不要让我们这一派的法脉断绝。所以行思就回到江西吉安,在青原山上弘扬佛法,教化世人,后世也称行思为"青原行思"。他去世之后,封号为弘济禅师。后来,行思这一系一代代向下传,发展出禅宗的三个宗派:云门宗、曹洞宗和法眼宗。

怀让禅师,金州杜氏子也。初谒嵩山安国师,安发之曹溪参叩。让至礼拜。

师曰:"甚处来?"

曰:"嵩山。"

师曰:"什么物,恁么来?"

曰:"说似一物即不中。"

师曰:"还可修证否?"

曰:"修证即不无,污染即不得。"

师曰:"只此不污染,诸佛之所护念。汝既如是,吾亦如是。西天般若多罗谶:'汝足下出一马驹,踏杀天下人。'应在汝心,不须速说!"

让豁然契会,遂执侍左右一十五载,日臻玄奥。后往南岳,大阐禅宗。敕谥大慧禅师。

【语译】

怀让禅师,金州杜氏人家的儿子。最初到嵩山参谒惠安国师,惠安大师遣他到曹溪参学。怀让到了曹溪,虔诚顶礼六祖,六祖问:"你从什么地方来?"

怀让答:"从嵩山来。"

六祖问:"什么东西,怎么来呢?"

怀让说:"说是像一个什么东西就不对了。"

六祖说:"还可以修证吗?"

怀让说:"修证不是没有,污染则不可得。"

六祖说:"就这个不污染,是诸佛所共护念。你既是这样,我也是这样。印度般若多罗曾有预言:'你门下将出生一匹马驹,纵横天下人莫敢当。'这预言你默记在心,不要太早说出来!"

怀让当下豁然契会,于是在六祖身边服侍了十五年,日渐体达玄妙的意旨。后来前往南岳衡山,大阐禅宗顿教法门。后敕谥大慧禅师。

【解读】

怀让禅师是慧能的另一位大弟子,姓杜,金州人,金州在现在的陕西。"初谒嵩山安国师",最初的时候怀让是去拜见嵩山的安国师,要在他的门下学法。"谒"是拜见的意思;"安"就是指慧安,五祖弘忍大师门下十大弟子之一。当时是武则天时代,武则天信奉佛教,她最器重的法师之一就是慧安,尊称他为国师,遇到什么事情经常向他询问。"安发之曹溪参扣",慧安与慧能之间是相互欣赏的,他推荐怀让到曹溪跟慧能学。"之"就是到,"曹溪"就是指慧能。

怀让到了慧能这里来礼拜,慧能大师就问:你从什么地方来?怀让回答:我从嵩山来。慧能说:你是凭什么东西来的,怎么来的?怀让回答:"说似一物即不中。"如果说像一个东西的话,就不合适了。慧能有时候问弟子一句话,也是考察,一听回答就知道这个人是不是悟道了。慧能大师一听怀让这个回答,就接着问他:那还可以继续修行悟证吗?"修证即不无,污染即不得。"这是怀让的回答,意思是:我要是再修行的话,那就不是无,不是清净法身了;如果是受到污染的话,就不可得了。确实是得道开悟了。慧能大师于是说,"只此不污染,诸佛之所护念",就是说你已经开悟了,这个清净没有污染的自性要好好护持,这也是所有的佛祖所共同护念的,你是这样,我也是这样。所以慧能大师特别欣赏怀让。

"西天"是中国古代对印度的通称。印度古时称为天竺,因在中国之西,故略称为"西天"。天竺有一个和尚,名字叫般若多罗,他有一个"谶",就是预言:你的脚下会生出一匹马驹,征服天下的人。这匹马驹是谁?就是马祖道一,也就是八祖。

慧能大师又补充道:我和你说的这个预言,你记在心中就好,先不要着急说出去。怀让听了慧能大师的一番话,豁然开朗,心领神会,"遂执侍左右一十五载",跟随侍奉慧能大师十五年之久,"日臻玄奥",悟境越来越神妙。怀让禅师后来到了南岳,成为一为大禅师。去世之后,皇帝追封他为大慧禅师。

行思和怀让在修行上已经有一些功夫了,他们来到慧能大师这里,作进一步的验证。就像是米已经熟了，用筛子筛一下，马上就验明了，这是对于大根器的人而言。当然，还有不同阶段的人，那就有另外的教法。

永嘉玄觉禅师，温州戴氏子。少习经论，精天台止观法门。因看《维摩经》，发明心地。偶师弟子玄策相访，与其剧谈，出言暗合诸祖。

策云："仁者得法师谁？"

曰："我听方等经论，各有师承。后于《维摩经》，悟佛心宗，未有证明者。"

策云："威音王已前即得，威音王已后，无师自悟，尽是天然外道。"

云："愿仁者为我证据。"

策云："我言轻，曹溪有六祖大师，四方云集，并是受法者。若去，则与偕行。"

【语译】

永嘉玄觉禅师，温州戴氏人家的儿子。自幼研习经论，精通天台止观法门。因为阅读《维摩经》，得以发明心地。六祖的弟子玄策禅师偶然相访，和他畅谈，玄觉所说都能契合祖师的意旨。玄策问他："仁者是在哪一位老师门下得法？"

玄觉说："我听大乘方等经论，每部都有师承。后来从《维摩经》中悟得佛法心宗，还没有人为我作证明。"

玄策说："在威音王佛未出世前，还可以说有无师自悟的人；在威音王佛出世以后，无师自悟的人，都是天然外道。"

玄觉说："希望仁者能为我印证。"

玄策说："我人微言轻，曹溪有位六祖大师，各方前往参学者众，而且都是领受正法的人。如果你要去，我便与你一同前往。"

【解读】

下面这一位是来自永嘉的玄学禅师。永嘉，就在浙江温州。玄觉禅师原来姓戴，从小就学习佛教的经论，精通天台宗的止观法门。因为读了《维摩经》这部经典，发现了自己的清明本心，开悟了本性。《维摩经》又称《不可思议解脱经》，讲的是毗耶离（吠舍离）城的居士维摩诘，通过与文殊师利等人共论佛法，阐扬大乘般若空性的思想，是讲大乘佛法的一本书。

玄觉禅师实际上一开始并不知道慧能大师，而是偶然之间遇到了慧能大师的一位弟子玄策,两个人在谈论佛法的时候,玄策感觉玄觉禅师说的话与佛祖的真义都暗自相合。于是玄策就问:仁者您是在哪一位高僧座下得法的呢?

玄觉回答:"我听方等经论,各有师承。"这里的"方等"就是大乘佛法,"方"就是十方、各方的意思,"等"就是平等。我听的大乘佛法经论比较多,各家都有各家的师承。后来看到《维摩经》,开悟了佛心宗旨,这是我自己开悟的,还没有别人为我印证。

玄策说:在威音王出世以前,天然的、无师自通的得道之人是有的,而在威音王出世后,没有老师的开示,自己开悟的都是天然外道,得的都不是佛门正法。"威音王",即威音王佛,又作寂趣音王佛,是过去庄严劫最初的佛名。"威音王佛出世已前",是禅门用以指点学人自己本来面目的语句。

可以听出,玄策在这里对玄觉禅师的证悟境界抱有很大的怀疑。当然,玄觉也不是完全自己开悟,他也听过各家老师讲论佛经,自己又研读了《维摩经》,只是开悟的境界需要祖师来印证,是否真的大彻大悟了。玄觉禅师见对方不相信自己的开悟,也就很谦虚地说:正好,你帮我证实一下我有没有开悟。

玄策连忙说:我人微言轻,自己还没有开悟,怎么能帮你开示印证呢?我的老师——六祖慧能大师在曹溪讲法,四面八方的人都云集到那里听他讲学,领受大师所传授的正法。你如果想去那里请慧能大师为你印证,我可以跟你一起去。

后来他们两人就一起来到慧能大师这里参拜。

觉遂同策来参。绕师三匝,振锡而立。

师曰:"夫沙门者,具三千威仪,八万细行。大德自何方而来,生大我慢?"

觉曰:"生死事大,无常迅速。"

师曰:"何不体取无生,了无速乎?"

曰:"体即无生,了本无速。"

师曰:"如是!如是!"

玄觉方具威仪礼拜,须臾告辞。

师曰:"返太速乎?"

曰:"本自非动,岂有速耶?"

师曰:"谁知非动?"

曰:"仁者自生分别。"

师曰:"汝甚得无生之意。"

曰:"无生岂有意耶?"

师曰:"无意谁当分别?"

曰:"分别亦非意。"

师曰:"善哉!少留一宿。"

时谓"一宿觉"。后著《证道歌》,盛行于世。

【语译】

于是玄觉就和玄策一同前来参谒六祖。玄觉绕祖三匝,振锡杖,而后站立不动。

六祖说:"出家人应该具备三千威仪、八万细行,大德从什么地方来,为何如此傲慢无礼?"

玄觉说:"生死问题是人生的大事,生命无常来去迅速。"

六祖说:"为什么不体会无生,了悟本来就没有所谓迅速不迅速呢?"

玄觉说:"体认自性则自性本就无生无死,既无生死则无迟速可言。"

六祖说:"是这样!是这样!"

玄觉这时才具备威仪向大师顶礼拜谢,随即告辞。

六祖说:"就这样回去太快了吧?"

玄觉说:"本来就没有动,哪有迟速可言?"

六祖说:"什么人知道本来不动?"

玄觉说:"是仁者自心生起了分别。"

六祖说:"你已深悟无生的意义了。"

玄觉说:"无生哪里还有什么意义在呢?"

六祖说:"如果没有意义,谁来分别呢?"

玄觉说:"分别本身也并没有什么意义。"

六祖说:"很好!请小住一晚吧!"

当时的人就称这一场说法为"一宿觉"。后来玄觉禅师有《证道歌》流传于世。

【解读】

玄觉禅师见到慧能大师时，绕师三匝。右绕是敬礼之一。在寺院顶礼供养后，还有个致敬方式就是绕佛，绕佛一定是右绕，顺着右手，也就是现在我们常人讲的顺时钟方向。右绕代表随顺如来教诲，随顺法性，而不能够左绕，左绕是违背法性。

然后"振锡"，这里的"锡"就是锡杖，是比丘们外出时应携带的道具，是比丘十八物之一：一、杨枝；二、澡豆；三、三衣；四、瓶；五、钵；六、坐具；七、锡杖；八、香炉；九、漉水囊；十、手巾；十一、戒刀；十二、火遂；十三、镊子；十四、绳床；十五、经；十六、律；十七、佛像；十八、菩萨像。玄觉敲一敲自己的锡杖，然后就站在慧能大师旁边，也不行礼拜也不说话，很傲慢的姿态。这其实也是一种试探，试探慧能大师的修行境界。

慧能大师就说，"夫沙门者"，"沙门"是梵语的音译，出家佛教徒的总称。"三千威仪，八万细行"，是比丘行、住、坐、卧四威仪中所有应注意的戒律、行为。在《楞严经文句》卷五中解释道："言三千威仪者，行住坐卧各二百五十戒，共成一千，以对三聚，即成三千。言八万微细者，以三千威仪历身口七支，共成二万一千，约贪分嗔分痴分等分烦恼以论对治，故有八万四千，今特举大数耳。"对于出家人来说，细分起来有很多日常生活中的细节需要注意，每一点，一举手、一投足，放大来看都是无限可分的，可以看出一个人的很多问题。"大德"是佛家对德高望重的僧人和佛菩萨的敬称，慧能大师很谦虚，很尊敬玄觉禅师。慧能大师说，你为什么如此这般傲慢和无礼呢？

玄觉所答非所问地回答了一句："生死事大，无常迅速。"我求的是生死之事，各种礼仪有什么关系？生死之事才是最大的事，最应该搞清楚的事，而且它这样无常，发生迅速，可能在刹那间就到来。

慧能说："何不体取无生，了无速乎？"那你为什么不体认无生，明白无速呢？这是什么意思呢？就是要体认自性，自性是无生无死的，所以是无关速度的，本来也没有迅速和缓慢之别。玄觉又说："体即无生，了本无速"，自性本体本来是无生的，了悟本来也是没有迟速的。慧能大师说："如是！如是！"的确是这样，表示非常认可。"玄觉方具威仪礼拜"，这个时候玄觉才按照该有的礼仪参拜慧能大师，说明他们两个想的是一样的。

"须臾告辞"，参拜之后玄觉就马上要走，"须臾"是一会儿、不久。慧能大师就说，你走得是不是太快了？玄觉说："本自非动，岂有速耶？"本来就没有动，有什么快与不快呢？从这两个人的对话中，可以看出这两个人彻底悟道了，两个人都在相互试探。慧能大师马上接住这个问题，并且问回去："谁知非动？"那谁知道不动呢？玄觉说："仁者自生分别。""仁者"本来是儒家的用语，这里用来表示对慧能大师的尊称，意思是慧能大师您已经生出分别心，我自性如如不动，哪里需要谁知呢？这个回答也是很厉害，表明了自心，还将对方提出的问题推给了对方。慧能大师很认可，说："汝甚得无生之意。"你的确是得到了无生的道理啊！玄觉又说："无生岂有意耶？"无生哪有什么旨意呢？两个人越说越透彻。慧能接着说："无意谁当分别？"既然没有意，那谁来分别它，怎么分别它呢？这一句也是为说法故意问的。玄觉说："分别亦非意。"就连分别本身也是没有意义的。见性之后，分别就是不分别，分别与不分别是一回事，是不二，这是真正证悟佛法的境界。

慧能大师说："善哉！少留一宿。"太好了，请在我这里留宿一晚吧，我们再接着探讨一下佛法。慧能大师非常认同、欣赏玄觉，玄觉证悟的境界也是很高的。

慧能大师和玄觉禅师的这一场说法在当时很有名，人们称之为"一宿觉"。后来玄觉禅师作了一首《证道歌》，广泛流行于世间。

禅者智隍，初参五祖，自谓已得正受。庵居长坐，积二十年。师弟子玄策，游方至河朔，闻隍之名，造庵问云："汝在此作什么？"

隍曰："入定。"

策云："汝云入定，为有心入耶，无心入耶？若无心入者，一切无情草木瓦石，应合得定；若有心入者，一切有情含识之流，亦应得定。"

隍曰："我正入定时，不见有有无之心。"

策云："不见有有无之心，即是常定，何有出入？若有出入，即非大定！"

【语译】

智隍禅师，最初参礼五祖的时候，自称已经得到佛法真传。后在庵中长习静坐，达二十年之久。六祖的弟子玄策禅师云游到河北朔方时，听到智隍禅师的声名，就到他所住的庵堂造访，问："你在这里做什么呢？"

智隍禅师说："入定。"

玄策禅师说:"你所说的入定,是有心入呢,还是无心入呢?如果说是无心入,一切没有情识的草木瓦石,应该也算得定;如果说是有心入,一切有情含识的众生也应该得定。"

智隍禅师说:"我正在入定的时候,不见有有无之心。"

玄策禅师说:"不见有有无之心,那就是常在定中,还有什么出定、入定的区别呢?如果有出入可说,那不是大定。"

【解读】

智隍禅师最初是在五祖弘忍大师那里参学佛法,他认为自己已经达到了禅定的境界。"正受",就是"三昧",三为正,昧为受,就是我们前面讲的"禅定"。"庵居长坐",这里的"庵"不是尼姑庵的"庵",这个"庵"是指草木搭建的简陋小屋,智隍就在这里坐禅修定,已经有二十年的时间。

这时,慧能大师的弟子玄策,"游方至河朔","河朔"是地区名,古代泛指黄河以北的地区,玄策在外游学访道,这一次走到了黄河北边一带,听说了智隍的名声,于是就前往智隍禅定的住地,因此就有了一番交流。

玄策询问智隍:你在这里做什么呢?智隍说:我在入定,进入禅定的状态。玄策又问:你说你是在入定,那你是有心入定,还是无心入定呢?如果你是无心入定,那么一切无情的草木瓦石就应该都能够入定;如果你是有心入定,那么一切有情有意识的众生也应当能够入定。玄策在这里分析了两种入定,也算是两种推测,来试探智隍的入定程度。智隍说:我在入定的时候,没有有心无心的分别。这是说明智隍入定的境界,既不是有心也不是无心。这时候玄策又反问智隍:既然你的入定不见有心或无心,那就应该是常定的状态,既然是常定,哪里来的出定和入定的区别呢?如果有出入,那就不是常定,就还没有达到大定的状态。玄策说完这番话,智隍一时间也不知道说什么了,他也明白自己可能没有达到真正的禅定境界。

隍无对。良久,问曰:"师嗣谁耶?"

策云:"我师曹溪六祖。"

隍云:"六祖以何为禅定?"

策云:"我师所说,妙湛圆寂,体用如如,五阴本空,六尘非有。不出不入,不定不乱。禅性无住,离住禅寂。禅性无生,离生禅想。心如虚空,亦无虚空之量。"

【语译】

智隍禅师无言以对。过了许久,问道:"禅师您是嗣承哪一位祖师的法门呢?"

玄策禅师说:"家师是曹溪六祖。"

智隍禅师说:"六祖以什么为禅定呢?"

玄策禅师说:"家师所说的禅定,法身湛然常寂,性相体用一如。五阴缘起其性本空,六尘境相并非实有。不出不入,不定不乱。禅性本无所住,远离住着禅的寂静。禅性本无生灭,远离生起禅定的念头。心好比虚空,又没有虚空的量可得。"

【解读】

"妙湛圆寂",这是形容法身,是每个人都具备的本性,它是玄妙的。"湛",就是清净、清澈的,"圆寂",就是涅槃状态,是永恒的、极乐的。"体用如如",我们的法身、我本自具有的佛性,它的本体和它表现出来的外在的作用也都如如不动,不受外境的影响,是无住的,不执着于任何事物。

"五阴本空","五阴"就是我们讲的"五蕴":色、受、想、行、识。其实"五蕴"的"蕴"是梵文的音译,意义是积聚或者和合,还可以叫作"五众""五聚"。前面我们在讲"假名"的概念时讲过,"五蕴"其实也都是假名,并不是实有一个什么"五蕴"。

"六尘非有","六尘"是指色尘、声尘、香尘、味尘、触尘、法尘,它又被称为"外尘""六贼",是六根所对的外境,这些本来也是空性的,所以不出不入,不定不乱。没有出,没有入,没有定,也没有乱。

"禅性无住,离住禅寂",禅的本性是无住的,要无所住心;要出离禅寂,出离这个名相,不要住心在禅寂这个外相上,才可能达到真正的禅定境界。"禅性无生,离生禅想",禅的本性也是无所生的,不住心在这些念想上。"心如虚空,亦无虚空之量",在禅定的时候,内心是虚空的,可以包罗万象,承载世间的万事万物,同时还不能有对虚空的

古木苍烟图

度量。虚空是无限广大的,是无量的,但是也不能执着于这个"无量"的名相。

关于这个"量",对它的诠释有广义和狭义的区别。狭义而言,量是认识,是知识,也是测量的意思;广义而言,则指认识作用的形式、过程、结果,以及判断知识真伪的标准等。

隍闻是说,径来谒师。师问云:"仁者何来?"

隍具述前缘。

师云:"诚如所言,汝但心如虚空,不著空见,应用无碍,动静无心,凡圣情忘,能所俱泯,性相如如,无不定时也。"

【语译】

智隍禅师听了这一番教理,就径直来拜谒六祖大师。六祖问:"你从什么地方来的呢?"

智隍禅师于是把与玄策禅师的前缘述说了一遍。

六祖说:"的确如玄策所说。只要你的心如虚空,不执着于空见,应用无碍,或动或静都不分别思量,忘却凡圣的差别,泯灭能所的对待,如此性相一如,则无时不在定中。"

【解读】

智隍和六祖见面后,慧能大师就对他说,"诚如所言",确实就像玄策所说的;"汝但心如虚空,不著空见",只要你的内心保持虚空,清净而没有杂念,并且不执着于断灭见;"应用无碍",能够包容万事万物,应用万法,没有滞碍,没有牵绊;"动静无心",不论是动还是静,都是虚空不受影响,都不生二心;"凡圣情忘",不再有凡人和圣人的分别心。

"能所俱泯","能"和"所"这一对词是佛教用语,"能"相当于主体;"所"指被动的客体,"能"与"所"是相对的,"能"不能离开"所","所"也不能离开"能"。修行人处于根本慧定的状态中,心的功能和所观察的对境融合成了一个,无论是主观认识还是客观存在,都泯灭了,不再是对立的,都是如一的,不分能所。

"性相如如",这是接着上面的"能所"说的,我们自己具有的本性和外界的相,相当于是"能"和"所"的关系,也都是"如如",就是不动的,都回归了本来面目,都是一样的了。"无不定时也",如果我们能够进入这种没有分别的无二境界,那么在任何时候都处于禅定之中。经中说:"那伽常在定,无有不定时。"

隍于是大悟,二十年所得心,都无影响。其夜河北士庶闻空中有声云:"隍禅师今日得道!"隍后礼辞,复归河北,开化四众。

【语译】

智隍言下大悟,二十年来的有所得心,完全无影无踪了。那天夜里,河北的官吏和百姓都听到空中有声音说:"隍禅师今天得道了!"后来智隍礼辞六祖,又回到河北,广开法宴教化僧俗四众弟子。

【解读】

智隍听了慧能大师的解释,大彻大悟,领会了禅定的真谛,之前二十年执着于禅定的心都化解了,再没有丝毫的影响存在。当天晚上,河北一带的学士和百姓们都听到空中传来的声音:智隍禅师今天得道了!之后,智隍向慧能大师礼拜请辞,又回到了他之前坐禅的河北,在那里广泛地化导四众弟子。

一僧问师曰:"黄梅意旨,什么人得?"

师云:"会佛法人得。"

僧云:"和尚还得否?"

师云:"我不会佛法。"

【语译】

有一个僧人请问六祖大师说:"黄梅五祖的佛法意旨,到底是什么人得着?"
六祖说:"会佛法的人得着。"
僧又问:"和尚可曾得到?"
六祖说:"我不会佛法。"

【解读】

这里又是一个僧人请问慧能大师:弘忍大师的意旨,什么人能够得到?"黄梅"在这里代指曾在黄梅传扬佛法的五祖弘忍大师,慧能大师回答说,能够领会佛法的人得到。这个僧人又说,您是不是得到了?慧能大师说,我不会佛法。

这一段对话很简短、很直白,所以留给后人发挥的余地很大,有很多不同的解义。有的人认为这表现了慧能大师的谦虚。有的人将这最后一句话理解为禅宗自悟自证的宗旨,主要靠自己开悟本性,而不是只从老师那里获得佛法说教,却没有经过自己的思考证悟,这样就很容易陷入对佛法的执着。有的法师认为,这是慧能大师在帮助僧人破除我执,因为慧能大师当初在五祖那里开悟也是破除我执。这三种解释都有各自的道理。

为什么慧能大师已经从弘忍大师那里开悟得道了,却还说自己不会佛法?有一种可能性是,这一情境发生在慧能大师公开讲授佛法之前,他要隐藏起来,避免被追杀,所以故意说自己还没有得道。如果排除这种可能性,这件事是在慧能大师已经公开六祖的身份,开坛讲法之后,应该就不只是表示谦虚。更深层的意思,可能还表现了学习佛法的态度:无论什么时候,都要像没有学到佛法那样虔诚地修行,佛法是广博深奥的。同时,也提示对方不要陷入对佛法的执着中,一旦有所执着,就不再是真正的佛法,不再是佛法本身,而是陷入了对佛法这个名相的执迷之中了。这些都是我们在学习佛法的过程中需要注意的。

师一日欲濯所授之衣,而无美泉。因至寺后五里许,见山林郁茂,瑞气盘旋,师振锡卓地,泉应手而出。积以为池,乃跪膝浣衣石上。

忽有一僧来礼拜,云:"方辩是西蜀人。昨于南天竺国,见达摩大师,嘱方辩速往唐土:吾传大迦叶正法眼藏,及僧伽梨,见传六代,于韶州曹溪,汝去瞻礼。方辩远来,愿见我师传来衣钵。"

【语译】

有一天,六祖想要洗涤五祖所传授的法衣,却找不到好泉水。因此,他就到寺后五里远的地方,看到该处山林茂盛,瑞气盘旋,于是振动锡杖卓立该地,泉水立即应手涌出,片刻便积聚成一个水池,六祖于是跪在石上洗衣。

忽然有一僧前来顶礼膜拜,说:"弟子方辩是西蜀地方人。昨天在南天竺国,看见达摩祖师,他嘱咐我速速前往大唐,说:'我领受大迦叶的正法眼藏和法衣,现在已经传到了第六代,在韶州曹溪,你要去瞻礼。'弟子方辩远道而来,希望能看到祖师传来的衣钵。"

【解读】

"欲濯所授之衣","濯"就是"洗"。慧能大师继承了五祖弘忍大师的衣钵,他想把这件袈裟洗一洗,"而无美泉",但是找不到上好的泉水来清洗。"因至寺后五里许","因"就是于是,表示上下文的逻辑承接,"许"是左右。于是慧能大师就来到寺庙后面五里左右的地方,"见山林郁茂,瑞气盘旋",看见山里的树木生长得很茂盛,郁郁葱葱,还有祥瑞之气在空中盘旋着,是一片风水很好的吉祥之地。"振锡卓地",他就把锡杖在地上一戳;"泉应手而出",泉水一下子就冒了出来;"积以为池",慢慢积成了一小池;"乃跪膝浣衣石上",于是慧能大师就跪在石头上,把袈裟清洗了一番。

这时候忽然出现了一位僧人,自称名叫方辩,来自西蜀(现在的四川境内)。他对慧能大师说,我昨天在南天竺(就是古印度)见到了达摩大师,他嘱咐我赶快到东方唐王朝的国土来。达摩大师对我说:我领受的大迦叶正法眼藏以及僧伽梨,已经传到第六代了。大迦叶正法眼藏,就是灵山法会上释迦牟尼佛与大迦叶以心传心所传授的法门;"僧伽梨"是梵语的译音,是僧佛穿的大衣,就是袈裟。它们现在就在韶州的曹溪

达摩图

这个地方,这说的就是曹溪的六祖慧能大师。你去那里瞻仰六祖,向他礼拜。有的解释认为方辩是一位不寻常的神人,能见到禅宗的祖师达摩大师,能在一天之中穿越印度和中国这么远的距离,有神通,一般人是没有办法达到的。另一种理解是,方辩就是一个普通的来自四川的僧人,这是达摩大师给方辩托的梦,或者说是方辩的佛缘比较深,让他梦到在南天竺见到了达摩大师,而不是说他真的昨天就在南天竺,今天又回到中国。

不管是怎样一种情况,现在方辩远道而来,想来瞻仰达摩祖师传下来的衣钵。

师乃出示。次问:"上人攻何事业?"

曰:"善塑。"

师正色曰："汝试塑看。"

辩罔措。过数日，塑就真相，可高七寸，曲尽其妙。

师笑曰："汝只解塑性，不解佛性。"

师舒手摩方辩顶，曰："永为人天福田。"

【语译】

六祖就把衣钵拿给他看，接着问说："上人您精通什么事业呢？"

方辩说："善于塑像。"

六祖正色说："你试着塑一尊看看。"

方辩一时不知所措。过了几天，他塑成了一尊六祖的法像，大约有七寸高，惟妙惟肖。

六祖笑着说："你只懂得塑像的性，不懂得佛性。"六祖伸手为方辩摩顶，说："这永远只能是种人天福田。"

【解读】

慧能大师听了方辩的来由，就给他看了师承的袈裟，然后问方辩："上人攻何事业？"你擅长做什么事呀？"上人"是对对方的敬称。方辩说，我"善塑"，我擅长做的事情是塑像。这时慧能大师就很严肃地说，"汝试塑看"，那你试着塑个像看看。慧能大师为什么突然"正色"，很严肃地和方辩说塑像的事情？先留一个疑问在这里，之后我们再来解释。这时候方辩"罔措"，有些迷茫、不知所措了。过了几天，方辩真的就塑了一尊六祖慧能大师的像，"可高七寸"，"可"就是大约，大约有七寸那么高，而且这个塑像的能力真的很高超，表现得惟妙惟肖。"曲尽其妙"，这是一个成语，意思是把其中的微妙之处能够委婉又细致地充分表达出来，表现力很强。慧能大师看到这尊塑像后，笑着说，"汝只解塑性，不解佛性"，你善于塑像，只是了解塑像这项技术的特性，却不了解所塑的像的本性，也就是人人都具有的佛性。将这一句和上面的"师正色曰：'汝试塑看。'"连起来理解，就会发现，其实慧能大师的"汝试塑看"也是对方辩的一种考察和试探，看一看方辩这位僧人会有怎样的回复，就能知道他的得道程度，有没有开悟。只是方辩确实没有开悟，所以被慧能大师正色一问，反而有点摸不着头脑，还真的塑了一尊像给慧能大师看。所以，方辩既没有得道，也没有在慧能大师的指引下打破对外相的执着，还是停留在如何塑造一个个精美的外在形象上，没有能够深入领悟千变万化

机缘品第七

203

的外相之外那内在的、不变的清净本性。

我们之前曾提到观世音菩萨自己拜自己的故事，世人都执着地拜那一尊泥菩萨像，求它保佑这保佑那，却不知道菩萨佛祖自在心中，真的是"求佛不如求己"。所以禅宗后来发展出来"呵佛骂祖"，说佛是干屎橛，这不是真的骂佛，而是为了破除世人常有的这种崇奉外相的执着，让世人能够明白自心即佛的真谛。

"师舒手摩方辩顶"，最后慧能大师展开手掌抚摩方辩的头顶，对他说，"永为人天福田"。摩顶，通常佛不是为了付嘱大法而抚摩弟子之顶，就是为了授记而抚摩弟子之顶，这里其实是慧能大师对方辩的塑像事业的鼓励：这个种下人天福田的事业，你也要努力。

人和天，是六道轮回中最高的两道。六道分为三善道和三恶道，三善道是天、人、阿修罗，三恶道是地狱、恶鬼、畜生。六道众生依据善恶业果报的不同，感受着不同程度的苦乐。人道和天道，是六道中情况好一些的。

慧能大师虽然提倡要破除外相，直指人心，但他也并不反对塑造佛像这件事。因为佛像本身就是佛的外相，也是给我们这些容易受外相影响的凡人一些正面的指引。我们去寺庙里拜佛，也都是怀着恭敬的、虔诚的心，看到佛像，自然而然地受到佛祖的感召，要向佛祖学习，为善去恶，六根清净……所以，塑佛像也是为众人种下福田的善事，有很大的启示作用。当然，最重要的还是拜佛人心意要诚，心中要净，要心无杂念。

有僧举卧轮禅师偈曰：

卧轮有伎俩，能断百思想。

对境心不起，菩提日日长。

师闻之曰："此偈未明心地。若依而行之，是加系缚。"

因示一偈曰：

竹林听泉图

慧能没伎俩,不断百思想;

对境心数起,菩提作么长?

【语译】

有一位僧人举述卧轮禅师的偈语:

卧轮有伎俩,能断百思想。

对境心不起,菩提日日长。

六祖听了,就对他说:"这首偈语还没有悟明心地,如果依照这首偈去修行,反而会受到束缚。"

于是六祖为他说了一首偈语:

慧能没伎俩,不断百思想;

对境心数起,菩提作么长?

【解读】

这是第七品的结尾,也是一个小故事,简明扼要。某一天,可能是在慧能大师开坛讲法的时候,一位僧人举出了卧轮禅师的偈子,这位卧轮禅师的生平已经无从考证,我们来看一看这个偈子说的是什么。

"卧轮有伎俩,能断百思想",这位卧轮禅师自称自己学佛修道很有方法,能够断灭所有的思想。

"对境心不起,菩提日日长",我对着各种各样的外境,心中不起念,不执着于任何事物,不受外境影响。所以,我每一天都有所觉悟,我心中的般若智慧一天天增长。

慧能大师听了之后,就说,"此偈未明心地",这个偈子还没有达到明心见性的程度,"若依而行之",如果按照它说的来修行佛法,"是加系缚",反而会增加不必要的束缚,让人陷入我执,不能开悟。所以他就作了一个偈子。前后一比较,就知道谁更高明。

"慧能没伎俩,不断百思想",慧能大师说自己学佛没什么伎俩,不能断灭所有的思想念头。而前面卧轮禅师说自己有伎俩,能够断灭一切思想,其实这是执着在心念的对治上,反而阻碍他直见本心。所以慧能大师实际上是在说明,阻断和遏制心念是不能见性的,不要陷入对念头和外境的对治中。

"对境心数起,菩提作么长",对着这些外境,我会"心数起",起很多念头。为什么要"数起"？那就是应境，所谓"见物便见心，无物心不现"。吃饭就是吃饭，睡觉就是睡觉。随遇而安，顺其自然，并不是刻意的。这一句是与前一偈的"对境心不起"相对应的。单独来看，"对境心不起"并没有什么问题，但是将它放在整个偈子中，与前面两句连起来，我们就明白这个"心不起"不是自然而然地不起心念，而是要用一些外在的方法让心不起念，其实这是陷入了断灭见之中。本来清净本心是什么都没有的，突然间外来一个关于"空"的念头，执着于这个"空"的念头，就是见性最大的阻碍。

"菩提作么长"，菩提心、觉悟之心本来就在那里，是不动的，怎么会长呢？只是因为被外缘遮挡，执着于外境而不能见到自己的菩提心罢了。所以这里还是强调不要被外境所阻挡，你的觉悟、你的般若智慧、你的本心就在那里，它是从来不变的。

顿渐品第八

第八《顿渐品》，看到题目我们就明白，这一品是讲"顿"和"渐"这两派的关系，顿悟就是指慧能大师这一派，渐修是指神秀大师那一派。《顿渐品》是六祖大师为神秀的门人志诚禅师开示"南能北秀"二人所教示的戒定慧的差异，因旨在叙说"法无顿渐，人有利钝"，故名顿渐。

时，祖师居曹溪宝林，神秀大师在荆南玉泉寺。于时两宗盛化，人皆称南能北秀，故有南北二宗顿渐之分。而学者莫知宗趣。师谓众曰："法本一宗，人有南北；法即一种，见有迟疾。何名顿渐？法无顿渐，人有利钝，故名顿渐。"

【语译】

那个时候，六祖大师居住在曹溪的宝林寺，神秀大师居住在荆南的玉泉寺。当时两宗的弘化都很兴盛，世人称"南能北秀"，因此有"南顿北渐"二宗的分别，而一般学者都不了解两宗的宗趣。

六祖对大众说："佛法本来都只有一个宗旨，只是人有南北的分别；佛法本来也只有一种，只因众生见性根基有迟速的不同。什么叫作顿或渐呢？佛法并没有所谓顿渐，只是因为人的根机有利钝，所以才有所谓的顿和渐。"

【解读】

"时"，那个时候，祖师居住在曹溪的宝林寺，就是现在的南华寺，而神秀大师在荆南玉泉寺，"荆南"就是荆州一带。这样就是一北一南。"于时"，在那个时候，"两宗盛化"，这两个宗派都很兴盛，教化一方的百姓。人们就称之为"南能北秀"，南边是慧能大师，北边是神秀大师，分成了顿悟和渐悟两个宗派。"而学者莫知宗趣"，然而当时的学者并不知道他们的"宗趣"，"宗"就是宗旨，"趣"在这里并不是指趣味,而是教义、旨意的意思。

慧能大师就对大家说了这样一段话:"法本一宗,人有南北;法即一种,见有迟疾。何名顿渐? 法无顿渐,人有利钝,故名顿渐。"其实,慧能大师从最开始的悟道,到之后的传道,都在讲这个道理。刚开始他见到五祖,就说了一句"人虽有南北,佛性本无南北"。这里同样,没有顿、渐之分,实际上佛法就只有一种,只有一个宗义。"见有迟疾",见性的速度有快有慢,"法无顿渐",并不是佛法有顿、渐的分别,"人有利钝",而是人有顿、渐之分,有的人根器很利,对佛法很有觉悟,有的人愚钝一些。

然秀之徒众,往往讥南宗祖师:"不识一字,有何所长?"

秀曰:"他得无师之智,深悟上乘,吾不如也。且吾师五祖,亲传衣法,岂徒然哉? 吾恨不能远去亲近,虚受国恩。汝等诸人毋滞于此,可往曹溪参决。"

【语译】

然而神秀大师的门徒常常讥笑南宗的六祖慧能大师:"一个字也不认识,能有什么可取的长处呢?"

神秀大师说:"他已得无师自悟的佛智,深悟最上乘的佛法,我不如他。况且我的老师五祖,亲自把衣法传授给他,难道是凭空传授的吗? 我只恨自己不能远道前去亲近他,在这里枉受国主对我的恩德。你们不要滞留在这里,可以到曹溪去参访印证。"

【解读】

"然秀之徒众","然"就是但是;请大家注意,不是神秀,神秀自己并不这样,而是神秀的弟子,却往往讥讽南宗祖师,也就是慧能大师,说他"不识一字,有何所长",字都不认识一个,还能有什么过人之处呢? 他们都看不上慧能。

但是神秀对弟子们说:"他得无师之智,深悟上乘,吾不如也。"其实慧能是有老师的,就是五祖,但是慧能真正的开悟是自悟出来的,老师只是帮他验证了。无师更厉害,所以神秀说慧能得到了无师之智,他悟到的是上乘佛法,我不如他。"且吾师五祖,亲传衣法,岂徒然哉",况且我的老师五祖弘忍大师亲自传授给慧能代代师承下来的衣钵和禅法,难道是白白地、无缘无故地给了他吗? 虽然我当时是上座弟子,但是五祖没有传给我,说明我不如他。"吾恨不能远去亲近",我恨不能亲自赶去,去亲近、去拜会我这位了不起的师弟。"虚受国恩",当时,在位的皇帝是武则天,她请慧安和神秀当国师,但是之后他们推荐了慧能,而慧能以身体有病为由辞去了皇宫的召请。所以这里神秀说自己蒙受着国恩,其实是很惭愧的,很不敢当。"汝等诸人毋滞于此,可往曹溪参决",你们这些弟子都不要停滞在这里,对学法有所懈怠,可以到曹溪我师弟慧能那里去参悟佛法。

一日,命门人志诚曰:"汝聪明多智,可为吾到曹溪听法。若有所闻,尽心记取,还为吾说。"

志诚禀命至曹溪,随众参请,不言来处。时,祖师告众曰:"今有盗法之人,潜在此会。"志诚即出礼拜,具陈其事。

【语译】

有一天,神秀大师命令门人志诚说:"你聪明多智,可以替我到曹溪去听法。如果有所听闻,要好好记取,回来为我讲说。"

志诚奉了神秀大师的使命到了曹溪,跟随大众一起向六祖参礼请益,没有说明自己的来处。那时,六祖就告诉大众说:"今天有想盗法的人,潜伏在法会之中。"志诚一听便连忙从大众中走出,向六祖顶礼,详细说明自己前来求法的因由。

【解读】

这一品中主要提到了三位弟子,一位是志诚,一位是志彻,还有一位是神会。

志诚原本是神秀大师的弟子,一天神秀对志诚说:你很聪明又很有智慧,可以替我到曹溪慧能大师那里去听讲佛法。神秀大师其实已经很了不得,但他很谦虚,这一点很令人佩服。"若有所闻,尽心记取,还为吾说",如果听到什么佛法大义,要尽心记住并且吸收了,回来之后再跟我说。

志诚就遵奉老师的指示到了曹溪,跟众多的人一起参拜慧能大师,听慧能大师讲法,也没有说明自己从哪里来。这时,慧能大师就对大家说,"今有盗法之人,潜在此会",今天有想偷听佛法的人,就潜藏在这里。志诚这时马上出来礼拜慧能大师,然后详详细细地说明了自己的来由:是神秀师父命我来的。

师曰:"汝从玉泉来,应是细作。"

对曰:"不是。"

师曰:"何得不是?"

对曰:"未说即是,说了不是。"

【语译】

六祖说:"你从玉泉寺来,应该算是奸细。"

志诚说:"不是。"

六祖说:"为什么不是呢?"

志诚说:"没有说明来意以前可以说是,既然说明了就不是。"

【解读】

慧能大师说,你是从玉泉寺来的,从神秀那里来的,应该是一个"细作",就是来偷听的奸细。志诚赶紧说,我不是奸细。那你为什么不是呢?慧能大师问他。志诚说,之前我没有说明,就是奸细,现在我站出来,把来由都说明了,就不该是奸细了。

师曰:"汝师若为示众?"

对曰:"常指诲大众,住心观净,长坐不卧。"

【语译】

六祖说:"你的老师怎样开示大众呢?"

志诚说:"家师经常教导大众,要住心一处使成无念状态,常习静坐而不倒卧。"

【解读】

志诚把自己的身份澄清之后,慧能大师问,你的老师神秀大师是怎样为你们众弟子开示佛法的呢?志诚就回答说,神秀老师常常指导和教诲我们大家,要"住心观净,长坐不卧",这八个字,就是神秀所传的法。"住心",守住自己的心,"观净",常常向内观照清净。本来面目就是清净的,这一点神秀和慧能都是相同的,但是怎么体悟清净的本性,怎么才能见性呢?神秀是要"住心",守住这个心,而慧能是要"无住","无住、无相、无念"。"长坐不卧",要长久地在那里打坐,不能卧倒(躺下),就是不能有所懈怠,这是神秀的修行方法。

师曰:"住心观净,是病非禅。长坐拘身,于理何益?听吾偈。"曰:

生来坐不卧,死去卧不坐;

一具臭骨头,何为立功课?

【语译】

六祖说:"住心观净,是一种病而不是禅。长久静坐拘缚自身,对领悟佛理又有什么益处呢？听我说偈。"偈语说：

生来坐不卧，死去卧不坐；

一具臭骨头，何为立功课？

【解读】

这时慧能大师作出了指点："住心观净，是病非禅。""住心观净"这种方法是错误的，不是真正的禅道。这种"住心"状态下所观到的"净"，是执着于"净"这个名相中，观到的"净"也不是真正的"净"。这其实是落入了我们之前所说的断灭知见中。不住心在"空"，不住心在清净，不被清净的名相所束缚，顺其自然，"应无所住，而生其心"，处于万事万物之中，但又在任何事物上都不做停留，包括清净，把这种"空"的知见也放下，这时真正的清净本心就会显现出来。"长坐拘身，于理何益"，长久地盘腿坐在那里，约束着自己的身体，坐到腿都发麻，这不是伤害身体的做法吗？而且这样的"长坐不卧"，很容易给人只是执着于坐的表象，并没有真正得到坐禅修炼的真谛——"心念不起名为坐，自性不动名为禅"，这才是坐禅的人真正应该修炼的境界。要如如不动、心念不起，绝不仅仅是身体坐着不动。

下面我们来看一看这个偈子。

"生来坐不卧，死去卧不坐"，这很通俗，我们平常多是坐着的，人死了之后是躺着的，不能再坐起来了。

"一具臭骨头，何为立功课？"人的身体，这个肉身，就是一副皮囊，怎么用这个皮囊来建立功课呢？何必那么关注是坐是卧呢？应该是"行住坐卧，即是这个"，都是一回事，不要特别执着于是坐还是卧。

但是说实话，对我们这些凡夫大众来说，打坐对悟法绝对是有益处的，绝大部分学佛法的人必须要经过这个过程，只有像六祖慧能这样极个别的大根器之人除外。因为打坐的时候，自然就净心了。如果像慧能那样什么姿势、什么方法都不讲究，没有任何外在的约束，后人就很容易流于空泛和狂野，或者流于"野狐禅"，惯用小聪明曲解佛法，成为邪门歪道。所以禅宗传到后来，形成五个宗派，无论哪个宗派，都要守持具体的方法，其中最重要、最基础的方法就是打坐，这是每一个宗派的修行都会用到的。

这其中，有两派的方法比较有名，一派叫作"默照禅"，以禅坐方式进行禅定修行，始于宏智正觉禅师。"默"是指不受自己内心以及环境的影响，让心保持安定的状态,而"照"则是指清楚地觉知自己内心与周遭一切的变化。还有一派叫作"话头禅",也叫作"看话禅",是临济宗大慧宗杲禅师开创的宗风,就是要参悟这个话头。大家最熟悉的话头就是"念佛是谁",要咬住这句话头不放。

大慧宗杲禅师是南宋高僧,圆悟克勤禅师的法嗣,临济杨岐派的集大成者,南岳下面的第十五世,是后世禅宗主要修行法门"看话禅"的倡导者。他曾经对"默照禅"提出过批评,说:近世的丛林中有一种邪禅,将病执为法药,自己并不曾证悟,却以证悟为有所立,以悟为接引后学之词,以悟为落第二头之事,以悟为枝叶边事。既然自己无修无证,也就不信他人能有所证悟,一味把落入空寂的顽昧无知错唤作"威音那畔空劫已前事"(指本来面目)。他说得很犀利,指出了当时的一些弊病。简而言之,"默照禅"是渐修的禅法,"话头禅"是顿入的禅法,这两者共同形成了禅宗照应一切根基的全面的宗派体系。

志诚再拜曰:"弟子在秀大师处,学道九年,不得契悟。今闻和尚一说,便契本心。弟子生死事大,和尚大慈,更为教示。"

【语译】

志诚听后再向六祖顶礼,说:"弟子在神秀大师那里学道九年,未能契悟佛法,今天听和尚这一席话,已经契悟本心。弟子觉得生死事大,希望和尚慈悲再为我教示。"

【解读】

志诚听到慧能大师讲的佛法,再次向慧能大师礼拜,说,弟子在神秀大师那里学了九年的佛道,都不能与自己的本心相契合而开悟。今天听到大和尚您这样一说,就真的契合了本心,豁然开悟了。"弟子生死事大",生死之事是大事,那学佛是为了什么?就是要了脱生死。这生死之事太大了,所以希望和尚您大慈大悲,"更为教示",再进一步给我一些教化,开示我。

师曰:"吾闻汝师教示学人戒定慧法,未审汝师说戒定慧行相如何?与吾说看。"

诚曰:"秀大师说:诸恶莫作名为戒,诸善奉行名为慧,自净其意名为定。彼说如此,未审和尚以何法诲人?"

【语译】

六祖说:"我听说你的老师是用戒定慧来教示学人,不知你的老师所说的戒定慧是什么样子?你说给我听听。"

志诚说:"神秀大师说:'一切恶事不去做叫作戒,奉行一切善事叫作慧,清净自己的心意叫作定。'他是这样说的,不知和尚您是用什么法来教诲学人呢?"

【解读】

这时,慧能大师又对志诚说,我听说你的老师神秀大师教授、开示弟子们戒定慧的法门,但不知道他是怎么讲授这个戒定慧的行相的,你和我说说看。"行相",就是行事的相状。

上一段讲慧能大师和神秀大师讲授佛法的第一点区别,即对修行佛法的不同理解,神秀大师是"住心观净,长坐不卧",慧能大师是"一具臭骨头,何为立功课",不拘泥于身体形式。这段讲的是第二点区别,对"戒、定、慧"理解的不同。如果要出离生死,就需要"戒、定、慧"这三学。这些其实都包含在我们之前讲的六度之中。

最初佛家对戒定慧的理解是:"戒"就是行为的戒律,要遵守五戒,一不杀生,二不偷盗,三不邪淫,四不妄语,五不饮酒;"定",就是心中要虚静,要禅定;然后是"慧",开般若智慧,观照世间。而神秀是这样理解戒定慧的:"诸恶莫作名为戒,诸善奉行名为慧,自净其意名为定。"这一理解已经是一种提升,把这三学应用在日常生活之中。

这句话实际上出自佛教中的一首偈,在《增一阿含经》中,迦叶问:"何等偈中,出生三十七品及诸法?"当时,阿难尊者回复了这个偈子:"诸恶莫作名为戒,诸善奉行名为慧,自净其意名为定。"不做任何恶事,只做善事,一点点累积地做善事,让自己的心意越来越清净。在《行由品》中,神秀作的那个偈子已经说得很明确:时时勤拂拭,勿使惹尘埃。

志诚又问:不知慧能大师您是以什么法门来教诲门人呢?

秋林观瀑图

师曰："吾若言有法与人，即为诳汝。但且随方解缚，假名三昧。如汝师所说戒定慧，实不可思议。吾所见戒定慧又别。"

【语译】

六祖说："如果我说我有佛法给人，那就是欺骗你；只是随顺根基替人解除执缚罢了，假名称作三昧。至于你的老师所说的戒定慧，实在是不可思议。而我对戒定慧的见解又有所不同。"

【解读】

慧能大师说：如果我说有学佛的法门给你，这其实是在欺骗你。其实，我只是"随方解缚"，根据遇到的不同情况，灵活采用适当的方法施教，解除人们心中的束缚，帮助他们了悟佛法真义。"假名三昧"，"三昧"也就是正定，其实是借用的一个假名而已。至于你的老师神秀大师所说的戒定慧，实在是不可思议。

"不可思议"这个词我们很熟悉，是常用语，其实它最初是一个佛教用语，出自《维摩诘所说经·不思议品》："诸佛菩萨有解脱名不可思议。"晋代的慧远大师——净土宗始祖，将它解释为："不思据心，不议就口，解脱真德，妙在情妄心言不及，是故名为不可思议。"是指非常神秘奥妙的意思，不能通过思想和谈论表达出来。

其实，我们日常生活中用的很多词汇都是佛教用语，平时一直在用，只是不知道这都来自佛经。赵朴初老先生曾在《南方人物周刊》2012年第8期中说："现在许多人虽然否定佛教是中国文化的一部分，可是他一张嘴说话，其实就包含着佛教成分。语言是一种最普遍、最直接的文化吧！我们日常流行的很多语言，如世界、如实、实际、平等、现行、单位、刹那、清规戒律、相对、绝对等，都来自佛教语汇。如果真要彻底摒弃佛教文化的话，恐怕他们连话都说不周全了。"

然后慧能大师说，我对戒定慧三学的见解和你老师的认识又是不同的。

志诚曰："戒定慧只合一种，如何更别？"

师曰："汝师戒定慧接大乘人，吾戒定慧接最上乘人。悟解不同，见有迟疾。汝听吾说，与彼同否？吾所说法，不离自性。离体说法，名为相说，自性常迷。须知一切万法，皆从自性起用，是真戒定慧法，听吾偈。"曰：

心地无非自性戒，

心地无痴自性慧，

心地无乱自性定，

不增不减自金刚，

身去身来本三昧。

【语译】

志诚说："戒定慧应该只有一种，为什么会有不同呢？"

六祖说："你的老师所说的戒定慧接引大乘人，我的戒定慧接引最上乘人。理解领悟能力不同，见性就会有迟速。你听我所说的和他所说的相同吗？我所说的法，不离自性，如果离开自性本体而说法，就叫作着相说法，自性常处于迷惑之中。要知一切万法都是从自性而起相用，这才是真正的戒定慧法。听我说偈。"偈颂：

心地无非自性戒，

心地无痴自性慧，

心地无乱自性定，

不增不减自金刚，

身去身来本三昧。

【解读】

志诚这时候越发有疑问了，戒定慧的解释应该是固定的，只有一种，怎么还会有另外的解释呢？

慧能大师给他解释说，你的老师神秀大师所说的戒定慧是接引大乘之人的，我讲的戒定慧是接引最上乘人的。因为所接引的是根基不同的修行之人，见性是有快有慢的，所以针对他们自身的情况，只是对戒定慧的解说有不同的偏重，但本质上都是一样的。你来听听我所说的戒定慧和神秀大师说的是不是一样。我讲的佛法，是不离开我们每个人的自性的，从自性说起。如果离开自性这个本体来说佛法，这叫作"相说"，是住相而说，执着于虚幻不实的现象说法，没有直指人心，深入本质。这样的说法，只能令人还是处于迷惑不开的状态。所以，你必须要知道，"一切万法，皆从自性起用，是真戒定慧法"，世间的万事万物、所有的规则和教法，都从自性中生起和运用，这样才是真正的戒定慧法门。

慧能将自己对戒定慧的理解作成一个偈子，在所有的解释中都加了"自性"二字，就像在第六品《忏悔品》中的"四弘誓愿"，慧能大师也都加了"自性"或

"自心"两个字。

"心地无非自性戒",心中没有非、没有过失,相对而言,也就没有是,即没有是非之心,保持自己本心的如如不动,这就是自性戒。

"心地无痴自性慧",心中没有愚痴,不再对世间的爱恨情仇执着而不能自拔,这就是自性慧,开般若智慧。

"心地无乱自性定",心中能够不被外界的任何事物所扰乱,始终保持安静平和的状态,这就是自性定。

对比一下神秀和慧能对戒定慧的理解,哪一种更究竟一些?是慧能的理解更究竟。也就是说,慧能是从本体上来解释,而神秀是从方法上来说的。

"不增不减自金刚",这是说我们自性中的戒定慧不会增加,也不会减少,就好似金刚一样。金刚,是非常坚固的,而且是不可替代、不可毁坏的,是永恒存在的。比如《金刚经》,就是比喻佛法是永恒不坏的。我们自性中的这三学也是不增不减、永恒存在、不可替代的。

"身去身来本三昧","三昧"我们前面讲过,就是禅定、正定。对于我们的肉身的来去,所有的行动变化,存在或消失,真正达到禅定的人是不会那么在乎的,最本质的是心中达到禅定,觉悟自性。

诚闻偈,悔谢,乃呈一偈曰:

五蕴幻身,幻何究竟?

回趣真如,法还不净。

【语译】

志诚听完偈颂后,向六祖悔过谢恩,并呈上一首偈子:

五蕴幻身,幻何究竟?

回趣真如,法还不净。

【解读】

志诚听了慧能大师的偈子之后,很后悔之前对慧能大师说法的怀疑,也非常感激,就呈上了一个偈子:

"五蕴幻身",色、受、想、行、识这五蕴都是假名安立的虚妄之法,并不是实有的。譬如身躯由地、水、火、风假合而成,无实如幻。

"幻何究竟",既然是幻象,又怎么会是究竟的呢?意思是不要被外在的各种相所迷惑,而不能发现本心自性。

"回趣真如","回"就是回归,"趣"就是趣入,就是要回复到真如的状态,向内求,找到自己如如不动的自性。

"法还不净",如果还要向外求,非要另外找一个法,那就反而是不清净的,还没有回归到清净本心。

师然之。复语诚曰:"汝师戒定慧,劝小根智人;吾戒定慧,劝大根智人。若悟自性,亦不立菩提涅槃,亦不立解脱知见。无一法可得,方能建立万法。若解此意,亦名佛身,亦名菩提涅槃,亦名解脱知见。见性之人,立亦得,不立亦得,去来自由,无滞无碍。应用随作,应语随答,普见化身,不离自性,即得自在神通,游戏三昧,是名见性。"

【语译】

六祖称许说好,然后又对志诚说:"你的老师说的戒定慧是接引小根器人,我说的戒定慧是接引大根器人。如果能够悟得自性,就不必建立菩提涅槃,也不必建立解脱知见了。要到无有一法可得的境界,才能建立万法。如果能够领会这个道理,就叫作佛身,也叫作菩提涅槃、解脱知见。已经见性的人,立这些佛法名相也可以,不立也可以,去来自由,无所滞碍。当用之时随缘作用,当说之时随缘应答,普现一切化身而不离自性,这样就可以得到自在神通和游戏三昧,这就叫作见性。"

【解读】

慧能大师听了志诚的偈子之后,表示认可肯定。接着他又对志诚说,你的老师神秀大师所说的戒定慧,是用来劝诫那些有小根器的人;我所说的戒定慧,是用来劝诫那些拥有大根器的人。如果你已经了悟自性,可以不用立菩提涅槃,也不用立解脱知见。"无一法可得,方能建立万法",心中没有任何一个固定的、具体的法存在,达到这样的境界,才能建立起世间所有的法。这个道理有点类似《道德经》中讲的"无为而无不为"。

如果你能够明白这个道理,就可以称作"佛身",也可以称作"菩提涅槃",也可以叫作"解脱知见"。所以,明心见性的人,"立亦得,不立亦得",立这些名相能够有所得,不立这些名相也会有所得。"去来自由,无滞无碍",来和去都是自由的,心中没有丝毫的挂碍和牵绊,不执着、住心在任何事物,没有任何的停滞,也不会被世间任何事物、任何的法所阻碍。"应用随作"，可以根据不同情况而作出调整，应用自如。"应语随答"，根据问题的不同而运用自己的语言进行适当解答。"普见化身，不离自性"，能够见识所有的化身，千百亿的化身，却又不离自性，不离自己的清净法身。

"即得自在神通"，那么就可以自在无碍，"神通"即心念通达，不但持有自己不著净不动念的本心，又能够分明了知外界的一切；不但能够以自己的本心来观照众人，又能够守住自己的本心不被浸染、不受影响。"游戏"，是指自在无碍的状态；"三昧"，就是正定。所以，"游戏三昧"合起来就是指能够自在无碍而不失正定之心。以上就是对见性的阐释。

志诚再启师曰："如何是不立义？"

师曰："自性无非、无痴、无乱，念念般若观照，常离法相，自由自在，纵横尽得，有何可立？自性自悟，顿悟顿修，亦无渐次，所以不立一切法。诸法寂灭，有何次第？"

志诚礼拜，愿为执侍，朝夕不懈。

【语译】

志诚再次请问六祖："'不立'的意义为何呢？"

六祖说："自性没有一念过非，没有一念痴迷，没有一念散乱，如果念念都能用智慧来观照自心本性，常离一切法的形相执着，就能自由自在，纵横三际十方，悠然自得，还有什么需要建立的呢？自性要靠自己觉悟，顿时开悟，顿时修证，并没有一个渐进的次序，所以不必建立一切法。一切诸法本来常自寂灭，还要建立什么次第呢？"

志诚听后，顶礼拜谢，发愿随侍六祖左右，从早到晚不曾懈息。

【解读】

志诚再次拜谢慧能大师并且问道，您说的"不立"有什么具体的含义吗？

慧能大师又进一步为志诚开示，"自性无非、无痴、无乱"，这是总结前面讲的"自性三学"。"念念般若观照"，只要你时时刻刻都用般若智慧观照自己的本心；"常离法相"，要离开一切法相，不拘泥于外界的任何外相、任何法；"自由自在"，出离于任何法境，就能够感受到真正的身心自在，这种自在源于身心与清净本性的契合，回归本来面目。

"纵横尽得"，"纵横"就是"竖穷三际，横遍十方"，其中"三际"指过去、现在、未来；"十方"就是东、西、南、北四方，加上东南方、西南方、西北方、东北方四方，再加上方和下方，总称"十方"。所以"纵横"就是遍及一切时间和空间。"纵横尽得"就是在所有时空中自由自在地来去，却能够不失本心，见性开悟。"有何可立"，这样一来，你已经是可以遍及一切的开悟见性的自由之身，还有什么需要另外再立的呢？再立一个不就是画蛇添足了吗？所以不需要。慧能大师将佛法讲得非常究竟，确实是根器大利。

"自性自悟"，所以最重要的就是要自己开悟自己的本性，"顿悟顿修"，当下开悟，当下修行，"亦无渐次"，也没有渐进的次序，"所以不立一切法"，所以不立任何法。"诸法寂灭"，既然一切的法都不需要，都寂静断灭了；"有何次第"，就不需要有先后顺序，不必一阶一阶地往上走。

志诚听了慧能大师的顿悟讲解，就向慧能大师礼拜，并且希望侍奉慧能大师，"朝夕不懈"，完全没有懈怠。于是，志诚就成了慧能大师的弟子。志诚在慧能大师的开示下已经悟道了，为什么还要这样勤肯地侍奉慧能大师呢？悟法不就是一句话吗，为什么他还不离开呢？这是因为，悟法以后，要坚守是不容易的，要时时处处守住这个正道。

僧志彻，江西人，本姓张，名行昌，少任侠。自南北分化，二宗主虽亡彼我，而徒侣竞起爱憎。时北宗门人，自立秀师为第六祖，而忌祖师传衣为天下闻，乃嘱行昌来刺师。

【语译】

志彻比丘，江西人，俗姓张，名叫行昌，少年时曾做过侠客。自从南北两宗分化弘教以来，两位宗主虽然不分彼此，但是门徒却竞起爱憎。当时北宗门下的弟子自行推立神秀大师为第六祖，他们恐怕五祖传衣法给慧能大师的事被天下人知道，于是派遣行昌来行刺慧能大师。

【解读】

这一品讲的第二位弟子是志彻，他和志诚应该是同一个辈分，"志"字辈的。志彻，江西人，原本姓张，名行昌，少年时就很有侠义之气，好行侠仗义。这侠义之气是战国时候墨家的特点。自从禅宗分化为南方慧能和北方神秀两派之后,"二宗主虽亡彼我",这里的"亡"就是无,两位禅宗宗主,也就是慧能和神秀,他们二人虽然不分你我,并没有想争出个胜负的意思,但是他们各自的徒弟们却竞相起了分别之心,偏爱自己这一派,同时憎恶对方那一派。当时,北宗神秀座下的弟子们很不服气,将自己的老师神秀大师奉为第六祖,"而忌祖师传衣为天下闻",但是又很忌讳五祖弘忍大师将衣钵传给慧能这件事众所周知。"乃嘱行昌来刺师",所以他们就找来行昌这位侠客,叮嘱他去行刺慧能大师。这里的"师"就是指慧能大师,因为这是慧能大师的弟子法海整理写下的。

师心通,预知其事,即置金十两于座间。时夜暮,行昌入祖室,将欲加害,师舒颈就之,行昌挥刃者三,悉无所损。

【语译】

六祖大师心中通彻,早已预知此事,就事先准备十两黄金放在床座间。到了夜里,行昌潜入六祖的室内,想要刺杀六祖,六祖从容地伸颈就刃,行昌三次挥动利刃,都没有伤到六祖。

【解读】

慧能大师感知到别人心里的想法,预先知道了行昌要来行刺自己这件事。"即置金十两于座间",就在自己的座位上准备了十两黄金,等着这个行刺的人来。"时夜暮",到了晚上,"行昌入祖室",行昌就进入六祖慧能大师的方丈室里,"将欲加害",要加害慧能大师。"师舒颈就之",慧能大师就将原本没有完全舒展的脖颈舒展开来,完全暴露在刺客行昌面前,"就之",让他砍。"行昌挥刃者三",行昌挥

八高僧图

起自己的剑,"刃"并不是指刀刃,而是用刀砍,连砍了三下。"悉无所损",结果完全没有伤到慧能大师。

师曰:"正剑不邪,邪剑不正,只负汝金,不负汝命。"

【语译】

六祖说:"正义之剑无邪心,邪心用剑行不正,我只欠你的钱,不欠你的命。"

【解读】

这时,慧能大师对行昌说,如果你这剑是一把正义的剑、行正道的剑,它就不会有邪恶;相反,如果你这是一把邪恶的剑,走的是邪道,它就是不正的,没有正气。我只欠你钱财,不欠你性命。换句话说,我的性命你是拿不走的,钱财可以拿走。

行昌惊仆,久而方苏,求哀悔过,即愿出家。师遂与金,言:"汝且去,恐徒众翻害于汝。汝可他日易形而来,吾当摄受。"行昌禀旨宵遁。后投僧出家,具戒精进。

【语译】

行昌大惊之下昏倒于地,好久才苏醒过来,然后向大师忏悔自己的罪过,并表示希望出家跟随六祖。六祖就把金子给了行昌,对他说:"你暂且离开,恐怕我的弟子们知道后会加害于你。日后你改换形貌再来,我会接受你的。"行昌遵照六祖的意旨就在当天深夜逃遁而去。后来别投僧团出家,受具足戒,精进修行。

【解读】

行昌砍人却丝毫没有反应,而且慧能大师还没事一样和他说话,于是"惊仆",早就吓得不得了,晕倒在地上,"久而方苏",过了好久才苏醒过来。"求哀悔过",他赶紧向慧能大师哀泣悔过,"即愿出家",要马上出家,拜在慧能大师门下重新做人。这时,慧能大师将准备好的钱财给了行昌,并对他说"汝且去",你先暂时离开。"且"就是暂且、暂时,"去"就是离开。为什么要他离开呢?"恐徒众翻害于汝",我恐怕我的弟子会反过来加害于你,因为行昌本来是要行刺慧能大师的,他的弟子当然不会轻易放过行昌。"汝可他日易形而来",你可以在以后的某一天稍微修饰或者装饰,改变容貌,然后过来找我。"吾当摄受",到那个时候我再接受你出家的请求,来教化你。"行昌禀旨宵遁",于是行昌就禀受慧能大师的旨意,在当天夜晚就逃跑。"遁",就是逃走,这样才能避免慧能大师的弟子对他的报复。"后投僧出家",后来行昌投奔了别的僧人门下出家了。"具戒精进",行昌出家后,受持了佛家的具足戒,并且修行佛法非常精进,很努力,丝毫没有懈怠。"具戒",全称是"具足戒",比丘、比丘尼受持的戒律。年满二十的出家人,要受过具足戒,才能被称为比丘或者比丘尼。比丘、比丘尼是梵文的音译,就是我们所说的"和尚""尼姑"。根据唐代以来最盛行的《四分律》的论释,比丘的具足戒有250条,比丘尼的具足戒有348条。

一日,忆师之言,远来礼觐。师曰:"吾久念汝,汝来何晚?"

曰:"昨蒙和尚舍罪,今虽出家苦行,终难报德,其惟传法度生乎!弟子常览《涅槃经》,未晓常无常义,乞和尚慈悲,略为解说。"

【语译】

有一天,行昌想起六祖的话,就远道前来礼拜六祖。六祖说:"我一直都在惦念着你,你怎么来得这么晚呢?"

行昌说:"过去承蒙和尚慈悲宽恕我的罪过,现在虽然出家勤修苦行,总还是难以报答和尚的恩德,只有弘传佛法广度众生,才能报此恩德啊!弟子出家以来,常常阅读《涅槃经》,却不懂常和无常的含义,请和尚慈悲,为我解说。"

【解读】

一天,行昌回忆起之前慧能大师对他说的话,让他日后再来找他,于是就"远来礼觐",从远处来拜见慧能大师。慧能大师说,"吾久念汝",我早就惦念你了,你怎么这么晚才来找我呢?

行昌就说,"昨蒙和尚舍罪","昨"在这里是指之前,不是昨天;之前蒙受和尚您饶恕了我的罪过,现在我虽然出家并且苦苦修行学佛法,"终难报德",终究难以报答您对我的恩德。"其惟传法度生乎",只有跟随着大师您遍传佛法普度众生,以此来报答您。"弟子常览《涅槃经》",弟子我常常阅览《涅槃经》,却不晓得"常"和"无常"的意义,"乞和尚慈悲,略为解说",恳请和尚您以慈悲为怀,大概地为我解说一下。

师曰:"无常者,即佛性也;有常者,即一切善恶诸法分别心也。"

曰:"和尚所说,大违经文。"

师曰:"吾传佛心印,安敢违于佛经?"

曰："经说佛性是常,和尚却言无常。善恶之法乃至菩提心,皆是无常,和尚却言是常,此即相违,令学人转加疑惑。"

【语译】

六祖说："无常,就是佛性;有常,就是一切善恶诸法的分别心。"

行昌说："和尚所说的,和经文完全相反。"

六祖说："我所传授的是佛所印可的佛法,怎敢违背佛说的经义呢？"

行昌说："经中说佛性是常,和尚却说是无常;善恶一切诸法乃至菩提心都是无常,和尚却说是常,这完全和经文相违背,让我对这问题更加疑惑了。"

【解读】

虽然行昌再次来到慧能大师这里的时候,已经出了家,也受了具足戒,不过从对话中可以看出,他的本性还是没有改变,还是有侠气,他的性格就像孔老夫子身边那个侠义的子路一样,竟敢公开反驳老师。他请教慧能大师"常"和"无常"的意义,慧能大师告诉他,"无常者,即佛性也",这里的"常",就是永恒、恒常的意思,佛性是无常的,不是恒常的;"有常者,即一切善恶诸法分别心也",而一切的善恶以及世间的种种法,这些因分别心而起的法都是恒常存在的。

行昌一听,不对呀,和尚您所说的"大违经文",跟经文上讲的完全颠倒了,应该是"佛性有常,一切诸法分别心无常"才对。

慧能大师说,我是在传授"佛心印",就是禅的本意,不立文字,不依言语,直以心为印,叫作"心印",也就是佛陀传授给大迦叶的心法、正法。"安敢违于佛经",我怎么敢违背佛陀的经典呢？要知道,佛经就是将佛陀说过的话汇编而成,就像《六祖坛经》是将六祖慧能大师开坛所讲的内容汇编整理而成。

行昌又强调说,佛经上说得很清楚、明白,佛性是常的,和尚您却说它是无常的;经文上说,善恶之法乃至菩提心,都是无常的,和尚您却说这诸法都是有常的,显然,您说的和经文上写的是互相违背的,您这样解释,"令学人转加疑惑",让正在学佛的我更加疑惑了。

师曰："《涅槃经》,吾昔听尼无尽藏读诵一遍,便为讲说,无一字一义不合经文。乃至为汝,终无二说。"

曰："学人识量浅昧,愿和尚委曲开示。"

【语译】

六祖说:"《涅槃经》,我过去曾听无尽藏比丘尼诵读过一次,为她解说经中的要义,没有一字一义不与经文契合,现在为你说的,仍然没有什么不同。"

行昌说:"弟子见识浅薄愚昧,希望和尚慈悲,为我详细开示。"

【解读】

慧能大师说,这《涅槃经》我之前听一位名叫无尽藏的比丘尼诵读了一遍,并为她讲说这部经典,我所说的没有一字一义是不与这经文相一致的。刚才对你讲说的佛法,也没有什么不同,不会有违背经文的其他说法。

行昌听到慧能大师这样详细为自己解释原委,也认为慧能大师的说法应该是符合经义的,可自己却不能理解,这应该是自己作为学生"识量浅昧"的缘故,所认识的佛法还太浅薄、太蒙昧,所以还希望和尚您能"委曲开示"。"委曲"可以理解为行昌这时非常尊重慧能大师,请慧能大师为愚昧无知的他开示说法;还可以理解为行昌想请老师为他详细地、非常明白地解说这其中的原委。

师曰:"汝知否?佛性若常,更说什么善恶诸法,乃至穷劫无有一人发菩提心者?故吾说无常,正是佛说真常之道也。又,一切诸法若无常者,即物物皆有自性,容受生死,而真常性有不遍之处。故吾说常者,正是佛说真无常义。"

【语译】

六祖说:"你知道吗?佛性如果是常,还说什么善恶诸法,乃至穷尽无量劫也没有一个人会发菩提心。所以我说佛性无常,正是佛所说的真常道理。再说,一切诸法如果是无常,那么一切诸法就都有自性去接受生死,而真常的不生不死之性就有所不周遍。所以我说一切善恶诸法都是常,正是佛所说的无常真理。"

【解读】

慧能大师说,你知道吗?如果说佛性是有常的,那还要再说什么善恶等等的各种法,乃至无穷的劫中也没有一个人会去发菩提心。正因为这些万法的存在,所以我说的无常,正是佛祖所说的"真常之道",佛性真正永恒的道理。

慧能大师在这里称佛法无常,难道是说佛性真的就无常,不是永恒的吗?不是的。佛性当然是永恒的,是涅槃清净的。这里需要强调一点,禅宗最大的一个特点,就是打破你固有的思维方式,当你在说"常"的时候,它就会说"无常";当你说"无常"的时候,它就会说"常"。

憨山大师在《楞伽笔记》中说:"为著有相希求者说三解脱,为执假法者说如实际,为执差别者说平等法性,为执妄身者说法身,为乐生死者说涅槃,为认生灭为心性者说离自性不生不灭,为厌喧嚣者说本来寂静,为厌生死者说自性涅槃。如是等句皆如来藏之异名,此如来藏名方便建立,本无实法,莫著言说,不应计著,为畏惧'无我'说者说之。"可见,都是顺众生的执着,随宜而击破之。

那么,大家都知道佛性是常的、永恒的,又为什么还要用发菩提心等各种法门呢?这不就是佛性无常吗?所以慧能大师在这里是针对不同人的不同程度来说,佛性是无常的。

一切诸法为什么又有常呢?如果说一切诸法都是无常的,那么任何事物、万法都是有自性的、符合自性的,可以包容、承受世间的生死轮回,而无常就是说真正永恒存在的自性还没有遍及万物,这显然和"物物皆有自性"相矛盾。所以,我这里说的常,就是佛真正说的无常。

同样,对"一切诸法无常"的解释也是站在不同角度而言的,为的就是打破固有的思维方式,把你从偏执拉回到正道、中道上来。我们先这样简单解释禅宗这种解说佛法的方式,到第十品再详细展开。

佛比为凡夫外道执于邪常,诸二乘人于常计无常,共成八倒。故于涅槃了义教中,破彼偏见,而显说真常、真乐、真我、真净。汝今依言背义,以断灭无常,及确定死常,而错解佛之圆妙最后微言,纵览千遍,有何所益?

【语译】

佛陀是因为凡夫外道颠倒执着于无常为常,那些二乘人又执说真常为无常,如此凡夫二乘共成八种颠倒见。因此佛陀在涅槃的了义教中,破除他们的邪见,明白地阐释了涅槃所具的真常、真乐、真我、真净四德。你现在依经文的字句言辞而违背了其真义,执着于有断灭现象的无常,以及固定不变的死常,而错解佛陀圆妙的最后教言,这样纵使阅读千遍经文,又有什么益处呢?

【解读】

"八倒":常、乐、我、净、非常、非乐、非我、非净,是凡夫和二乘所执着的与真见相违背的八种错误见解。凡夫外道所执迷的邪常,是将人世间生死的无常、无乐、无我、无净,偏执而错误地理解为常、乐、我、净四倒。而处于声闻小乘和缘觉中乘的修行者，易于将涅槃的常、乐、我、净，执迷地认为是非常、非乐、非我、非净四倒。

"故于涅槃了义教中"，《涅槃经》是了义的教法；"破彼偏见"，为破除凡夫二乘人的那些偏见，也就是"八倒"，明确地提出了真常、真乐、真我、真净。

"了义"，"了"字有两方面的含义，一是很清楚、很明白的意思，二是全面了解、毫无保留的意思；"义"，就是佛经的内容。所以，"了义"的经典，是透彻的、究竟的佛法，与真理完全相符。与此相对的是"不了义"，指未能完全阐释佛学真理，只起到方便接引的作用，也叫作"方便说"。

"汝今依言背义"，你现在只依据经文的文字，停留在经文的表面，却背离了经文内在的大义，"以断灭无常"，把断灭的表面现象当作无常，"及确定死常"，又把那些死板的确定作为常，"而错解佛之圆妙最后微言"，这样是误解了佛陀临终前最后留下的圆融妙用的微言大义。"纵览千遍"，抱有这样的误解，纵使再把《涅槃经》读上千遍万遍，"有何所益"，又能对你的修行学道有什么益处呢？

行昌忽然大悟。说偈曰：
因守无常心，佛说有常性；
不知方便者，犹春池拾砾。
我今不施功，佛性而现前；
非师相授与，我亦无所得。

【语译】

行昌忽然大悟，说出一首偈子：
因守无常心，佛说有常性；
不知方便者，犹春池拾砾。
我今不施功，佛性而现前；
非师相授与，我亦无所得。

【解读】

行昌经过慧能大师的一番开示训诫之后，忽然大悟，说了一个偈语。

前面四句是行昌说他自己之前执有错误的见解。

"因守无常心，佛说有常性"：因为世间像我这样的凡夫俗子还偏执地守着自己的无常之心，所以佛才说有常的自性，以此来破除我们的愚痴，引我们走向正法，明心见性。

"不知方便者，犹春池拾砾"：如果不知晓这佛经是佛陀为破除世人执迷偏见的方便法门，只是一味地在那里纠结于经文表象的文字，就好像在春天的池水中捡池底的碎石头，享受不到美好的池水，领会不到佛教化世人的真义。

后面讲自己在慧能大师的教导下，终于有所了悟。

"我今不施功，佛性而现前"：在文字上下那么大的功夫修学却毫无长进，反而更迷惑，这是因为有所执着而陷入其中做无用功，于身心无益。我现在不再执着于经文，抛开这些无用功，佛性反而自然就显现在眼前。这是指行昌忽然间开悟了，见性了。

"非师相授与，我亦无所得"：如果不是慧能大师为我传授佛法、开示我，我也还是没有什么收获。这是表明行昌对慧能大师指引他见性的感激之情。

师曰："汝今彻也，宜名志彻。"彻礼谢而退。

【语译】

六祖说："你现在已经彻悟了，应该叫志彻。"志彻听了，向六祖顶礼致谢而退。

【解读】

这时慧能大师说：现在你已经对所学的佛法彻底明白了，应当将你的法号改为志彻。所以从这以后，行昌就更名为志彻，真正成为慧能大师座下的一名弟子。志彻向老师行礼表示感谢，然后退下。这就是志彻与慧能大师的一段因缘。

有一童子，名神会，襄阳高氏子。年十三，自玉泉来参礼。

师曰："知识远来艰辛，还将得本来否？若有本则合识主，试说看。"

会曰："以无住为本，见即是主。"

师曰："这沙弥争合取次语！"

【语译】

有一童子，名叫神会，是襄阳姓高人家的子弟。十三岁时，从荆南的玉泉寺来参礼六祖。

六祖说："善知识！你远来辛苦了！将根本带来了吗？如果有根本带来，就应该认得主人公，不妨试着说说看。"

神会说:"我以无所住心为根本,见就是主人公。"

六祖说:"你这沙弥讲话如此轻率呢!"

【解读】

　　下面我们要讲到的这位慧能大师的弟子叫神会,在第七品《机缘品》中提到了慧能大师的十一位弟子,其实这里还应该再加一位,就是神会,日后很有名望的荷泽宗的祖师。他来自玉泉寺,出家前是湖北襄阳一户高姓人家的孩子,一开始也是在神秀大师那里学法,但他出来得早,十三岁就来到慧能大师这里,之后他主要是在慧能大师这里学法。

　　慧能大师对神会说,"知识远来艰辛",虽然神会年纪小,慧能大师还是很尊重他,称呼他为"善知识",你从远方很艰辛地过来,"还将得本来否",你是不是还识得你的本来面貌呢?"若有本则合识主",如果你明白这个根本,那就是识得你的主人了。"主"是什么?就是佛性,因为佛性就是本来面目,佛性就是自心,就是自性。"试说看",你试着说给我听听。慧能大师这是在问他有没有开悟见性。

　　神会回答得很好,说"以无住为本,见即是主"。这句话似曾相识,很熟悉,令人想到《金刚经》中的"应无所住,而生其心"。正是这一句引慧能大师开悟的。

　　"应无所住",就是"以无住为本",这本来面目就是"无住"的,自性是无所滞碍,不会被任何事物所牵绊的,它永远不会停留在某个地方,是自在无住的。"而生其心"对应"见即是主",即出离了一切事物,才能自在无碍地运用到一切事物上,因而说所见所识都是自性,"万法不离自性"。

　　神会很聪明,对慧能大师的提问对答如流。但事实上,神会所回答的并不是他真正证悟的,这是"拾人牙慧",应该是他之前在神秀大师那里学习佛法时听到的,但他还没有真正掌握就拿来用了。

　　慧能大师一听,马上就知道神会的问题所在,他批评神会太不稳重,你这小沙弥,怎么说话这么随随便便,如此草率地回答自己还没有证悟的佛法问题。"次语"的"次",即"造次",鲁莽、轻率的意思。所以,我们对待自己不懂或者不完全懂的事情,也要有稳重诚实的态度,这点很重要。慧能大师称神会为"沙弥","沙弥"是指已受十戒但还没有受具足戒、年龄在七岁以上而未满二十岁的出家男子,与此相对应的出家女子叫作"沙弥尼"。

我们这里简单介绍一下十戒:一、不杀生;二、不偷盗;三、不淫;四、不妄语;五、不饮酒;六、不着花鬘好香涂身;七、不歌舞唱伎亦不往观听;八、不坐卧高广大床;九、不非时食;十、不捉持金银宝物。所以十戒也就是在五戒的基础上,再加后面的五项戒条。

会乃问曰:"和尚坐禅,还见不见?"

师以拄杖打三下,云:"吾打汝痛不痛?"

对曰:"亦痛亦不痛。"

师曰:"吾亦见亦不见。"

神会问:"如何是亦见亦不见?"

师云:"吾之所见,常见自心过愆,不见他人是非好恶,是以亦见亦不见。汝言亦痛亦不痛如何?汝若不痛,同其木石;若痛,则同凡夫,即起恚恨。汝向前见不见是二边,痛不痛是生灭。汝自性且不见,敢尔弄人?"

神会礼拜悔谢。

【语译】

神会于是问道:"和尚坐禅时,是见还是不见呢?"

六祖用拄杖打了他三下,说:"我打你时,是痛还是不痛呢?"

神会回答说:"也痛也不痛。"

六祖说:"我也见也不见。"

神会问:"怎样是也见也不见呢?"

六祖说:"我所见的,是常见自己内心的过失,但是不见别人的是非好坏。因此也见也不见。你说也痛也不痛又是怎样的呢?你如果不痛,就和木石一样;如果痛,就和凡夫一样,会生起嗔恨心。你前面问的见不见是落二边,痛不痛是有生灭。你连自己的自性都还没有见到,还敢作弄人?"

神会听了这一番话后,就向六祖顶礼忏悔谢罪。

【解读】

　　神会这时候还不服气,他毕竟还是小孩子,比较调皮,让老师训诫后还想耍小聪明,说,大和尚你坐禅,是见还是不见啊?这是反问慧能大师有没有见性,问得确实很巧妙。

　　这时候,慧能大师可以说是将计就计,也算是小惩一下顽皮的神会,想点醒他。慧能大师用住持手杖打了神会三下,问道,我打你,你痛还是不痛呢?神会回答说,也痛也不痛。慧能大师也回答,我也见到了,也没有见到。这段对话确实很有意思,好像是在打哑谜。神会终究还是不明白,就问慧能大师,你所讲的"也见也不见"是怎样的意思呢?

　　慧能大师就对他说,我所说的见,"常见自心过愆",是我自己常常见到自己心中的过错,这是指要时时改过反省,时时精进,而我们大多数人学佛,往往很难坚持不懈。同时,"不见他人是非好恶",我不见别人的是非好恶,心中没有是非分别。清净无所执着,自然看是非善恶都是一回事,也就不见分别。那么你说的"也痛也不痛"是怎样呢?按照你说的,如果你不痛,那说明你就像是无情的草木一样,是没有知觉的,这显然是不对的;如果你痛,那么你就是没有开悟见性的凡夫俗子,会生起嗔恨心。

　　之前你问我见还是不见,是将见与不见看作一对对立的边见,说明你心中还是有偏见的,还存有分别心。而你说的痛和不痛,这还是可以生灭的有为法,即因外界因缘而成,说明你还没有出离外缘。所以,像你这样暂且还没有开悟自性,怎么敢凭着一点小聪明轻易地戏弄别人呢?经过慧能大师的一番开示和训诫,神会向慧能大师礼拜表示悔过,并且感谢慧能大师的教诲。

　　师又曰:"汝若心迷不见,问善知识觅路。汝若心悟,即自见性,依法修行。汝自迷不见自心,却来问吾见与不见。吾见自知,岂代汝迷?汝若自见,亦不代吾迷。何不自知自见,乃问吾见与不见?"

　　神会再礼百余拜,求谢过愆,服勤给侍,不离左右。

【语译】

　　六祖又说:"你如果自心愚迷不能见性,可以向善知识问取见性之路。如果心有所悟,就是自见本性,那便依法修行。你既愚迷不见自己的心性,却来问我见与不见。我见性我自己知道,岂能代替得了你心中的愚迷?你如果自见本性,也不能代替我心中的愚迷。为什么不去自知自见,却来问我见与不见呢?"

神会听了,再向六祖礼拜百余次,请求大师恕罪,从此勤恳服侍六祖,不离大师左右。

【解读】

在上面一段开示中,慧能大师主要是指出神会并没有见性,本段是训诫神会学佛的态度不谦虚、不认真。学佛求道要专心,在自己身上下功夫,要心无旁骛。慧能大师说,"汝若心迷不见",如果你的内心还是有所执迷,不能见到自性,"问善知识觅路",那就要虚心向那些能够指导、教授你的善知识请教,寻找开悟见性的明路,而不是不懂装懂,这样终究不能走上正道。"汝若心悟,即自见性,依法修行",如果你已经开悟本心,见到自性,更应该依法好好地修行,不需要向外人显示。像你这样,自己尚且被外境、外缘迷惑,没能见到本心,不知道踏实地向自己内心求道明理,却来问我有没有见性,这有什么用。"吾见自知",我见性我自己当然知道,"岂代汝迷",难道还能用我的见性来替代你的愚昧迷惑?相反,"汝若自见",你如果见到了你的自性,"亦不代吾迷",自然也不可能代替我的愚迷。见性永远是每一个人自己的事,所以只需要观照好自己的内心,询问自己有没有见性,跟旁人都不相干。"何不自知自见,乃问吾见与不见",你为什么不好好地自己去认识自己、自己去了悟自己的本性,却来问我见还是没见?说明神会没有将心思用到该用的地方,心还不够清净,有一点风吹草动就被吸引,就要起心动念。这也证实神会的缺陷所在。

慧能大师这一席话直指神会的根本问题之所在,所以神会听了之后深有感悟,他向慧能大师又拜了一百多次,求慧能大师能够宽恕他之前的罪过。这一回他真是完全折服,心服口服。之后,神会就成为慧能大师的弟子,勤勉地服侍慧能大师,不离大师身边。

一日,师告众曰:"吾有一物,无头无尾,无名无字,无背无面,诸人还识否?"

神会出曰:"是诸佛之本源,神会之佛性。"

师曰:"向汝道无名无字,汝便唤作本源佛性。汝向去有把茆盖头,也只成个知解宗徒。"

【语译】

有一天,六祖对大众说:"我有一样东西,没有头也没有尾,没有名也没有字,没有后也没有前,大家还识得是什么吗?"

神会走了出来说:"这是诸佛的本源,也是我神会的佛性。"

六祖说:"已经跟你说没有名没有字了,你还叫它本源佛性。以后即使有个茅棚存身,你也只是个将佛法作知解会意的人。"

【解读】

有一天,慧能大师让大家猜个谜:我有一件东西,它没有头也没有尾,没有名也没有字,没有背面也没有正面,你们各位还能辨识出它是什么吗?

这个时候神会出来了,说,这是所有佛的本源,是神会我的佛性。

慧能大师就对他说,"向汝道无名无字",刚才我都已经明确对你说,它是无名无字的,是不能称呼出来的,"汝便唤作本源佛性",而你这就称呼它是本源、是佛性,这显然是不对的。如果让我们猜,我们觉得是什么?是神会所说的吗?其实,神会说的是对的,诸佛的本源、人人本具的佛性,它就是无头无尾、无名无字、无背无面、无生无灭的、不一不异、不来不去,就是这样一件东西。其实,神会是很厉害的,他猜到了。

既然是"无名无字",大家还有什么要说的呢?所以就不说了。可是这个神会非要把它说出来,让老师很为他可惜。"汝向去有把茆盖头","向去"就是从偏位走到正位,从正位走到偏位叫作"却来";"把",就是拿着;这里的"茆"就是茅草,"把茆盖头",就是拿茅草盖个栖身草棚,比喻以后独立了,有了立足的地方。你以后独自修行了,最终也只是个"知解宗徒",即只知晓解释经文的文字,用这种方式来修行的出家人。

祖师灭后,会入京洛,大弘曹溪顿教,著《显宗记》,盛行于世,是为菏泽禅师。

【语译】

六祖大师示寂后,神会前往京城、洛阳,广泛地弘扬曹溪的顿教法门,著有《显宗记》盛行于世。人们称他为菏泽禅师。

【解读】

后来,"祖师灭后",慧能大师圆寂之后,"会入京洛",神会就到了长安和洛阳,在这两个地方,"大弘曹溪顿教",大力地弘扬之前在曹溪慧能大师门下学习的顿教法门。"著《显宗记》,盛行于世",并且写了一本书叫作《显宗记》,这个宗就是禅宗,要弘扬它,彰显它。这本书在当时非常盛行。"是为菏泽禅师",神会就是之后人们所说的菏泽禅师。

师见诸宗难问，咸起恶心，多集座下，愍而谓曰："学道之人，一切善念恶念，应当尽除。无名可名，名于自性；无二之性，是名实性。于实性上建立一切教门，言下便须自见。"诸人闻说，总皆作礼，请事为师。

【语译】

六祖看到各个宗派的人问难佛法，都心存不善，于是就把他们集合到座下，怜悯地对他们说道："学道的人，对于一切善恶念头，都应当全部除去。当善恶都不去思量，无以名之，便假名为自性；这无二的自性，就叫作真如实性。在真如实性上建立起的一切教门，言下就应该见到自己的本性。"大家听完六祖大师的开示后，都虔诚顶礼，请求事奉六祖为师。

【解读】

"师见诸宗难问"，慧能大师看到佛家各个宗派之间相互为难和指责，"咸起恶心"，各宗门下的弟子们都生起争斗高低的邪恶之心，"多集座下"，于是就把他们集合到座下，"愍而谓曰"，"愍"同"悯"，很忧患痛心地对大家说，修行佛法正道的人，"一切善念恶念，应当尽除"，对于所有善恶的念头，都应当摒弃，应当消除掉。不要那么看重外在的名相，不要有那么多的分别心。"无名可名，名于自性"，我们所要求的自性，本来就是没有名相能够指代的，"无二之性，是名实性"，没有分别的本性，才是真实的本性。"于实性上建立一切教门"，要以这种没有分别的真实的本性为基础，建立一切教派法门，"言下便须自见"，必须要马上就能识见到自己的本性。

"诸人闻说"，所有人听了慧能大师所说的，"总皆作礼"，全部都向慧能大师行礼，"请事为师"，请求慧能大师教化他们。

这一品讲的是"顿"和"渐"，即神秀的法理和慧能的法理的差别。其实，从法理的本源上来讲，两者是不二的，都是一回事，只是在修行的方式上有所不同。因此，不能妄加评断这两个门派的高低。从根本上来说，它们是因为众生根基的不同而施设的。

护法品第九

这一品叫作《护法品》，那么是谁护法？一般在说法的时候，不论是出家人说法还是在家人说法，都有护法。这个护法可能是现实生活中的大居士，比如我们人间的皇帝、宰相，也可能是其他道的众生，比如天龙八部。我们这里讲的护法是谁呢？读过下面的内容，各位就知道这位护法是谁了。第九品《护法品》其实记载了神龙元年（705年）则天太后及中宗下诏迎请奖谕六祖大师的经过，说明当时朝廷尊崇六祖及拥护佛法的情形。

神龙元年上元日，则天中宗诏云："朕请安秀二师，宫中供养。万机之暇，每究一乘。二师推让云：'南方有能禅师，密授忍大师衣法，传佛心印，可请彼问。'今遣内侍薛简，驰诏迎请。愿师慈念，速赴上京。"

师上表辞疾，愿终林麓。

【语译】

唐中宗神龙元年（705年）正月十五日，则天太后和中宗皇帝下诏书说："朕曾迎请惠安、神秀两位大师到宫中供养。在政务繁忙的余暇，经常参究一佛乘的教理。但是两位大师都推让说：'南方有慧能禅师，曾受五祖弘忍大师密传衣法，是传佛心印的人，可以迎请他来参问。'今派遣宫中内侍官薛简，带着诏书速往迎请，希望大师您慈悲顾念，迅速来京。"

六祖接到诏书后，上表称病谢辞，表示愿在山林终其余生。

【解读】

这一小段提到了薛简这个人，那他是不是护法呢？

"神龙元年上元日"，"神龙"是太后武则天和唐中宗李显的年号，"元年"

就是第一年,"上元日"就是农历的元月十五日,元宵节。"则天中宗诏云",太后武则天和唐中宗李显发了诏书,"朕请安秀二师","朕",皇帝的自称。"安",就是指慧安大师,他一开始是在湖北蕲州(现在的蕲春),后来到终南山修行,最后归于河南嵩山的嵩岳寺。"秀"就是神秀大师,他在湖北荆州玉泉寺讲法。"宫中供养",皇帝请慧安和神秀两位大师到皇宫中,由朝廷来供养。"万机之暇,每究一乘",皇帝在处理国事的空闲时间,就会研究佛法。

这里的"一乘",又称"一佛乘",是与"三乘"相对的教法。"三乘",就是声闻、缘觉、菩萨三种根基的教法,用羊、鹿、牛车来作比。而"一乘"教法,是用大白牛车作比,是直接成佛的法门。

"二师推让",慧安和神秀这两位禅师推辞说,"南方有能禅师,密授忍大师衣法,传佛心印,可请彼问",南方有一位慧能禅师,他秘密地从五祖弘忍大师那里接受了代代相传的祖师的衣钵和佛法,并且弘忍大师传授给他佛心印,就是以心传心的无上心法。所以,慧能大师是更高明的禅师,可以向他请教佛法,这是最好的了。

"今遣内侍薛简",现在就派遣一位名叫薛简的内侍,这是指在宫中侍奉、供使唤的太监,"驰诏迎请",让他拿着诏书迎请慧能大师到皇宫受供养,"愿师慈念,速赴上京",希望慧能大师您能以慈悲为怀,马上赶到京城与我相见。当时的京城,也就是首都,是在长安。

而慧能大师接到圣旨后,"上表辞疾",也呈上了表章,以身体有疾病为理由,推辞了去京城受供养的迎请,"愿终林麓",希望能一直在山林中自在地生活、传法,直到终老。

这一段是将事情的来由说明了。

薛简曰:"京城禅德皆云:'欲得会道,必须坐禅习定;若不因禅定而得解脱者,未之有也。'未审师所说法如何?"

师曰:"道由心悟,岂在坐也?经云:'若言如来若坐若卧,是行邪道。'何故?无所从来,亦

万松小筑图

无所去。无生无灭,是如来清净禅;诸法空寂,是如来清净坐。究竟无证,岂在坐耶?"

【语译】

薛简便说:"京城里的禅师大德们都说:'想要进入佛道,必须要坐禅修习禅定功夫;如果想不通过坐禅习定而得到解脱,那是不可能的。'不知道大师您的看法如何?"

六祖说:"道要从自心去悟,岂是在坐上呢?经上说:'如果有人想从坐卧相见到如来,这是行邪道。为什么呢?因为如来无所来,也无所去。无生无灭,是如来的清净禅;诸法空寂,是如来的清净坐。究竟面目本来无有一法可证,岂是从坐上求呢?"

【解读】

这段对话是讲怎样修行佛法。既然请不动慧能大师,这位内侍薛简总要请教一些佛法问题,才能回去向皇帝和太后回复交差。

薛简说,京城里修习禅法的德高望重的大师们都说:"欲得会道",如果想要能够领会佛法中的道义,"必须坐禅习定",就必须通过坐禅这种方式来修习定,这个定是指戒定慧的定。"若不因禅定而得解脱者,未之有也",这里的"因"是凭借的意思,如果不是凭借或者通过禅定这样的方式修习,却能达到解脱的境界,这样的情况、这样的修行者是没有的,是不存在的。这是京城那些高僧大德的说法,但是我不知道慧能大师您所讲说的佛法是怎样的。和他们的说法是一致的吗?一定要通过坐禅来修行佛法吗?

慧能大师回答他,"道由心悟,岂在坐也",佛法的正道在于每个人心中的觉悟,哪里是在于坐禅呢?经文上说,"若言如来若坐若卧,是行邪道",如果说以坐或者卧的相状来探求如来,这就是在修行邪道,不是佛法正道。"何故",为什么这样说呢?"无所从来,亦无所去","如来"就是"如来如不来",好像佛来了,又好像佛没有来一样。老百姓口中的"如来佛",就是指佛教的始祖释迦牟尼佛。"如来",是一种"如如"的形象,是寂静不动的,不在于坐还是卧。所以他是"无所从来,亦无所去",因为他是"遍虚空尽法界"的,没有头尾,却又无时不在无处不有,是不生不灭的。这就是如来清净禅,是清净的。所以在这种状态下,"诸法空寂",一切法都是虚空寂静的,这就是如来清净坐,要达到"空寂",这就是坐。

这和前面我们所讲的坐禅——"心念不起名为坐,自性不动名为禅"——是完全一致的。"究竟无证",所以,最终的究竟的解脱并不是获得一个什么东西,全在于自心的了悟,"岂在坐耶",也就不只是表面上的打坐所能够达到和证明的。

简曰:"弟子回京,主上必问,愿师慈悲,指示心要,传奏两宫,及京城学道者。譬如一灯,然百千灯,冥者皆明,明明无尽。"

师云:"道无明暗,明暗是代谢之义。明明无尽,亦是有尽,相待立名。故《净名经》云:'法无有比,无相待故。'"

简曰:"明喻智慧,暗喻烦恼。修道之人,倘不以智慧照破烦恼,无始生死,凭何出离?"

师曰:"烦恼即是菩提,无二无别。若以智慧照破烦恼者,此是二乘见解,羊鹿等机;上智大根,悉不如是。"

【语译】

薛简说:"弟子回到京城后,皇上必定要问话。希望大师慈悲,指示佛法心要,让弟子能奏闻皇太后与皇上两宫,并且告诉京城中所有学道的人。这就好比点亮了一盏灯,辗转点燃百千盏灯,使幽暗的地方全都被照亮,如此光明将永无穷尽。"

六祖说:"道并没有明暗的分别,明暗是新旧更替的意义。说光明永无穷尽,其实也是有尽,因为明暗是互相观待成立的假名。《维摩经》说:'佛法是无可比拟的,因为没有观待成立的缘故。'"

薛简说:"明譬如智慧,暗譬如烦恼。修行之人如果不用智慧的光去照破无明烦恼,如何能出离无始无终的生死呢?"

六祖说:"烦恼就是菩提,并不是两个东西,也没有什么区别。如果说要用智慧的光来照破无明烦恼,这是声闻、缘觉此等二乘人的见解,也就是以羊车、鹿车来作譬喻的根机。大乘上等根性之人,不会作这样的见解。"

【解读】

薛简又继续请教慧能大师第二个问题:弟子我回到京城之后,我的主上——皇帝必定会询问我,所以希望慧能大师您发发慈悲,为我指点、开示一些佛法的心法要旨,让我回去之后能够上传表奏太后和皇上,以及在京城学佛修道的人们。

接下来,薛简提出了关于明暗的问题。"譬如一灯,然百千灯","然"通"燃",

点燃的意思；传播佛法，就好像是有一盏明灯，可以点燃千百盏的灯。这样一来，"冥者皆明，明明无尽"，"冥"就是昏暗，没有光线，昏暗的地方也都会被照亮了，灯灯相传的光明就无穷无尽，就好像佛法照亮了整个世间。这就是"一灯能破千年暗，一智能灭万年愚"。

慧能大师回答薛简说，佛道是没有明暗的，"明暗是代谢之义"，明和暗是交互更替、相对存在的，它们是一个事物的两个方面，其实是一回事。"代谢"，更迭、交替的意思。

"明明无尽，亦是有尽，相待立名"，虽然你说照亮的光明是没有尽头的，但它其实还是有尽头的，因为无尽和有尽也是一对相对的概念，也是要相互依存、相互替代地存在。所以《净名经》上说："法无有比，无相待故。"佛法是没有其他事物可以与之相比拟的，因此也就没有任何事物与它是相待依存的。所以佛法可以独立恒久地存在。

薛简又说，明是用来比喻智慧，暗是用来比喻烦恼，修行学道的人，如果不用智慧来照破困扰自己的烦恼，"无始生死，凭何出离"，久远以来就困扰人们的生死之事，又要凭借什么来出离呢？"无始"，最早是道家哲学中的词汇，一个解释是久远到没有开始，另一解释是指久远以前的太古时代。这里再次提到，学佛就是要了生死大事。

但是慧能大师说，"烦恼即是菩提，无二无别"，烦恼就是菩提智慧，菩提智慧就是烦恼，这两者是一回事，其实是没有分别的。这个观点我们之前也讲过。什么是烦恼？不明自性，为外境所迷，有所执着，不就烦恼了吗？什么又是菩提呢？菩提就是觉悟了，了悟自性，清净了，不再迷于外境，不再执着。

"若以智慧照破烦恼者，此是二乘见解"，如果将智慧和烦恼区别开来，用明的智慧来照破暗的烦恼，这是二乘人的见解，即三乘中小乘声闻和中乘缘觉的见解，是羊车和鹿车程度的修为。"上智大根，悉不如是"，上等智慧、有大根器的人，都不是这样理解的，而是"烦恼即菩提"，也即明就是暗、暗就是明，是一回事。

简曰："如何是大乘见解？"

师曰："明与无明，凡夫见二；智者了达，其性无二。无二之性，即是实性。实性者，处凡愚而不减，在贤圣而不增；住烦恼而不乱，居禅定而不寂；不断不常，不来不去，不在中间及其内外，不生不灭，性相如如，常住不迁，名之曰道。"

【语译】

薛简问:"如何才是大乘的见解呢?"

六祖说:"明和无明,在凡夫看来是两个不同的东西;有智慧的人了达通透,知道它的性体没有两样。这无二的性体,就是真如实性。所谓实性,在凡愚身上不曾减少,在圣贤身上也不会增加;住于烦恼之中不会散乱,处于禅定之中也不滞空寂;不是断灭也不是恒常,没有来也没有去,不在中间也不在内外,不生不灭,性相一如,永恒不变,称之为道。"

【解读】

薛简接着慧能大师的解说,继续请教:请问大师,与小乘和中乘相比,您所说的大乘见解是什么样的呢?

慧能大师说的这一段话是对明与暗这个问题的总结,是一种见性的、非常究竟的见解。"明与无明,凡夫见二,智者了达,其性无二",这明与无明,也就是智慧与烦恼,愚迷的凡夫俗子会认为这两者是不同的,但是对于明心见性的智者而言,他已经了达了佛性,没有滞碍,所以看到了智慧和烦恼的本质是一样的,没有分别。"无二之性,即是实性",二者没有分别的本性,就叫作"实性"。

接下来具体解说"实性"。"实性者,处凡愚而不减,在贤圣而不增;住烦恼而不乱,居禅定而不寂"。这实性,即便你是处在凡夫、愚迷人的境地,也是丝毫没有减少的;即便你是处在贤者、明智的圣人这样高明的境地,也没有一丝的增加。你对外界事物住心而生出无尽烦恼的时候,这实性也不会随之混乱;你达到出离一切外相,让自己的内心清净不乱的禅定境界,这个时候实性也不会变得更加寂静。也就是说,实性不会因为你所处的状态或者境界的不同而受到影响、发生变化,无论何时何地,对于任何人来说,它都是如如不动的,就在那里,这其实就是我们讲的自性、本心。"不断不常,不来不去,不在中间及其内外",没有断灭,也没有永恒;没有来,也没有去;不在任何事物的中间,也不在内部或外部。这都是相对来说的,凡是对立的都否定,不向任何一边执着。"不生不灭,性相如如",没有生也没有灭,内在的性与显示出来的相都是如如不动的,就是本来的样子。"常住不迁,名之曰道",这个本来面目永远在那里,没有变迁,这就是佛家的大道,是大乘佛法的见解。

之前提到的那首诗《见与不见》就是对佛性的一个很好的诠释。现在我们很多人容易陷入感情中出不来,为情所困,痛苦得要命。其实,真正的爱就是不来不去，不增不减，不生不灭，有合必有分，有生必有灭，生和灭就是这样交替出现的。所以，要学会把握住事物的本质，而不是被一些外在的名相所左右。

简曰："师说不生不灭，何异外道？"

师曰："外道所说不生不灭者，将灭止生，以生显灭，灭犹不灭，生说不生。我说不生不灭者，本自无生，今亦不灭，所以不同外道。汝若欲知心要，但一切善恶都莫思量，自然得入清净心体，湛然常寂，妙用恒沙。"

【语译】

薛简又问："大师所说的不生不灭，和外道所说的有什么不同呢？"

六祖说："外道所说的不生不灭，是以灭来终止生，以生来显现灭，如此灭还是不灭，生也只是不生。我所说的不生不灭，本来就无生，所以也无所谓灭，因此和外道不同。如果你想知道佛法的要旨，只须对一切善恶诸法都不去思量，自然就能悟入清净心体，湛然常寂，妙用无穷。"

【解读】

薛简说，大师您说的不生不灭，这和外道所讲的道有什么不同呢？

首先来看看什么叫"外道"。"外道"并不是贬义，而是说它们的教义核心不在心的范畴内，心外之道，还没有进入以修心为主的修行宗派，认为心外有执掌世间的造物主，因此称为"外道"。对于世间的来源，外道有各种各样的说法。

慧能大师说，外道所说的不生不灭，"将灭止生"，是用灭来停止生，"以生显灭"，用生来显示灭。很显然，外道所说的生和灭是相对而言，二者相互依存、相互为证，这样的生如果离开灭，没有灭的对照，也就不再是生；同样，这样相对生而存在的灭，如果离开了生，没有生来显示灭的存在，灭也是不复存在的。所以说，外道说的不生不灭，"灭犹不灭，生说不生"，叫作灭却不是真正独立存在的灭，是生却也不是真正的生。实际上，一提到生和灭，就已经落入名相，到达究竟的境界，就什么也不说。

那么，我说的不生不灭，"本自无生，今亦不灭"，是本来就没有生，所以根本就没有相对的灭，这叫"不生不灭"。其实前面的"将灭止生"，就好比神秀大师用的修道方法，叫作"时时勤拂拭"，要把灰尘都擦掉，把生起的念灭了，就不生不灭了。而在慧能大师这里，是"本来无一物，何处惹尘埃"，本来就没有，也就不需要去擦拭,去灭掉什么。这就像先立一个靶子的概念在这里,然后再去打这个靶子,事实上,根本就没有这个靶子。

"汝若欲知心要,但一切善恶都莫思量",如果你想要知晓佛法的心法要旨,那么,面对世间一切的善恶,都要不思善也不思恶,不受到外界任何事物、一切法的影响,不作停留。"自然得入清净心体,湛然常寂",这样一来,你自然就能体会到,清净的本心本体是那么的清澈,那么恒久的寂静。"妙用恒沙","恒"指恒河,印度第一长河,"恒沙"指恒河里的沙子,一般用来形容数量很多。体会到你的清净自性之后,它的妙用就像恒河中的沙子一样,广阔而无所拘泥,可以遍及一切处、一切事物、一切法。

简蒙指教,豁然大悟。礼辞归阙,表奏师语。其年九月三日,有诏奖谕师曰:"师辞老疾,为朕修道,国之福田。师若净名,托疾毗耶,阐扬大乘,传诸佛心,谈不二法。薛简传师指授如来知见,朕积善余庆,宿种善根,值师出世,顿悟上乘,感荷师恩,顶戴无已。并奉磨衲袈裟,及水晶钵,敕韶州刺史修饰寺宇,赐师旧居为国恩寺。"

【语译】

薛简得到指示教诲,豁然大悟。于是礼谢辞别回到京师,将六祖的话表奏皇帝。同年的九月三日,有诏书奖谕六祖说:"大师以年老多病辞召,愿终身在山林中为朕修道,真是国家的福田啊!大师就如维摩诘居士,托疾居住于毗离耶城,弘扬大乘佛法,传授诸佛心印,演说不二法门。薛简回官表奏大师所指授的如来知见,是朕积善而有余庆,宿世种下的善根,所以才能幸逢大师出世教化,得到顿悟上乘的妙理,承蒙大师法恩,顶戴感激不尽!同时奉送磨衲袈裟和水晶钵,敕令韶州刺史重修寺院,赐名六祖的新州故居为国恩寺。"

【解读】

薛简蒙受了慧能大师的一番指点教诲,心中豁然开朗,大为了悟。"礼辞归阙","阙"是皇帝的居处,就是皇宫。薛简向慧能大师礼拜辞行,然后回到了皇宫,"表奏师语",上表太后和皇帝,奏明了慧能大师所说的佛法。

当年的农历九月三日这一天,太后和皇帝颁发诏书对慧能大师进行褒奖、表彰。诏书是这样说的,"师辞老疾",慧能大师以年老身体有病为由,辞去了皇宫

的召请,"为朕修道",在民间为皇帝我修行佛道,传扬佛法,"国之福田",这是国家的福田。"福田",指可生出福德的田地,就像农民耕种田地能有粮食收获,供养出家人就可以获得福报,所以用田比喻出家人。

"师若净名",慧能大师就像是"净名",就是维摩诘,古印度的一位居士,是在家修行佛法的得道高人。"托疾毗耶","毗耶"是维摩诘居士居住的地方,用这个来作比慧能大师以疾病作推脱,在岭南曹溪一带传法;"阐扬大乘,传诸佛心,谈不二法",阐明并且传扬大乘佛法,传授诸佛的心法,教授老百姓不二法门。

"薛简传师指授如来知见",薛简已经上表奏明了慧能大师所传授的真正的佛祖高见;"朕积善余庆","积善余庆"出自《周易》:"积善之家,必有余庆;积不善之家,必有余殃。""宿种善根,值师出世,顿悟上乘",这是我以往所累积的善行种下的善根,让我有了今天的福报,能够等到慧能大师这样高明的禅师出世传法,让我能够顿悟这上乘的佛法。"感荷师恩,顶戴无已",所以我十分感激,能够承受老师深厚佛法的恩泽,让我钦佩不已,向您致礼。武则天和唐中宗这样评价慧能大师,很了不得。洛阳奉先寺里的卢舍那佛是报身佛,那么圆满、庄严,就是按武则天的像来雕塑的。"并奉磨衲袈裟",给慧能大师奉上最好的袈裟——"磨衲袈裟",它是用上等的锦帛做成的;"及水晶钵",还有水晶做的钵。

讲到这里,知道谁是护法了吗?薛简吗?是武则天和唐中宗,这两位是大护法,支持慧能大师传法。

"敕韶州刺史修饰寺宇","敕"就是帝王的命令,下令让韶州刺史修缮并装饰寺院;"赐师旧居为国恩寺",并且为慧能大师的旧居赐名为"国恩寺"。

付嘱品第十

最后一品《付嘱品》记录了慧能大师临涅槃时传授给弟子的佛法要旨,教导弟子如何举用三科三十六对来说法,才不致失却顿门禅宗的宗旨,并且记述了六祖迁化前后的情形。这里的"付"通"咐",是嘱咐、嘱托的意思。这一品也是全文的总结。

师一日唤门人法海、志诚、法达、神会、智常、智通、志彻、志道、法珍、法如等,曰:"汝等不同余人,吾灭度后,各为一方师。吾今教汝说法,不失本宗。"

【语译】

有一天,大师把门下弟子法海、志诚、法达、神会、智常、智通、志彻、志道、法珍、法如等人叫来,对他们说:"你们和其他人不同,我灭度以后,你们都是教化一方的禅师。我现在教你们如何说法,才能不失本宗顿教法门的宗旨。"

【解读】

有一天,慧能大师唤来了弟子法海、志诚、法达、神会、智常、智通、志彻、志道、法珍、法如等,这些弟子在前面的讲解中基本都提到过。但是最重要的两位弟子没有提到,一位是怀让,一位是行思。怀让,后来在南岳传法,也称作"南岳怀让"。南岳,就是湖南衡山;北岳,恒山;东岳,泰山;西岳,华山;中岳,嵩山——这就是五岳。而行思,在江西的青原传法,所以又称为"青原行思"。一般说六祖慧能大师之后公认的七祖,就是这两位,可是为什么这里没有提到呢?这两位已经得道了,各在一方传法,不需要再嘱托,所以只找来身边这几位弟子进行嘱托。

慧能大师对他们说,"汝等不同余人",你们这些人,和其余的弟子是不一样的,"吾灭度后,各为一方师",因为在我灭度之后,你们各自都可以作为一方的法师,独立弘扬佛法。"吾今教汝说法,不失本宗",所以我现在就教你们怎样跟别人说法,才能避免失去本宗的宗旨。慧能大师传授的这个说法的方法,很有意思,我们继续往下看。

先须举三科法门,动用三十六对,出没即离两边。说一切法,莫离自性。忽有人问汝法,出语尽双,皆取对法,来去相因。究竟二法尽除,更无去处。

【语译】

说法时,应先举述三科法门,运用三十六相对法,如果有出没就会落于两边。说一切法,都不要背离了自性。倘若忽然有人向你问法,说话都要双句相对,彼此来去相互为因,最后对待的两边也去除,更没有其他可着之处。

【解读】

"先须举三科法门","三科"就是三类,哪三类呢?第一个是五阴,也就是五蕴;第二个是十二入,也叫十二处;第三个是十八界。三科可以说是总摄一切法。"动用三十六对",就是要使用三十六对相对的法。上述这些概念都是确定的、固定的,没有什么问题,这是一个总说,之后会逐一解释。

下面还有一些技巧,慧能大师也传授给弟子。"出没即离两边","出没"就是出现与隐没,就是教人不论是进是退,包括与别人讲法,都要离开两边。不走两边,那么走哪里呢?走中道,不要执着和住心。"说一切法,莫离自性",所讲说的一切佛法,都不要离开自性、本性去讲。这是一个最根本的指导原则。

接下来是具体指导如何说法应对。"忽有人问汝法",一旦有人问你佛法道理,"出语尽双,皆取对法",要成双成对地来说法。比如说上,你就要说下,将上下结合起来说;如果说明,你就要说暗,将明暗结合起来说。"来去相因",在来回的问答过程中,你前后所讲说的法理要有联系,相互呼应,由浅入深,一步步地说法。"究竟二法尽除",但是最后还是要将说法过程中用到的相对二法全部都除去,因为这相对法就是两边,我们要出离两边,破除所执着的法相,才会"更无去处",就没有什么可执着或住心的了。

三科法门者,阴界入也。阴是五阴,色、受、想、行、识是也。入是十二入,外六尘,色、声、香、味、触、法,内六门,眼、耳、鼻、舌、身、意是也。界是十八界,六尘、六门、六识是也。自性能含万法,名含藏识。若起思量,即是转识。生六识,出六门,见六尘，如是一十八界，皆从自性起用。自性若邪，起十八邪；自性若正，起十八正。含恶用即众生用，善用即佛用。用由何等？由自性有。

【语译】

所谓三科法门，就是阴、界、入。阴是五阴，就是色、受、想、行、识，入是十二入，也就是外面的色、声、香、味、触、法六尘，和自己的眼、耳、鼻、舌、身、意六门。界是十八界，也就是六尘、六门、六识。自性能含容万法，所以叫作含藏识。如果起了分别思量，就是转识。由转识生起六识，出于六根门头，对外接触六尘，就像这样，十八界都是从真如自性而起用。自性如果邪，就产生十八邪；自性如果正，就产生十八正。如果恶用就是众生用，善用就是佛用。用从哪里来呢？从自性而来。

【解读】

说法的时候，要先说三科法门，这三类就是阴、界、入。"阴"，就是"蕴"，遮盖、隐藏的意思，所以"五阴"又叫"五蕴"，即色、受、想、行、识。"入"，就是"十二入"，也叫"十二尘"，就是六根和六尘合起来。外在的六尘，即色、声、香、味、触、法；内在的六根、与外界沟通的六个门户，也叫六门，即眼、耳、鼻、舌、身、意。而且这内在的六门和外在的六根是一一相对应的，眼能看到色，耳能听到声音，鼻子能闻到香臭。"界"，就是"十八界"，就是"十二尘"再加上"六识"，总共是"十八界"。"六识"，就是六根所具备的认识世界的功能，眼识、耳识、鼻识、舌识、身识、意识。而最终是自性，"自性能含万法"，自性中能含有万事万物、一切的法，"名含藏识"，这叫作"含藏识"。"若起思量"，如果生起了分别思量心，"即是转识"，这就是"转识"。

唯识宗所讲的转前七识，即眼、耳、鼻、舌、身、意、末那这前七识。"转"是转变、改转的意思。这前七识都是以第八识阿赖耶识为所依，缘起于色、声等各种外境而转起，能改转苦、乐、舍等三受，转变善、恶、无记等三性，所以叫作"七转识"。还需要转识成智，这一点我们前面讲过。

"生六识，出六门，见六尘"，生起眼识、耳识、鼻识、舌识、身识、意识这六识，识通过人身所有的眼、耳、鼻、舌、身、意这六门，认识了对应的色、声、香、味、触、法这六尘。"如是一十八界"，这样一来，总共是十八界，"皆从自性起用"，都是从自性中生起并且产生各种作用的。

"自性若邪"，如果自性有偏邪，没有把持住自己的清净本性，"起十八邪"，就会生起十八界的邪见,十八界都跟着偏邪了。"自性若正",如果你的自性是正的,"起十八正",那么在十八界中也会生起正见正念。"恶用即众生用",如果心怀恶念起用诸法,这就是众生用,还没有脱离世间爱恨情仇的众生境界。相对的,"善用即佛用",心怀善念起用诸法,这就是佛用,就是佛在起用。所以"一念成佛,一念众生"。"用由何等",而起用是善还是恶,这是由什么来决定的呢?"由自性有",是由自性来决定的。其实,明了自性,也就没有分别,佛就是众生,众生就是佛。

对法,外境无情五对:天与地对,日与月对,明与暗对,阴与阳对,水与火对。此是五对也。

【语译】

相互对待的诸法,外境无情方面有五对:天和地相对,日和月相对,明和暗相对,阴和阳相对,水和火相对。这是五对相对法。

【解读】

"对法",即成对的、相对的概念,就是开头说的三十六对法,将它们进行分类。第一种,外界环境中无情的事物,有五大类,都是自然现象:天与地是相对的一对,日与月是相对的一对,明与暗是相对的一对,阴与阳是相对的一对,水与火是相对的一对。

法相语言十二对:语与法对,有与无对,有色与无色对,有相与无相对,有漏与无漏对,色与空对,动与静对,清与浊对,凡与圣对,僧与俗对,老与少对,大与小对,此是十二对也。

【语译】

法相语言方面有十二对法:语和法相对,有和无相对,有色和无色相对,有相和无相相对,有漏和无漏相对,色和空相对,动和静相对,清和浊相对,凡和圣相对,僧和俗相对,老和少相对,大和小相对。这是法相语言的十二对相对法。

【解读】

第二种,"法相语言十二对"。"法相",是指一切法所具的本质的相状(体相),或指其意义(义相)。表达法相概念的语言一共有十二对。语与法相对,有与无相对,有色与无色相对,有相与无相相对,有漏与无漏相对,色与空相对,动与静相对,清与浊相对,凡与圣相对,僧与俗相对,老与少相对,大与小相对。

"有漏"与"无漏"是什么意思?"漏",流失、漏掉的意思,在这里指烦恼。所以,"有漏",有缺失,就是有烦恼;"无漏",没有缺失和遗漏,就是没有烦恼。

自性起用十九对:长与短对,邪与正对,痴与慧对,愚与智对,乱与定对,慈与毒对,戒与非对,直与曲对,实与虚对,险与平对,烦恼与菩提对,常与无常对,悲与害对,喜与嗔对,舍与悭对,进与退对,生与灭对,法身与色身对,化身与报身对。此是十九对也。

【语译】

自性起用方面有十九对法:长和短相对,邪和正相对,痴和慧相对,愚和智相对,乱和定相对,慈悲和狠毒相对,持守净戒和为非作歹相对,直和曲相对,实和虚相对,险和平相对,烦恼和菩提相对,常和无常相对,悲和害相对,喜和嗔相对,舍和悭相对,进和退相对,生和灭相对,法身和色身相对,化身和报身相对。这是十九对相对法。

【解读】

"舍",就是布施,"悭",就是吝啬。这段很好读懂。

师言:"此三十六对法,若解用,即道贯一切经法,出入即离两边。"

【语译】

六祖说:"这三十六对法,如果懂得如何运用,就能使道贯穿于一切经法,出入不落于两边。"

【解读】

上面所讲的这三十六对法,"若解用",如果能够贯通理解,并且灵活自如地运用,"即道贯一切经法",就能够融会贯通一切的佛法经典,"出入即离两边",于进于退都能够出离两边,不执着于任何事物的两个极端。

我们总结一下上面慧能大师所讲的内容。第一步,找到自性,要见自性,自性是清净的,如果这一步走歪了,那后面的就跟着都歪了。第二步,要用对法,一对对地来说。第三步才是关键,要不落两边,也就是离开两边。前面的这么多对法,

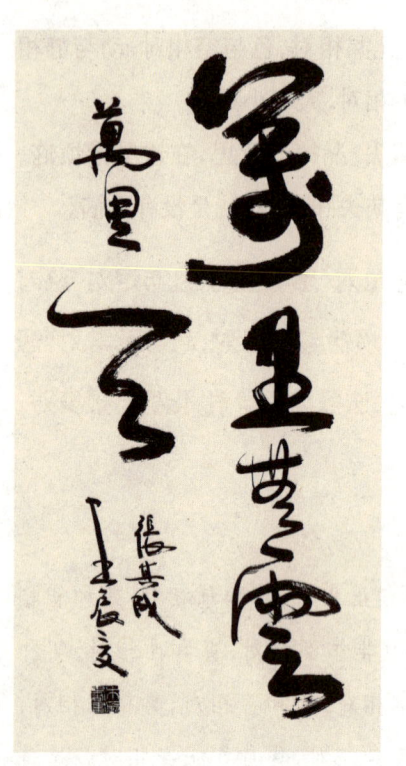

都是为了打破你的思维方式,帮你认识到与你平常所习惯执有的见解相对的见解,也就是帮你找到两边,然后再告诉你要出离两边,不要有任何一种执见。

这就是所谓禅宗的三个境界。第一个境界,"见山是山,见水是水",本性就是这样,山就是山,水就是水,就是"千江有水千江月,万里无云万里天",就是"云在青天水在瓶",就是这样平平常常。到第二个境界,要用对法来说,这相当于"见山不是山,见水不是水",你说是,他就说非,你说善,他就说恶,从你的对立面出发,要打破你的思维方式,打破你执有的偏见。到第三个境界,又回到之前,"见山还是山,见水还是水",不落两边,要出离两边,不就又回到自性本原了吗?这才是关键,自性本空。

自性动用,共人言语,外于相离相,内于空离空。若全著相,即长邪见。若全执空,即长无明。执空之人有谤经,直言不用文字。即云不用文字,人亦不合语言,只此语言,便是文字之相。又云,直道不立文字,即此不立两字,亦是文字。见人所说,便即谤他言著文字。汝等须知,自迷犹可,又谤佛经,不要谤经,罪障无数。

【语译】

真如自性随缘起用,和人言谈时,对外要能即于一切相而离于一切相,在内要能即空而离于空。如果完全着相,就会助长邪见;如果完全着空,就会增长无明。执着于空见的人,有的诽谤佛经,肯定地说"不用文字"。既然说不用文字,那么也不应该用语言,因为语言本身就是文字的相。又说"直指之道不立文字",就是这"不立"两个字,也是文字。见到别人在说法,就诽谤别人所说的执着于文字。你们应该知道,自己执迷就罢了,又诽谤佛经,千万不可诽谤经法,否则将造下无量无边的罪业!

【解读】

我们来看一看,开头这一句中的一个字要牢牢记住,就是"离"。"离两边"的"离",用两个字解释,这是什么意思?要出离、离开两边,不能总是停留在你说是他说非、你说非他又说是的状态,这是在对着干,不能停留在这种状态。这其实就是《坛经》中讲的最根本的方法。以什么为本?以无住为本。无住,不要有所停留,不要停在那里,不要停在明还是暗的争论上。无住、无相、无念,这是之前讲的三个无,这些都是方法。

慧能刚出来的时候,见到两个和尚在那里争论是幡动还是风动,双方争论得停不下来,慧能大师就走中道,说不是风动,不是幡动,是心在动,你的本性在动。所以,关键在于"离","离"了之后你就达到了什么?这一段后面明确提出来的两个字,叫作"中道",出离两边,你就走上中道。

我们来仔细看一下慧能大师的说法。"自性动用,共人言语",我们抓住这个本来清净无一物的自性,启动它,让它产生作用的时候,与别人一起谈论的时候,一定要"外于相离相,内于空离空",要出离,不要着相,不要着空,就是对于一些外在的具体的行相、相状,以及一些内在的虚空的心念、想法,都不执着,没有住心。"若全著相,即长邪见",如果完全执着于那些具体的外相,就会增长你的邪见。"若全执空,即长无明",如果完全执着于虚空的心念,就会增长你的无明,就变得愚痴。

"执空之人有谤经,直言不用文字",执有这种虚空见解的人,就会诽谤佛经,认为什么都是虚空的,文字也可以空掉,写的那些佛教经文还有什么用处。"即云不用文字,人亦不合语言",如果按照这些执着于空的人的想法,认为不需要用文字,那么人也就不需要用语言了,因为文字就是一种语言,一种记录下来的书面语言,与口说的语言是一样的,就都可以省去了。世界上很多民族还没有文字,但是一样可以交流,就是用口头语言交流。既然要让文字空掉,那么语言为什么不空掉?"只此语言,便是文字之相",语言就是文字的相,与文字是一回事。"又云,直道不立文字",又说直指人心的法门要不立文字,"即此不立两字,亦是文字",可这"不立"两个字不也是文字吗?口头文字。

"见人所说,便即谤他言著文字",这种执着于空见的人,见到别人在讲经说法,就指摘别人执着于文字相。"汝等须知,自迷犹可,又谤佛经",你们必须要明白,自己迷惑愚钝尚且可以不计较,但如果因为自己的迷痴又去诽谤佛经,这实在是罪过了。所以，慧能大师再次嘱咐自己的弟子们，"不要谤经，罪障无数"，千万不要去诽谤佛经，这种行为造下的罪业是多得无法计数的。

若著相于外，而作法求真，或广立道场，说有无之过患，如是之人，累劫不得见性。但听依法修行，又莫百物不思，而于道性窒碍。若听说不修，令人反生邪念。但依法修行，无住相法施。汝等若悟，依此说，依此用，依此行，依此作，即不失本宗。

【语译】

如果外着于相，而造作有为法来寻求真道，或者到处建立道场，而辩论有无的过患，像这样的人，历经多劫也不可能明心见性。依法修行，又不可什么都不想，造成佛道上的障碍。如果只是听人说法而不实地修行，反而会使人生起邪念。因此要依照正法修行，进行法布施而不要住相。你们如果能够悟解，并且依照这样去说、去用、去行、去做，就不会失却本宗的宗旨了。

【解读】

"若著相于外，而作法求真"，如果执着于外在的相来学佛法求真相，这种学法是永远见不到真相的。所以，不要有执着，不要执着于有和无，比如你说有，我就说无，我要设法证明我是对的，这样的人永远无法见性。这种对立的说法，只是一个方便的法门，是一个过程，最终是要将这个也打破了，这才是彻底破了这些法相。"或广立道场，说有无之过患"，或者广泛地建立说法的道场，大肆宣扬有无得失。"如是之人，累劫不得见性"，像这样执着于外相来修行的人，是永远见不到自性的，因为求法的根本立足点就弄错了。

下面又讲了另一种修行佛法的错误方式。"但听依法修行，又莫百物不思，而于道性窒碍"，要依照佛法所讲的来行修做事，却又不能真的什么都不想，如果什么都不想了，断了所有的念头，就又落入空相，会阻碍

云山幽趣图

佛道本性的显现，就不能够真正通晓佛性。"若听说不修，令人反生邪念"，如果只是听别人说法，比如听到顿悟法门，就觉得不需要再修行了，直接可以顿悟，这样也不行，反而容易让人生出邪念来。

举一个例子，我们说一个人的功夫高不高，如何来判断？练功的时候，是有方法的：第一步，是站桩，站在那里调身；第二步，调呼吸；第三步，调身。这是按照小周天一步一步地进行，每一步都有相应的验证、感觉，这种练功的法高不高？或者另一个人说自己什么法都不用，直接就有功夫了。这两种练功的法，你相信谁的？是第一个吗？其实，假设第二个人说的是真的，那么是第二个的境界更高。这样一来，为什么还要摆姿势、按照程序做下去呢？都不需要。可是，我们都是俗人，我们还是要按照那个次第一步步地修行，先有为，然后才能达到最高的无为境界。当然，如果能直接达到无为，那是最高明的，但一般不大可能。

"无住相法施"，不要住在相上，这就是《金刚经》中接引慧能大师开悟的那句"应无所住，而生其心"。"法施"就是"法布施"，指佛法的布施，去传播佛法，开示大众。但是，法布施不一定只是讲经说法，一般将法施分为世间的与出世间的，布施世间法也是法施。凡是别人想知道的、想学习的，比如诗歌、工巧、技能等利于他人的事，只要自己会、有能力的，就热心地去教导，这些都属于法布施。

慧能大师接着对弟子们说，"汝等若悟"，你们如果真正领悟到我所讲说的佛法的真义，了悟自性，"依此说，依此用，依此行，依此作"，就按照我说的这些方法来讲说、来运用、来有所作为，贯穿到平时生活的一言一行中，"即不失本宗"，那就没有失掉本门的宗旨，把握住了宗旨。

若有人问汝义，问有将无对，问无将有对；问凡以圣对，问圣以凡对。二道相因，生中道义。汝一问一对，余问一依此作，即不失理也。

设有人问：何名为暗？答云：明是因，暗是缘，明没即暗。以明显暗，以暗显明，来去相因，成中道义。余问悉皆如此。汝等于后传法，依此转相教授，勿失宗旨。

【语译】

如果有人问你法义，问"有"就答"无"，问"无"就答"有"，问"凡"就答"圣"，问"圣"就答"凡"。就这样，二边对待法的相互为因而离却二边，就显出了中道义理。像这样一问一答,其余的问题都依照这样作答,就不会失却中道的义理。

假如有人问:"什么叫作暗?"就回答说:"明是因,暗是缘,光明消失了就黑暗。以光明来显现黑暗,以黑暗来显现光明,一来一回相互为因而成中道义理。"其余的问题都可以这样回答。你们今后传法,要依照这种方法转相教导传授,不要失却宗旨。

【解读】

接着,慧能大师列举说法的例子,"若有人问汝义,问有将无对",如果有人问你佛法的含义,他说"有"的时候,你就用"无"来对答;"问凡以圣对",有人问你"凡"的时候,你就用"圣"来对答。总而言之,回答要与他所问的相反。之后,"二道相因,生中道义",破除二道,不落两边,就生"中道"。所谓"中道",也就是离开处于极端的两边,是一种不偏向任何一边的中正之道,又叫作"中路",这也是佛教的根本立场。但这可不是"老好人""老油条"的路数,简简单单地往中间调和一下。

"余问一依此作",就算问的是其他的问题,你们也该明白,是要相对地、一对一对地作答,"即不失理也",这样就不会失去理,这个理就是中道之理。"设有人问:何名为暗",比如说有人问什么叫作"暗",你就要这样回答:"明是因,暗是缘。"这里我们首先要明白什么是"因",什么是"缘"。"因"和"缘"经常连在一起讲,叫作"因缘",表示事物产生的原因,跟"果报"是相对的。"因"和"缘"虽然都表示事物产生的原因,但"因"是指产生结果的直接原因,是本源,而"缘"是指辅助促成其结果的条件,是辅助条件。"明没即暗",没有了光明那就是黑暗。"以明显暗,以暗显明",用光明来显现黑暗,用黑暗来显现光明。"来去相因",这样一来一去,互为本源。"成中道义",就能够成就中道的义理。这其实是哪里用的方法?是《易经》中的阴阳的方法,说阴的时候一定有阳,说阳的时候一定有阴。再比如,中医说五脏的时候,一定有六腑对照着,因为五脏属阴,六腑属阳。说经络的时候,有阴经,肯定有阳经;说阳经,也肯定有对应的阴经。"依此转相教授",就按照我说的这个方法来讲说,"勿失宗旨",这就是宗旨,不要失掉这个根本。

师于太极元年壬子,延和七月,命门人往新州国恩寺建塔,仍令促工。次年夏

末落成。七月一日,集徒众曰:"吾至八月,欲离世间,汝等有疑,早须相问,为汝破疑,令汝迷尽。吾若去后,无人教汝。"

【语译】

慧能大师在唐睿宗太极元年(712年),也就是后来改元的延和(712年)七月,命门下弟子到新州国恩寺建塔,并派人催促早日完工。第二年夏末终于落成。七月一日,六祖集合徒众说:"我到八月就要离开世间了,你们如果有什么疑问,须早相问,我当为你们解答,消除你们心中的疑惑,除却你们心中的迷惑。一旦我去世以后,就没有人教导你们了。"

【解读】

这时慧能大师七十五岁,他命门下弟子到他的老家新州,也就是现在的广东肇庆新兴县一带,在国恩寺建塔。"仍令促工",催促着要赶快完工。"次年夏末落成",第二年夏末塔建好了。七月一日,慧能大师召集大家说,"吾至八月,欲离世间",我到八月份的时候,就要离开世间,就是圆寂,"汝等有疑,早须相问",你们有什么疑问,要尽快问我,"为汝破疑,令汝迷尽",我会为你们破除心中的疑惑,除尽你们心中的迷惑。"吾若去后,无人教汝",我离开以后,就没有人指导你们了。

法海等闻,悉皆涕泣,惟有神会,神情不动,亦无涕泣。

师云:"神会小师,却得善不善等,毁誉不动,哀乐不生。余者不得,数年山中,竟修何道?汝今悲泣,为忧阿谁?若忧吾不知去处,吾自知去处。吾若不知去处,终不预报于汝。汝等悲泣,盖为不知吾去处。若知吾去处,即不合悲泣。法性本无生灭去来,汝等尽坐,吾与汝说一偈,名曰真假动静偈。汝等诵取此偈,与吾意同。依此修行,不失宗旨。"

【语译】

法海等人听了这话,都伤心地流泪悲泣,只有神会神情如常不动,也没有流泪哭泣。

六祖大师说:"神会小师却能懂得善与不善的平等,不为毁谤和赞誉所动摇,不生悲哀和快乐的情绪。你们其他人都做不到这一点,这几年在山中都修的什么道？你们现在悲伤涕泣，是为谁担忧呢？如果是忧虑不知我的去处，我自己是知道要去哪里。如果不知道自己的去处，我就不会预先告诉你们了。你们悲伤涕泣，是因为不知道我的去处。如果知道我要去哪里，就不应该悲伤涕泣。法性本来就没有生灭去来，你们都坐下来，我为你们说一首偈，叫作真假动静偈。你们诵得此偈，就能与我的心意相同。依照此偈修行，就不会失却宗门的宗旨。"

【解读】

"法海等闻，悉皆涕泣"，各位弟子都很悲伤地哭泣，因为师父就要走了。只有神会，"神情不动，亦无涕泣"，脸上的神情没有变化，也没有和大家一同悲伤哭泣。

为什么神会不悲伤呢？慧能大师在这里称神会为"小师"，是指受具足戒未满十年的僧人，也可以理解为对年轻僧人的称呼。此外，"小师"也可以作为僧人的谦称。"却得善不善等"，这是说神会已经领悟到了善和不善是相等的。"毁誉不动，哀乐不生"，无论是面对诋毁或者赞誉，都不会为之所动，不会生出哀伤或者喜乐这些不同的情绪。"余者不得，数年山中，竟修何道"，其余的人都达不到神会这样的境界，你们在山中修行这么多年，究竟是修了什么道呢？这是慧能大师临终前对弟子们的叹息，也是对弟子们的鼓励，希望他们早日修行达到"毁誉不动，哀乐不生"的境界。

"汝今悲泣，为忧阿谁"，你们现在在这里悲伤地哭泣，是在为谁忧伤啊？"若忧吾不知去处，吾自知去处"，如果是为我担忧，担心我不知会去哪里，这是没有必要的，我自己已经知道我要去哪里。"吾若不知去处，终不预报于汝"，如果我不知道我要到哪里去，怎么会向你们预先通报呢？"汝等悲泣，盖为不知吾去处"，你们现在悲伤地哭泣，是因为不知道我要去哪里。"若知吾去处，即不合悲泣"，如果知道我要去哪里，就不会这么悲伤哭泣了。"法性本无生灭去来"，法性本来是无生无灭，不来不去的。下面这个偈子就是讲动和不动、真和假，这些相对的东

松林僧话图

西的本性就是一个,是一不是二,不要落两边。自性都是清净的,所以要见到这个本性。

"汝等尽坐",你们全部都坐下来,"吾与汝说一偈",我和你们说一个偈子,这个偈就叫作《真假动静偈》。"汝等诵取此偈",你们念诵听取这个偈子,"与吾意同",就能够和我的心意相同。"依此修行",按照这个偈子所说的来修行,"不失宗旨",就不会失掉本门的宗旨。慧能大师最后一直在强调要"不失宗旨",这些临终的嘱咐都是他这一派的精华所在。

众僧作礼,请师作偈。偈曰:

一切无有真,不以见于真;

若见于真者,是见尽非真。

若能自有真,离假即心真;

自心不离假,无真何处真?

有情即解动,无情即不动;

若修不动行,同无情不动。

若觅真不动,动上有不动;

不动是不动,无情无佛种。

能善分别相,第一义不动;

但作如此见,即是真如用。

报诸学道人,努力须用意;

莫于大乘门,却执生死智。

若言下相应,即共论佛义;

若实不相应,合掌令欢喜。

此宗本无诤,诤即失道意;

执逆诤法门,自性入生死。

【语译】

所有的徒众都一齐向六祖作礼,请大师说偈。偈语是这样说的:

一切无有真,不以见于真;

若见于真者,是见尽非真。

若能自有真,离假即心真;

自心不离假,无真何处真?

有情即解动,无情即不动;

若修不动行,同无情不动。

若觅真不动,动上有不动;

不动是不动,无情无佛种。

能善分别相,第一义不动;

但作如此见,即是真如用。

报诸学道人,努力须用意;

莫于大乘门,却执生死智。

若言下相应,即共论佛义;

若实不相应,合掌令欢喜。

此宗本无诤,诤即失道意;

执逆诤法门,自性入生死。

【解读】

于是,僧徒众人都向慧能大师行礼,请大师为他们作这首偈子。下面我们来看这首偈子。

为什么说"一切无有真"?这是因为,这世间所有的事物都是各种因缘聚合而成,本性都是空,都不是真实存在的,就像《金刚经》中所讲的,"凡所有相,皆是虚妄"。"不以见于真",所以,不要认为我们平常所看到的事物外相就是事物的本来面目,要"见相而离相"。也有人认为这里的"真",是有常、永恒的意思,认为事物都不是永恒存在的。

"若见于真者",这是指痴迷于世间事物色相的众人,误将显现出来的外相当作它们的本来面目,以色物为真。"是见尽非真",他们所见到的真并不是真正的相、本质。

"若能自有真",如果你能够反观自身,好好地持有自己本来具有的本性,这才是真。"离假即心真",这就要求你离开你原本所执着的"假",就是那些虚妄的事物外相。

"自心不离假",去妄就是离假,离假才能归真,如果你的自心不能远离那些外在呈现出来的假相,不能了悟"本性皆空"的真相,"无真何处真",你又能到哪里去寻求真相呢?我们一定要向内求,而不是整天盯着外面的东西。本质都没有抓住,做其他的一切都是徒劳。

"有情",就是众生,有情识、感觉,所以"解动",懂得思考、活动。相对而言,"无情"就指草、木、瓦石这些没有情感,不懂得反省,不懂得努力、修行,乃至于觉悟的事物,所以是"不动"的。

"若修不动行",如果你修行的只是表面上的不动,就像有些修行坐禅的人,只是拘泥于坐禅的不动的表象,又或者执着于"空"见,什么都不想,这些都是不对的。"同无情不动",执着于"不动",也就如同那些无情的草木,没有情感,没有知觉,更不可能生出般若智慧、了悟本性。

"若觅真不动"如果想要寻求"真不动",就是觉悟自性,明了自性如如不动的境界,"动上有不动",其实动上就有不动,即动中有不动,不动之中有动。这其实就是告诉我们,修行佛法要在日常生活中进行,在各种思考、活动中生起智慧,觉悟万事万物清净的、如如不动的本性。

"不动是不动",而如果像无情草木一样没有思考和活动,也就不能够生出智慧,不能够觉悟自性。"无情无佛种",所以说,这些没有情感、没有意识的草木没有能成佛的种子。而与此相对的有情众生却不同,正因为他们有情感、有意识、有起念,所以才有成佛的种子、有成佛的可能,关键就是要在这许多的动念中,精进修行,能够觉悟,找到不动的本性。

佛法在世间。每个人的心,你说是动还是不动?都在动。心动没关系,但是不要妄动。所以第一义是不动,最终极、最究竟是不动的。

"能善分别相",就是能够了解、认识、分别各种外相,对外境中的各种相都清清楚楚。此外,还能够在分别各种相的基础上,"第一义不动",证得如如不动的自性。达到外知相离相,内保持清净自性不为外界所动的第一义境界,那才是真正不动。

"但作如此见",只要持有这种见解,就是上面所讲的"动上有不动",外于相离相,保持自性不动。"即是真如用",这种情形、这种见解就是"真如用"。"真如",就是如如,就是不动,保有自性不动摇。由此而生出的神妙运用,是自在无碍的。

"报诸学道人",我现在来告诉你们这些学佛修道的人,"努力须用意",修行、学习要精进,要不断地努力,而且要在心意上努力,就是要向内求,开悟本心,明见自性,这才是修行的正法。

"莫于大乘门",千万不要在进入大乘佛法的门后,本来是要了生死,学习出离生死的方法,"却执生死智",却偏又执着于生死之事,如此一来,是不可能了悟大乘佛法的。这就是身在佛门心却还在俗世。所以,要破除对生死、对任何事物的执着,这样才能修行佛法。

"若言下相应",我现在给你们说的这个偈颂,如果你们听了之后能够与心中所想的相符合、相接应,或者明心见性的话,"即共论佛义",那么我现在才是真正和你们共同讨论佛的道理。就像老师讲课一样,下面听讲的学生真的听进去了,有所启发,有所感悟,产生了共鸣,这才是真的学到了知识。如果你当下就觉悟的话,才可以对你讲真正的佛教的意义。

"若实不相应",如果我所讲的内容确实不能与你心中所想的相呼应,或者有所启发但不能明心见性,"合掌令欢喜",合起掌来,让大家感受欢喜就好。如果你不能跟我相应,或者没有完全领悟、没有听懂,那也没关系。所以说,佛法是很宽容、很慈悲的,对与佛法相契合的人要为他说法开示,对不相契合的人也要让他心生欢喜。

"此宗本无诤",这里的"诤"通"争",争论的意思。我们这一派的修行宗旨是不和人争执。"诤即失道意",因为一旦你和别人产生了争论,要争个高下,或者心中生起了争论之心,就失去修行佛道的本意。为什么争就失去道意了呢?因为你一争,或者一想要争,就说明你有所执着,对自己所持有的见解就起了执着心,同时也失去了佛家的包容、慈悲之心,更没有明白所有佛法的宗旨都是一样的,没有领悟万事万物的本性是一样的、清净的。所以,不管是南宗还是北宗,都是同处一宗,都是要明心见性,不需要相互争斗。

"执逆诤法门",如果一定要执着于争论,"自性入生死",那就是蒙蔽了清净自性。自性本来是不动的,没有生灭,可是你一旦生起执着争论心,就不能了脱生死,就要受俗世的生死轮回之苦了。

时,徒众闻说偈已,普皆作礼。并体师意,各各摄心,依法修行,更不敢诤。乃知大师不久住世,法海上座,再拜问曰:"和尚入灭之后,衣法当付何人?"

【语译】

当时徒众听完偈语,都一起向六祖顶礼,并且都领会了大师的心意,人人都收摄起散乱的身心,依照正法修行,更不敢有所争执。大众知道六祖大师将不再久住世间,法海上座于是再次礼拜大师,请问道:"和尚灭度以后,衣法将传付给什么人呢?"

【解读】

当时,"徒众闻说偈已",弟子们听慧能大师说了这个偈子之后,"普皆作礼",大家都向慧能大师顶礼。"并体师意","并"是一起,大家都体会到慧能大师作偈说法的用意;"各各摄心",各自收敛身心,提起心中的正念;"依法修行",按照正法来修行;"更不敢诤",再也不敢与他人争论,不敢起争斗之心。因为慧能大师马上就要走了,大弟子法海就又行了礼拜,然后问慧能大师,和尚您入灭之后,就是圆寂之后,您的衣钵和心法要传给谁呢?

师曰:"吾于大梵寺说法,以至于今,抄录流行,目曰《法宝坛经》。汝等守护,递相传授,度诸群生。但依此说,是名正法。今为汝等说法,不付其衣。盖为汝等信根淳熟,决定无疑,堪任大事。然据先祖达摩大师,传授偈意,衣不合传。"偈曰:

吾本来兹土,传法救迷情;

一华开五叶,结果自然成。

【语译】

大师说:"自我在大梵寺说法,直到今天所说的所有法要,你们记录下来并流通,称名为《法宝坛经》。要守护此经,转相传授,度化一切众生。依照此经说法,才是正法。我现在只为你们说法,不再传付祖衣。因为你们的信根都已经纯熟,决定不再存有疑虑,足以胜任弘法大业。并且根据达摩祖师传授的偈意,祖衣不应该再传。"达摩祖师的偈语是这样说的:

吾本来兹土,传法救迷情;

一华开五叶,结果自然成。"

【解读】

慧能大师说,从我在大梵寺开坛讲法,一直到现在,"抄录流行",所讲说佛法的内容已经由你们一众弟子抄录下来,并且广为发布流传,"目曰《法宝坛经》",这些内容的名字就叫作《法宝坛经》吧。"汝等守护,递相传授",你们要好好守护它,依次将它流传下去,并且向后人教授其中的内容。"度诸群生",以此度化世间的众生。"但依此说,是名正法",你们要记住,只有按照这本《法宝坛经》所讲说的佛法,才是真正的佛法。

那么这本《坛经》是什么时候创作的呢?慧能大师在世的时候就已经汇集了,并经法海等人的整理。肯定也给慧能大师读过,慧能大师是认可的。那个时候《坛经》的文字有一万两千多字,但后来有增加,越增越多,现在这个本子有两万多字。

然后慧能大师说,"今为汝等说法",我现在为你们讲说佛法,"不付其衣",不再向你们传付袈裟,袈裟就传到我这里为止,不再向下传。这是什么原因呢?"盖为汝等信根淳熟",因为你们的佛法根基都已经成熟,就像米已经熟了;"决定无疑",心中存有正见,已经没有对佛法的疑惑;"堪任大事",足以担当传法的大任。而且根据先祖达摩大师的授意,法衣确实不可再向下传。达摩大师传授旨意的偈子,我现在传授给你们。

"吾本来兹土","吾"就是我,这里的我代指达摩大师。达摩大师本来是天竺人,来自西天,现在来到了东土。"传法救迷情",我来到这里,是要传授佛法,拯救迷失的众生。"一华开五叶",就是禅宗后来分出的五个宗派:临济宗、曹洞宗、沩仰宗、云门宗、法眼宗。"结果自然成",这个福果、成佛的果报是自然而然形成的。所以,慧能大师就不再传法衣了,免去大家的争斗。

慧能大师有十大弟子,为首的是三个大弟子,神会、行思、怀让,其中主要传的

秋树昏鸦图

是行思和怀让。

青原行思传给了石头和尚,即石头希迁,另外还传给了道悟禅师,当然还有其他人,这里不多说了。然后石头希迁又往下传,传了好几代之后,创立了曹洞宗。道悟禅师传了两个宗,一个是云门宗,一个是法眼宗。这三个宗是行思这一脉传下来的。法眼宗的祖庭在现在的南京栖霞寺,云门宗的祖庭在广东。怀让在南岳衡山传法,怀让传给了马祖道一,马祖道一又传给了两个人,其中一个是百丈怀海,传到后来又形成两宗,一宗是临济宗,还有一宗叫作沩仰宗。这五宗,临济宗在北方,在赵州,其他四宗都在南方。

这几个宗的宗风非常有意思。临济宗叫作"临济喝",就是运用棒喝的法门。"棒"就是打,"喝"就是呵斥、骂的意思。云门宗叫作"云门饼",有人到云门寺去求佛,云门的禅师让他吃饼,谁来了都让他吃饼。为什么?还有德山和尚的"德山棒",谁来问他佛,他都一样,"啪"地敲对方的脑袋。云门和尚是大喝一声:"佛你个头!"而且还经常答非所问。人家问:"什么是佛?""干屎橛。"就这么回答,很奇妙。这又是为什么?还有一个赵州和尚,非常有名。有人向赵州和尚求法,赵州和尚问他,你是第几次来?他说,我第一次来。那好,你吃茶去。让对方吃茶。又有一个人来求佛,赵州和尚问他第几次来,他说我第二次来。那你也吃茶去。第三个人又来问,说是第三次来。和尚说,那好,你吃茶去。跟在和尚身边的小沙弥不懂了,就问,师父,别人第一次来、第二次来、第三次来你都让他吃茶去,这是为什么呢?赵州和尚就说,你也吃茶去。赵州和尚吃茶,为什么?

我们先说为什么吃饼。饼是里面有馅,外面有米粉或者面粉包裹,别人一吃饼,一下子就开悟了:"哇!这就是佛法!"真正的佛法就好比那个馅,你要把外面的东西吃掉后才能领悟里面的馅是甜的还是咸的,或者是其他什么味道,外面是一样的,而里面却各种各样。他是要你们透过现象看本质,本质都是一样的。所以,要掌握佛法,就要从日常生活中,从平平常常的事情中把握它的本相。那个本相就是有酸甜苦辣咸,那就是佛,佛法在世间,不离世间。

那么为什么叫人吃茶去呢?茶是什么?柴米油盐酱醋茶,开门就是这七件事。佛法就是平平常常,就在身边,就在吃茶里。此外,你在吃茶的时候慢慢品味各种各样的茶叶,粗分就是三大类:红茶、绿茶、青茶。青茶又分为:黑茶、黄茶、白茶、青茶。红茶是全发酵,绿茶是不发酵,中间这类茶是半发酵的,有的微发酵,有的发酵得多一些。吃茶至少有两个意思:第一,在日常生活中,你透过这个茶，体悟佛性，佛性不是离开世间去硬求的东西；第二，你泡的茶，第一泡喝下去有可能很浓，越泡越淡，就叫你来品尝最后这个本真，叫平平淡淡才是真。所以叫你们来感悟。

师复曰："诸善知识！汝等各各净心，听吾说法。若欲成就种智，须达一相三昧，一行三昧。若于一切处而不住相，于彼相中不生憎爱，亦无取舍，不念利益成坏等事，安闲恬静，虚融澹泊，此名一相三昧。若于一切处，行住坐卧，纯一直心，不动道场，真成净土，此名一行三昧。若人具二三昧，如地有种，含藏长养，成熟其实，一相一行，亦复如是。我今说法，犹如时雨，普润大地。汝等佛性，譬诸种子，遇兹沾洽，悉得发生。承吾旨者，决获菩提，依吾行者，定证妙果。听吾偈曰：

心地含诸种，普雨悉皆萌，

顿悟华情已，菩提果自成。"

【语译】

六祖又说："各位善知识！你们人人各自清净心意，听我说法。如果要想成就一切种智，必须了达一相三昧和一行三昧。如果能在一切处不住一切相，并于一切相上不起憎爱，也没有执取和舍弃心，不计较利益成败等事，安闲恬静，虚融淡泊，这就叫作一相三昧。如果在一切处，无论行住坐卧，都怀有一颗纯净正直的心，不动道场，即已真实成就净土，这叫作一行三昧。如果具有这两种三昧，就好像地下有种子，含藏并长养它，终使果实成熟。一相三昧和一行三昧也是如此。我现在所说的法，譬如及时雨，普遍润泽大地上的一切生物。你们的佛性譬如一切种子，遇到这及时雨的滋润，都能发芽生长。凡是承受我的旨意的人，一定能证得菩提；依照我所说的法去行持的人，一定能够获证妙果。听我说偈：

心地含诸种，普雨悉皆萌，

顿悟华情已，菩提果自成。"

【解读】

慧能大师又说，各位善知识，"汝等各各净心"，你们各自清净心念，然后听我来讲说佛法。"种智"是"一切种智"的简称，也就是佛所了解、知道的所有法的智慧。"若欲成就种智"，如果想要成就佛的一切智慧，就必须达到"一相三昧"和"一行三昧"。"一相"，就是指平等的、没有分别的、如如不动的实相。"一行"，就是在行住坐卧的任何状况中,都能够保持实相的、智慧的心。"三昧",就是"正定",将心定于一处或者一境的一种安定的状态。这个定是智慧的定,是真正解脱的定,是自然而然的定,不是强迫的定、压抑的定。接下来,慧能大师分别解释了"一相三昧"和"一行三昧"。

"若于一切处而不住相",如果能够处在一切地方或境相之中而不执着于一切境相,"于彼相中不生憎爱,亦无取舍",对于所处所遇的境相,不生起爱欲或憎恶之心,也没有想要取得或者舍弃什么东西的想法,"不念利益成坏等事",只是尽力去做该做的事情,不计较得失,不考虑是否有利益可得,不求成功,不怕失败,"安闲恬静",处在一种安静的、闲适的、恬淡的状态,就像陶渊明在诗中所描写的:"结庐在人境,而无车马喧。问君何能尔,心远地自偏。采菊东篱下,悠然见南山。山气日夕佳,飞鸟相与还。此中有真意,欲辨已忘言。""虚融淡泊",内心要虚空,才能够容纳世间的万事万物,包容一切境相,将一切融入心中,这样才能够修炼出淡泊的心境,清净寡欲,不追求身外的功名利禄。这就是诸葛亮《诫子书》中所讲的:"非淡泊无以明志,非宁静无以致远。"这就是慧能大师所说的"一相三昧"。

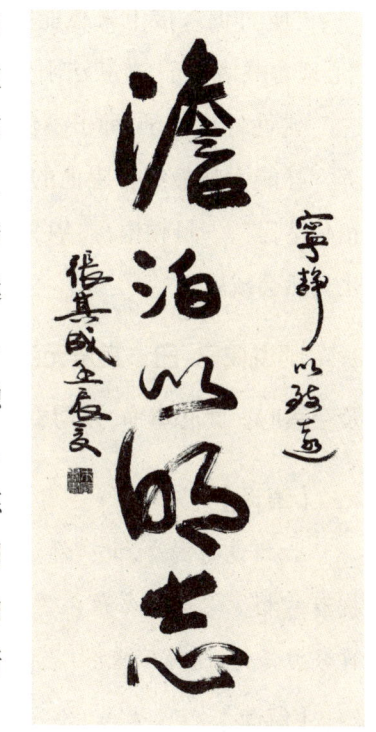

"若于一切处",如果在一切处所中,"行住坐卧",无论做什么事,或走或停,或坐或卧,一举一动之中,"纯一直心",都纯化自己的本心,直了心性,"不动道场",将自己所在的一切处所都当成是修行佛道的场所,"真成净土",那么,在当下就成就了真正的净土。这就是"一行三昧",最初是出自《文殊师利所说般若经》,就是无论行住坐卧,都保持虚空、宽容的心境,不离一颗菩提心。

"若人具二三昧",如果一个人具备了这两个"三昧",即"一相三昧"和"一行三昧","如地有种",就如同土地之中蕴含种子,"含藏长养",就能够经过土壤的蕴含、蓄藏,得以生长和培养,"成熟其实",使得果实得以成熟。"一相一行,亦复如是",这"一相三昧"和"一行三昧",也像是种在人心中的种子,佛种埋在心田里,经过不断的精进修行,得以不断成长,也会结出佛果,成就道业。

"我今说法"，我现在讲说佛法，"犹如时雨"，就好像是及时的雨露，"普润大地"，能够润泽广阔的大地。"汝等佛性"，你们心中蕴藏的佛性，"譬诸种子"，就好比是撒在土地里的种子，"遇兹沾洽"，遇到了我这充足的雨水滋润，"悉得发生"，都可以生长发芽了。"承吾旨者"，能够秉承我所传授的旨意的人，"决获菩提"，肯定能够获证菩提智慧。"依吾行者"，按照我所讲说的法要来修行的人，"定证妙果"，也一定能够证悟妙果。

"听吾偈"，接下来慧能大师作了一个偈子，总结上面所讲说的这一段内容："心地含藏诸种子，普获法雨皆发萌。顿悟华情行持后，菩提妙果自然成。"

佛性好比种子，种子不但需要生长的土地，"普雨悉皆萌"，还需要雨露的滋养。慧能大师最终希望他的弟子们到各地去播撒种子萌发需要的"普雨"。"顿悟华情已"，一旦顿悟，"华"就是花，花自然会开放，"菩提果自成"，菩提的果实也自然会成就。

师说偈已，曰："其法无二，其心亦然。其道清净，亦无诸相。汝等慎勿观静，及空其心。此心本净，无可取舍，各自努力，随缘好去。"

【语译】

六祖说完偈语，说："佛法没有二法，心也只有一颗。佛道清净，没有什么可以执着的相。你们切勿落入看静和空心。自心本来清净，原本无可执取和舍弃，各自努力修行，随缘珍重。"

【解读】

"师说偈已"，慧能大师将这个偈子说了之后，说，"其法无二，其心亦然"，佛法是无二的，本心也是这样，是如一不二的、不生分别、不执着的。"其道清净，亦无诸相"，佛道本来也是清净的，没有各种相状。"汝等慎勿观静"，你们在修行的过程中要慎重，不要执着于观静，"及空其心"，也不要落入空见，让本心落入空见之中，这也不是修行的正法。"此心本净"，本心原本是清净的，"无可取舍"，所以没有什么要获取或舍弃，是不计较得失的。"各自努力"，你们各自都要好好努力，精进修行佛法。"随缘好去"，各位就随着因缘际合，好自去吧。

尔时徒众作礼而退。

大师七月八日，忽谓门人曰："吾欲归新州，汝等速理舟楫。"大众哀留甚坚。

师曰:"诸佛出现,犹示涅槃,有来必去,理亦常然。吾此形骸,归必有所。"

【语译】

这时,大众都向六祖顶礼而后退出。

六祖在七月八日那天,忽然对门下弟子说:"我要回新州去,你们赶快准备船只。"大众哀请挽留甚坚。六祖说:"诸佛随缘应化出世,尚且还要示现涅槃,有来必定有去,这是一定的道理。我这肉身骸骨,也应该有所归宿。"

【解读】

这时,各位弟子向慧能大师作礼,然后退下了。

到了七月八日,慧能大师忽然对弟子们说,我要回新州,回我的家乡,你们快去准备船,我要坐船过去。大家都苦苦地哀求,态度很坚决地挽留慧能大师。因为慧能大师回去,就是代表要圆寂了。但这时,慧能大师说了一件事情,我们接着往下看。

慧能大师说,"诸佛出现",所有佛的出现,"犹示涅槃",都会示现涅槃,"有来必去",有来就必定有去,来去相应,没有常来不去的。"理亦常然",世间的道理也是这样。"吾此形骸",我这一具肉身形体,这一副臭皮囊,"归必有所",也要有回归的处所。

众曰:"师从此去,早晚可回?"

师曰:"叶落归根,来时无口。"

【语译】

大众说:"师父,您现在去了新州,什么时候再回来?"

六祖说:"叶落归根,来时无可说。"

【解读】

众弟子问慧能大师,老师您这一走,可还会回来吗?慧能大师回答说,"叶落归根",我的离开就像是秋天的落叶回归了它的根本,是自然而然的。此外,这也是教导我们要懂得寻回根本,找到本来面目。"来时无口",我来的时候也不会讲什么话,这里的意思是无法言说。因为禅宗强调的就是以心传心,是要自证自悟的。

又问曰:"正法眼藏,传付何人?"

师曰:"有道者得,无心者通。"

【语译】

大家又问:"正法眼藏传给了什么人?"

六祖说:"有道之人得,无心之人通。"

【解读】

"正法眼藏",佛的心眼彻见正法,名"正法眼",深广而万德含藏,叫作"藏"。我们前面讲过,释迦牟尼在灵山法会将"正法眼藏"传咐给大弟子迦叶,作为禅宗初祖,这是佛教"以心传心"授法的开始。"传付何人",您将禅宗心法传给了哪一位弟子呢?

慧能大师说,"有道者得",证悟了佛法正道的人自然已经得到了我这一派的心法,"无心者通",没有分别心、执着心的人也自然会通达领悟的。

又问:"后莫有难否?"

师曰:"吾灭后五六年,当有一人来取吾首。听吾记曰:头上养亲,口里须餐;遇满之难,杨柳为官。"

【语译】

又问:"以后有没有事难?"

六祖说:"我灭度后约五六年时,会有一个人来偷取我的头。听我授记:头上养亲,口里须餐;遇满之难,杨柳为官。"

【解读】

众弟子又问,您去了以后,会不会有什么劫难发生呢?到时我们应该如何处理呢?

慧能大师说,我灭度五六年以后,应当会有一个人来取我的首级,要斩我的头。你们大家要记住我这个偈子:"头上养亲,口里须餐;遇满之难,杨柳为官。"后来,过了五六年之后,有一个人受韩国一位叫作金大悲的僧人的指使,果然来取慧能的首级,被抓住了。在审问他的时候,得知这个人的名字叫作张净满,就是慧能大师说的"遇满之难",遇到了他的磨难。负责审判的两位官员,县官姓杨,名叫杨佩,州刺史姓柳,名叫柳无忝,这就是"杨柳为官"。本来是要对这个张净满严刑处置的,但后来还是将他放了,这是为什么呢? 就是因为偈子的前两句:"头上养亲,口里须餐。"实际上,张净满的家里很贫寒,金大悲对他说,如果你帮我取来慧能大师的首级,我会给你一大笔钱财,让你去供奉你的亲人。"口里须餐",就是指张净满没有吃的,食不果腹,需要吃东西,需要钱。判官了解到这个情况,就没有再追究他了。慧能大师已经预料到这件事情了。

又云:"吾去七十年,有二菩萨,从东方来,一出家,一在家,同时兴化,建立吾宗,缔缉伽蓝,昌隆法嗣。"

【语译】

又说:"我灭后七十年,将有两位菩萨从东方来,一位是出家人,一位是在家人,同时兴盛佛法教化,建立我的宗派,修建佛寺,昌隆法嗣。"

【解读】

然后,慧能大师又说了一件事情:我离开七十年以后,有两位菩萨会从东方来,一位是出家的僧人,一位是修行佛法的在家居士。"同时兴化,建立吾宗",这两位菩萨将会一同兴起佛教的教化,建立我这一门宗派。"缔缉伽蓝","伽蓝"是梵文音译"僧伽蓝摩"的简称,其中"僧伽"指僧团,"蓝摩"的意思为"园",原意是指可供建造僧众所居住房舍的场地,后来转变为包括土地以及寺庙建筑在内的整个寺院。他们会来兴建佛教的寺院,"昌隆法嗣",从此之后,我这一派佛法会很昌盛兴隆,代代相传下去。

问曰:"未知从上佛祖应现已来,传授几代? 愿垂开示。"

师云:"古佛应世,已无数量,不可计也。今以七佛为始。过去庄严劫:毗婆尸佛、尸弃佛、毗舍浮佛;今贤劫:拘留孙佛、拘那含牟尼佛、迦叶佛、释迦文佛,是为七佛。

已上七佛,今以释迦文佛首传。第一,摩诃迦叶尊者,第二,阿难尊者,第三,商那和修尊者,第四,优波毱多尊者,第五,提多迦尊者,第六,弥遮迦尊者,第七,婆须蜜尊者,第八,佛陀难提尊者,第九,伏陀蜜多尊者,第十,胁尊者,十一、富那夜奢尊者,十二、马鸣大士,十三、迦毗摩罗尊者,十四、龙树大士,十五、迦那提婆尊者,十六、罗睺罗多尊者,十七、僧伽难提尊者,十八、迦耶舍多尊者,十九、鸠摩罗多尊者，二十、阇耶多尊者，二十一、婆修盘头尊者，二十二、摩奴挈罗尊者，二十三、鹤勒那尊者，二十四、师子尊者，二十五、婆舍斯多尊者，二十六、不如蜜多尊者，二十七、般若多罗尊者，二十八、菩提达摩尊者，二十九、慧可大师，三十、僧璨大师，三十一、道信大师，三十二、弘忍大师，慧能是为三十三祖。从上诸祖，各有禀承。汝等向后，递代流传，毋令乖误。"

【语译】

门人又问："自从佛祖应现以来，不知一共传授了几代？愿请垂恩开示！"

六祖说："应化世间的古佛，已经无数无量，无法计算。现在只以七佛为始来说：过去庄严劫时，有毗婆尸佛、尸弃佛、毗舍浮佛；现在贤劫时，有拘留孙佛、拘那含牟尼佛、迦叶佛、释迦文佛。这就是所说的七佛。

释迦牟尼佛首传正法眼藏给摩诃迦叶尊者，二祖是阿难尊者，三祖是商那和修尊者，四祖是优波毱多尊者，五祖是提多迦尊者，六祖是弥遮迦尊者，七祖是婆须蜜尊者，八祖是佛陀难提尊者，九祖是伏陀蜜多尊者，十祖是胁尊者，十一祖是富那夜奢尊者，十二祖是马鸣大士，十三祖是迦毗摩罗尊者，十四祖是龙树大士，十五祖是迦那提婆尊者，十六祖是罗睺罗多尊者，十七祖是僧迦难提尊者，十八祖是迦耶舍多尊者，十九祖是鸠摩罗多尊者，二十祖是阇耶多尊者，二十一祖是婆修盘头尊者，二十二祖是摩奴挈罗尊者，二十三祖是鹤勒那尊者，二十四祖是师子尊者，二十五祖是婆舍斯多尊者，二十六祖是不如蜜多尊者，二十七祖是般若多罗尊者，二十八祖是菩提达摩尊者，二十九祖是慧可大师，三十祖僧璨大师，三十一祖是道信大师，三十二祖是弘忍大师，一直到我慧能是第三十三代祖。以上所说的诸位祖师，都各有秉承。你们以后也要代代相传，不可有误。"

【解读】

这时候弟子们又问了一个问题，因为师父就快走了，要赶快问，将心中迷惑不懂的都解开。"应现"是佛教用语，指佛或菩萨应众生的机缘而现身。弟子们的问题就是，不知道从最初的佛祖释迦牟尼佛现身一直到现在，传到慧能大师您这里，已经传了几代？我们要弄清楚这个师承的脉络。"愿垂开示"，希望慧能大师您能垂怜我们，给予我们开示。

慧能大师说，"古佛应世"，从最古老、最初始的佛祖来到世间以来，"已无数量"，已经是没有数也没有量，不能用我们平常的数和量来衡量，"不可计也"，多到不能计算出来,离我们太过遥远了。佛教中所讲的"劫",有大、中、小三种,现在这一大劫称为"贤劫",过去的大劫称为"庄严劫",未来的大劫称为"星宿劫"。在每一劫中,各有千佛出现。现在,就以过去的七位佛祖作为起始:过去庄严劫中有毗婆尸佛、尸弃佛、毗舍浮佛这三位佛祖;现在贤劫中有拘留孙佛、拘那含牟尼佛、迦叶佛、释迦文佛这四位佛祖。

这七位佛祖中,最后一位是释迦文佛。这位释迦文佛是谁呢?就是释迦牟尼佛。从他这里开始传我们禅宗这一脉。我给你们数一数,第一代是摩诃迦叶尊者,第二代是阿难尊者,这是我们常说的"老迦叶、小阿难",第三代是商那和修尊者,第四代是优波毱多尊者,第五代是提多迦尊者,第六代是弥遮迦尊者,第七代是婆须蜜尊者,第八代是佛陀难提尊者,第九代是伏陀蜜多尊者,第十代是胁尊者,十一代是富那夜奢尊者,十二代是马鸣大士,十三代是迦毗摩罗尊者,十四代是龙树大士,十五代是迦那提婆尊者,十六代是罗睺罗多尊者,十七代是僧迦难提尊者,十八代是迦耶舍多尊者,十九代是鸠摩罗多尊者,二十代是阇耶多尊者,二十一代是婆修盘头尊者,二十二代是摩奴挐罗尊者,二十三代是鹤勒那尊者,二十四代是师子尊者,二十五代是婆舍斯多尊者,二十六代是不如蜜多尊者,二十七代是般若多罗尊者,一直传到第二十八代达摩大师,这之前都是在印度本土代代传法。到达摩大师这里,他来到了中国,就将佛法的禅宗传到了我们东土。第二十九代就是慧可大师,第三十代是僧璨大师,第三十一代是道信大师,第三十二代是弘忍大师,慧能我是第三十三祖。

这就是慧能大师给弟子们交代的流传谱系,说得非常清楚。以上的各位祖师,都各自禀受继承。"汝等向后",你们向后代传法的过程中,"递代流传"要一代一代地流布传承下去,"毋令乖误",不要有违背或者误传。后来,一般的禅宗寺庙里都有一座祖师殿,里面就把这个谱系列得非常清楚,而且有一个个雕塑的佛像。

大师先天二年癸丑岁,八月初三日,于国恩寺斋罢,谓诸徒众曰:"汝等各依位坐,吾与汝别。"

【语译】

六祖大师在唐玄宗先天二年(713年),即开元元年癸丑岁八月初三当天,在新州国恩寺用过斋饭,告诉所有徒众说:"你们各依位次坐下,我要和你们道别。"

【解读】

"先天",是唐玄宗的年号,唐玄宗在位第二年是癸丑年,这一年慧能大师是七十六岁,农历八月初三这一天,慧能大师在新州的国恩寺吃过斋饭之后,跟各位弟子说,你们都按着各自的座位坐好,我来跟你们道别。

法海白言:"和尚留何教法,令后代迷人得见佛性?"

师言:"汝等谛听。后代迷人,若识众生,即是佛性;若不识众生,万劫觅佛难逢。吾今教汝识自心众生,见自心佛性。欲求见佛,但识众生,只为众生迷佛,非是佛迷众生。自性若悟,众生是佛;自性若迷,佛是众生。自性平等,众生是佛;自性邪险,佛是众生。汝等心若险曲,即佛在众生中;一念平直,即是众生成佛。我心自有佛,自佛是真佛。自若无佛心,何处求真佛?汝等自心是佛,更莫狐疑。外无一物而能建立,皆是本心生万种法。故经云:'心生种种法生,心灭种种法灭。'吾今留一偈,与汝等别,名自性真佛偈。后代之人,识此偈意,自见本心,自成佛道。"

【语译】

法海说:"和尚留下什么教法,可使后世迷人借以得见佛性呢?"

六祖说:"你们用心听!后代的迷人如果能够识得众生,就是佛性;如果不能识得众生,纵然历经万劫觅佛也是难遇难逢。我现在教你们认识自己心中的众生,见自己心中的佛性。想要求得见佛,只在能够认识众生,因为是众生迷失了佛性,不是佛不认识众生。自性如果能够觉悟,众生就是佛;自性如果迷失,佛就是众生。自性若是平等,众生就是佛;自性若是邪险,佛就是众生。你们心里如果阴险不正,就等于佛在众生中;如果一念平等正直,就等于众生成了佛。我们自己心中本来就有佛,这自性佛才是真佛。自己如果没有佛心,将到何处去寻找真佛呢?你们自己的心性就是佛,再不要有所怀疑。心外并无一物可以建立,万法都是从自心变现出来的,所以经文说:'心念一生则种种法随之而生,心念一灭则种种法随之而灭。'我现在留下一偈,与你们告别,叫作《自性真佛偈》。后代的人如果了解这首偈子的旨意,自然能够见到自己的本心,自然能够成就佛道。"

【解读】

这个时候法海又发问,大和尚您留下什么教法,好让后代愚迷的人能够识见到佛性呀?法海一直在向慧能大师追问,而行思和怀让早已经得法,已经去传法,

佛心禅境

不再问了。但是我们知道，法海还有一种责任，就是要将慧能大师说的法记录下来，流传后世。

慧能大师说，"汝等谛听"，你们要仔细听好了，"后代迷人"，后代那些愚迷的人们，"若识众生，即是佛性"，如果能够认识到众生是众缘和合而生的，本性是空，万事万物都是缘起而性空的，这就是佛性。"若不识众生，万劫觅佛难逢"，如果不能够识见众生，不能认识到缘起性空的本来面目，就算历经万劫去寻找佛，也难以求见真佛。

"吾今教汝识自心众生，见自心佛性"，我现在就来教你们如何识见自己本心中的众生和佛性。注意，这里的"自心"两个字很重要，是慧能大师说法时一直强调的。"欲求见佛"，想要识见佛，"但识众生"，就要识见众生，"只为众生迷佛"，因为是众生有所迷惑，因而不能见到佛，"非是佛迷众生"，而不是佛不能见到众生，佛就在那里，他是如如不动的。"自性若悟，众生是佛"，如果你了悟了自心本性，识见了众生的本来面目，那么众生就是佛。"自性若迷，佛是众生"，可是如果你的心中还是有迷惑，有执着和分别心，就算是佛祖在你眼前，你不能识见清净自性，那么佛祖在你看来也只是众生外境。

自性是平等的，所以佛家有一句话，叫作"众生皆有佛性"，这句话怎么理解？为什么众生都有佛性？因为佛性就是自性，一切众生的自性都是相同的，都是清净的，也就是不来不去、不常不断、不一不异，是涅槃如如的。那么众生不都是佛吗？只是被其他东西迷住了，没有显示出来，一旦自性显示出来，你就是佛了。所以"众生即佛，佛即众生"，说的就是这个意思。"自性邪险"，如果你的心中没有正念，存有邪恶的、危险的想法，"佛是众生"，你也不能识见自心的佛性，佛对你来说也就如同普通的众人。下面这两句也是强调自性中持有平等正念的重要。"汝等心若险曲，即佛在众生中"，如果你的心走入邪恶歪曲的境地，那么佛就是众生了，你是见不到佛性的。"一念平直，即是众生成佛"，一旦心中生出了平等的、正直的正见，即便是众生，也能识见他们的佛性，见到真佛。

付嘱品第十

"我心自有佛",自我的本心中自然就有佛性,"自佛是真佛",自性中的佛才是真佛,也就是说在自我的本性中识见佛性,这才是真正的见到佛。"自若无佛心",如果自己心中都没有了佛心,"何处求真佛",还能到哪里去求得真佛呢?"汝等自心是佛",你们自己的本心就是佛,"更莫狐疑",不要再有什么犹疑不决了。"外无一物而能建立",自心以外是没有一样东西能够建立起来的,"皆是本心生万种法",都是你自己的本心所生出的万事万物。所以《楞伽经》上说:"心生即种种法生,心灭即种种法灭。"当你的心中生起各种念想时,各种事物也会随着念想的产生而生出;当你的心中灭掉了各种念头时,在你眼前浮现的各种外境也会随之消失,自然就能够识见本来的面目,也就是清净自性。

"吾今留一偈,与汝等别",现在我留下一个偈子,和你们道别,这个偈子叫作《自性真佛偈》。"后代之人,识此偈意",后代的人们如果能够识见这偈子的真意,"自见本心,自成佛道",那么就是自己识见本心,自我了悟自性,成就佛道了。这个偈子最好是自己慢慢去读,然后体会。我们这里做简单的解释。

偈曰:

真如自性是真佛,邪见三毒是魔王。

邪迷之时魔在舍,正见之时佛在堂。

性中邪见三毒生,即是魔王来住舍。

正见自除三毒心,魔变成佛真无假。

法身报身及化身,三身本来是一身。

若向性中能自见,即是成佛菩提因。

本从化身生净性,净性常在化身中。

性使化身行正道,当来圆满真无穷。

淫性本是净性因,除淫即是净性身。

性中各自离五欲,见性刹那即是真。

今生若遇顿教门,忽悟自性见世尊。

若欲修行觅作佛,不知何处拟求真。

若能心中自见真,有真即是成佛因。

不见自性外觅佛,起心总是大痴人。

顿教法门今已留,救度世人须自修。

报汝当来学道者,不作此见大悠悠。

【语译】

偈颂说:

真如自性是真佛,邪见三毒是魔王。

邪迷之时魔在舍,正见之时佛在堂。

性中邪见三毒生,即是魔王来住舍。

正见自除三毒心,魔变成佛真无假。

法身报身及化身,三身本来是一身。

若向性中能自见,即是成佛菩提因。

本从化身生净性,净性常在化身中。

性使化身行正道,当来圆满真无穷。

淫性本是净性因,除淫即是净性身。

性中各自离五欲,见性刹那即是真。

今生若遇顿教门,忽悟自性见世尊。

若欲修行觅作佛,不知何处拟求真。

若能心中自见真,有真即是成佛因。

不见自性外觅佛,起心总是大痴人。

顿教法门今已留,救度世人须自修。

报汝当来学道者,不作此见大悠悠。

【解读】

"真如自性是真佛",如如不动的清净自性,这是我们要追寻的真佛。"邪见三毒是魔王",偏曲的见解和贪、嗔、痴三毒,这些是痛苦的源泉,是魔王。这是要我们辨别佛与魔。

"邪迷之时魔在舍",当持有邪见、处在愚迷之中的时候,这就是魔来了。"正见之时佛在堂",当你的心中生出了正见时,就是佛来了。这是告诉我们佛与魔虽然不同,但也是不二的,全在于我们自己是否了悟本性。

"性中邪见三毒生",如果心性中生出了邪曲的见解和贪、嗔、痴的想法,"即

"是魔王来住舍",这就是魔王住到了你的心里,扰乱了你的心神,让你痛苦不堪。

"正见自除三毒心",当你的心中生出了正见,那么之前存在的贪、嗔、痴的想法就自然会消除;"魔变成佛真无假",在你心中作恶的魔也就变成佛了,这是的的确确会发生的转变,不需要有所怀疑。

"法身报身及化身",我们之前讲过的法身、化身和报身,合称三身,在第六品《忏悔品》中重点讲过。"三身本来是一身",这三身本来就是一身。

"若向性中能自见",如果能从自己内在的心性中观照、识见本性,"即是成佛菩提因",这就是成佛、觉悟菩提智慧的根源。

"本从化身生净性",原本就是从化身中生出的清净本性,"净性常在化身中",所以清净本性也是一直在化身之中的。

"性使化身行正道",清净自性会让我们的千百亿化身行走正道,"当来圆满真无穷",那么将来的圆满结果就无穷无尽。

"淫性本是净性因",贪婪的心性本是由清净本性而生,"除淫即是净性身",除去贪淫之心就会回复到清净本性。所以我们普通大众修行,要努力除去自己心中的贪念,找到自己的清净本性。

"性中各自离五欲",世人要少欲知足,远离五欲,这才是幸福安乐之道。"见性刹那即是真",离欲之后才可能明见清净本性,而在见性的一刹那所看到的、悟到的才是真,才是本质。

"五欲",又叫作五妙欲、五妙色,即财、色、名、食、睡,是指染着于色、声、香、味、触五境所引起的五种情欲。财欲,就是对财物的贪恋。色欲,凡是爱着于青黄长短等色境,感动于男女间之色情,都称为色欲。名欲,就是世人对能够彰显个人荣耀的声名的贪求。食欲,就是对世间各种美味珍馐的贪恋。睡欲,就是过分懈怠昏沉,太过贪恋安逸。在佛家看来,我们都是为了短暂的欲乐,成为五欲的奴隶,因而沉沦于生死轮回中受苦。

"今生若遇顿教门",今生如果能够遇到顿教法门,也就是慧能大师所讲的成佛法门，与神秀大师的渐修法门相对。"忽悟自性见世尊"，忽然之间了悟自性的时候，就亲见至高无上的释迦牟尼佛。

"世尊"是对佛陀的十种称呼之一。佛陀有十个尊号：如来、应供、正遍知、明行足、善逝、世间解、无上调御丈夫（或分别作无上士和调御丈夫）、天人师、佛、世尊。圆满成就的佛陀释迦牟尼佛，具有无穷无尽的智慧和力量，达到了至高无上、无与伦比的境界。

"若欲修行觅作佛"，如果想通过修行来成就佛果，"不知何处拟求真"，却不知道应该到哪里求得佛学的真理，这该如何是好呢？这里提出了如何成佛的疑问，我们看下面的回答。

"若能心中自见真"，如果能够在自己的心中识见本真，也就是本性，"有真即是成佛因"，那么这个本真就是成佛的本源。

"不见自性外觅佛"，如果你不能够向内观照自己的本性，却在外境中寻找佛祖，"起心总是大痴人"，那么你所起的这个心念，就让你成为一个痴求见佛的人，就像痴人说梦一样，选错了方向，是永远不能够明心见性、觉悟佛性的。

"顿教法门今已留"，现在，当下开悟、当下成佛的顿教法门我已经留在世上了，"救度世人须自修"，你们在座的各位弟子，之后要去弘扬佛法，普救众生，度化世人；还需要各自好好地修行，不断地精进努力。这里的"自修"还可以有另外一种理解，就是告诉世人，必须要靠每个人自己的内修才能真正救度自己脱离生死、出离苦海。

"报汝当来学道者"，现在再将这个道理昭告给天下所有想要学佛修道的人，"不作此见大悠悠"，如果你想要修行却不知要自性自悟、自心自证，那就实在太令人忧虑了。

师说偈已，告曰："汝等好住，吾灭度后，莫作世情悲泣雨泪，受人吊问，身着孝服，非吾弟子，亦非正法。但识自本心，见自本性，无动无静，无生无灭，无去无来，无是无非，无住无往。恐汝等心迷，不会吾意，今再嘱汝，令汝见性。吾灭度后，依此修行，如吾在日。若违吾教，纵吾在世，亦无有益。"

【语译】

六祖说完此偈，告诉大众说："你们要好好安住，我灭度以后，不要跟世俗人一样悲伤涕泣，接受人吊祭慰问时，若穿着孝服，就不是我的弟子，也不是如来的正法。只要能识得自己本心，就能见自心本性原来无动无静、无生无灭、无去无来、无是无非、无住无往。我怕你们心里迷惑,不能领会我的意思,所以现在再次嘱咐你们,使你们能得见自性。我灭度以后,依我所说的法要修行,就好像我在世时一样。如果违背我的教法,纵然我在世间,对你们也没有什么帮助。"

【解读】

慧能大师将《自性真佛偈》说完之后,又告诉大家,"汝等好住",你们都好好地在世间修行,"吾灭度后",我灭度之后,"莫作世情悲泣雨泪",你们不要像世间人那样动用悲伤之情、哭泣流泪,"受人吊问",又或者是接受别人的吊唁慰问,"身着孝服",也不要像办丧礼那样穿孝服,"非吾弟子,亦非正法",这些世人用来怀念逝者的丧事礼仪你们都不要去做,我的弟子是不应该这样做的,这些不属于我们佛门弟子所修行的正法。"但识自本心",你们要做的就是好自修行,识见自己的本心,"见自本性",觉悟自己的清净本性,"无动无静,无生无灭,无去无来,无是无非,无住无往",识见到本性没有动也没有静,没有生也没有灭,不会离开也不会到来,没有对错是非,没有任何停留,也不会到哪里去,这就是如如不动的自性。即便是在自己临终之前,慧能大师也一再强调要"识自本心,见自本性",这是他对弟子们、对世人最大的嘱托和希冀。

"恐汝等心迷",我担心你们心中还是有所执迷,执着于人间的喜乐悲苦之情,为我的离世而伤心,"不会吾意",不能领会我的意旨,"今再嘱汝",所以我现在再次嘱咐你们,"令汝见性",让你们将心思都用在修行本心、明心见性上,这才是我的心意。"吾灭度后,依此修行",我灭度之后,你们要按照我所讲说的来修行,"如吾在日",就像我在世的时候那样去做。"若违吾教",如果违背了我所教授给你们的佛法,"纵吾在世,亦无有益",即便是我仍旧在世,也没有更多的益处。所以,无论我在或者不在,对你们来说,最重要的就是依照我的教言,精进地自我修行,自证自悟。

复说偈曰:

兀兀不修善,腾腾不造恶,

寂寂断见闻,荡荡心无著。

【语译】

接着又说了一首偈语:

兀兀不修善,腾腾不造恶,

寂寂断见闻,荡荡心无著。

【解读】

最后，慧能大师又给大家说了一个偈子。

"兀兀"就是独立高大、不动的样子，"兀兀不修善"，指岿然不动，不为任何事物所动，连修行善事福报也不去追求。"腾腾"是自由自在、无所作为的样子。"腾腾不造恶"，指逍遥自在，来去自如，不为任何事情所牵绊、阻碍，当然也不会造出恶业。其实这两句是合在一起的，是一种互文的句式，就是说不落两边，不思善也不思恶。

憩寂图

"寂寂"是安静祥和的样子，"寂寂断见闻"，就是处在宁静寂然之中，断灭了所有的见闻，不受世间纷扰的影响。

"荡荡"就是心中平平坦坦的，没有什么挂心的地方。"荡荡心无著"，心中坦荡，不执着于任何的外物或者各种念想，无欲无求，你就得到真正的佛性了。

师说偈已，端坐至三更，忽谓门人曰："吾行矣！"奄然迁化。于时异香满室，白虹属地，林木变白，禽兽哀鸣。

【语译】

六祖说完偈语后，端坐到三更时分，忽然告诉弟子说："我去了。"便奄然示寂了。当时异香充满室内，天空中的白虹连属地面，树木也变成了白色，飞禽走兽都发出了哀鸣声。

【解读】

这是慧能大师留下来的最后一首偈子。他说完之后，就一直端正地坐着，到了三更，就是半夜的时候，忽然跟弟子们说：我走了。"迁"就是迁移，"化"就是化灭，佛教中常用"迁化"来指僧侣的圆寂。

"于时"，这个时候，"异香满室"，慧能大师圆寂的身体发出一种奇异的香味，弥散到整个房间。"白虹属地"，我们平常见到的都是七种颜色的彩虹，这时出现的是一道白色的虹,连通天地。"林木变白",山林中的树木都变成白色。"禽兽哀鸣",山林中的飞禽和走兽都发出了哀伤的鸣叫和吼声。

十一月,广、韶、新三郡官僚,洎门人僧俗,争迎真身,莫决所之。乃焚香祷曰:香烟指处,师所归焉。时香烟直贯曹溪。十一月十三日,迁神龛并所传衣钵而回。

【语译】

十一月,广州、韶关、新州三郡的官僚以及大师门下的僧俗弟子,争相迎请六祖的真身去供养,无法决定该往何处。于是大众就焚香祷告:"香烟所指向的地方,便是大师的归宿。"当时香烟一直飘向曹溪。十一月十三日,众人把六祖坐化的神龛以及五祖传下的衣钵都由新州国恩寺迁回曹溪宝林寺供奉。

【解读】

当年的农历十一月,"广、韶、新三郡官僚",广州、韶关、新州这三个地方的官员僚属,"洎门人僧俗",以及慧能大师门下众多的出家僧人和在家居士,"争迎真身",都争着迎取慧能大师的真身,也就是慧能大师圆寂后的肉身舍利,想迎回自家好好地供奉起来。"莫决所之",因为迎请的人太多,一时间不能决定将慧能大师的真身给谁。"乃焚香祷曰",于是只好点着佛香,并且进行祷告:"香烟指处,师所归焉",意思是,这佛香燃尽的烟飘向哪里,就是慧能大师想要回归的地方。

这时就见这焚香的烟直奔曹溪方向飘去。大家就明白,慧能大师还是想回到他最初开坛讲法的地方——曹溪。

于是,在农历十一月十三日这一天,大众将慧能大师的肉身,"并所传衣钵",连同慧能大师传承下来的衣钵,都迁回曹溪。"神龛"是指供奉神像或神主的小阁,这里的"神龛"中供奉的是慧能大师的肉身。

次年七月出龛,弟子方辩以香泥上之。门人忆念取首之记,仍以铁叶漆布,固护师颈入塔。忽于塔内白光出现,直上冲天,三日始散。韶州奏闻,奉敕立碑,纪师道行。

【语译】

次年七月,六祖的肉身出龛,弟子方辩用香泥涂抹六祖的真身。这时弟子们忆起六祖所说"取头"的授记,于是先用铁片和漆布围护六祖的颈部,然后送入塔内供奉。六祖真身入塔时,塔内忽然出现一道白光,直冲天上,过了三天才消散。韶州刺史把六祖的事迹报告给朝廷,皇上敕令立碑纪念六祖的道行。

【解读】

到了第二年的农历七月,慧能大师的肉身被请出神龛,弟子方辩(就是那位善于雕塑的、为慧能大师塑像的僧人)用香泥将慧能大师的肉身保护起来。"门人忆念取首之记",慧能大师的弟子们想起大师生前预言有人会来偷取大师的首级,"仍以铁叶漆布",就用薄铁皮和漆布这两种结实的材料,"固护师颈入塔",加固慧能大师的脖颈部,然后将固护好的肉身迎入墓塔中。"忽于塔内白光出现",这时忽然有白色的光出现在墓塔中,"直上冲天",光芒一直上冲到天空,"三日始散",就这样持续了三天,光亮才渐渐散去。

"韶州奏闻",韶州刺史将慧能大师的事迹上奏了皇上,"奉敕立碑",之后奉皇上的命令为慧能大师建立石碑,"纪师道行",在石碑上面刻录了慧能大师生前的佛法修行。

师春秋七十有六,年二十四传衣,三十九祝发,说法利生三十七载。嗣法四十三人,悟道超凡者莫知其数。达摩所传信衣,中宗赐磨衲宝钵,及方辩塑师真相,并道具,永镇宝林道场。留传《坛经》,以显宗旨,兴隆三宝,普利群生者。

【语译】

慧能大师世寿七十六岁,二十四岁时受五祖传衣,三十九岁时披剃受戒,说法利生共三十七年。得法嗣法的弟子有四十三人,其他悟道超凡的不知其数。达摩祖师所传以为凭信的祖衣、唐中宗御赐的磨衲宝钵以及方辩所塑的六祖法相,连同大师所用的道具等,作为宝林寺永远的镇寺之宝。留下《法宝坛经》弘传,用以显扬顿教禅门的宗旨,兴隆三宝,普利群生。

【解读】

这一段是对慧能大师生平的简述。"春秋"表示一年。中国古代的先民极其重视春秋两季的祭祀,由此"春秋"衍生出很多语言含义,比如说年、四季。"师春秋七十有六",就是慧能大师在世活到七十六岁。"年二十四传衣",二十四岁的时候,由五祖弘忍大师传授了法衣。"祝发"就是剃度,出家落发的意思,"祝"

表示切断。"三十九祝发",三十九岁的时候正式剃度,是由广州法性寺的印宗法师为慧能大师剃发的,正式出家为僧。"说法利生三十七载",然后为众生说法,普度众生,共有三十七年。"嗣法四十三人",拜到慧能大师门下,得到慧能大师亲传的弟子共有四十三人,"悟道超凡者莫知其数",但是听慧能大师讲法,受到慧能大师指点而了悟佛道、超离凡俗的人,就不计其数了。

"达摩所传信衣",从禅宗祖师达摩大师那里一直传承下来的作为传道信物的法衣,"中宗赐磨衲宝钵",唐中宗赐给慧能大师的磨衲袈裟和水晶钵,"及方辩塑师真相",以及当时慧能大师在世时方辩为慧能大师塑造的塑像,"并道具",连同慧能大师生前修行的用具,"永镇宝林道场",上述这些物品都永远地镇守在慧能大师从前开坛讲经的传道场所——宝林寺。

最后,留下了这部《坛经》,流传广布到四方,"以显宗旨",用来彰显慧能大师顿教法门的宗门旨意,"兴隆三宝",使慧能大师所讲授的佛法"觉、正、净"一直兴盛昌隆。这里的"三宝",不仅仅是"佛、法、僧",也是指慧能大师所讲的三宝,叫作"觉、正、净"。"普利群生者",广泛地造福众生。这部《坛经》就一直流传到现在,也在同样造福我们现代人。